人才之路

首届韬奋出版人才高端论坛论文选

韬奋基金会秘书处 ◎ 编

中国书籍出版社
China Book Press

序 言

以 人 为 本

韬奋基金会理事长 聂震宁

人才兴，则出版业兴；人才强，则出版业强。正因为有了蔡元培、张元济等人，商务印书馆才获得了中国现代出版的灵魂。正因为有了另辟蹊径、勇于创新的陆费逵，才有了百年中华书局的诞生。正因为有了竭诚为读者服务的邹韬奋，才有了《生活》周刊、生活书店的不朽和三联书店八十年的辉煌。正因为有了新中国最早实践"古今中外"出版宗旨的冯雪峰，新中国文学出版事业在起步之初才有了较高的起点。中国现代出版史上，有多少书刊、多少故事连接着出版人才的贡献，几乎难以例数。一部中国现代出版史，就是一代又一代卓越出版人才编辑出版活动的历史。

我国出版业正在加快推进产业转型。无论怎样转型，出版业始终就是一个轻资产的产业。凡轻资产的行业，人才便成为行业中分量最重的资产。在出版产业不断呼唤做强做大、加快产业规模扩张的当下，人才作为行业分量最重的资产，断然不可以被忽视甚至被轻视。前些时候因为忙于在产业化发展方面取得突破，一些行业领军人物更多的兴奋点落在了转企改制、现代企业制度建设特别是资本快速扩张、经营总量实现几何级数增长上，以至于业内各种主题论坛层出不穷，唯以人才为主题的论坛较为鲜见。此消彼长，此轻彼重，分量最重的资产受到有意无意的轻慢，出版业要实现全面协调可持续的科学发展，不免堪忧。有鉴于此，韬奋基金会在新闻出版总署的指导和支持下，联合中国新闻出版研究院和中国新闻出版报社，于2012年11月5日在北京举办了首届韬奋出版人才高端论坛。本书即为论坛的演讲稿汇编和征文选粹。

本届人才论坛可谓业界精英人才云集。论坛受到了广泛的关注，共有近300位出版业各类人员出席聆听。新闻出版总署领导发表主旨演讲，韬奋基金会多位理事、具有代表性的大型出版发行机构领导、民营书业企业代表、高等院校领导和行业人才培训机构专家以及一线岗位的专业人士近30位嘉宾分别在主论坛和专题论坛上发表了精彩演讲。演讲层次高而覆盖面广，既有高屋建瓴描绘出版人才建设的规划蓝图和实施战略，也有细致入微介绍企业人才培养、使用、管理的精妙技巧和成功经验；既有洞幽烛微探讨出版人才队伍建设与出版事业发展的关系，也有鞭辟入里直陈行业人才结构不足的问题；既有与时俱进设计数字出版人才培养的模式，也有锲而不舍探寻国际化人才使用的策略。因为是主题论坛，不免有同题作文的难度，然而，由于人才问题的错综复杂，更由于演讲者的思想、理念、实践、心得各有特点，还由于他们的锦心绣口，故而全部演讲较少有重复之嫌，却有妙语纷呈、文采斑斓之壮观。

讨论业内人才问题，不仅需要业内高端人士前来发表识见，我们还希望更广泛的业内人士参与，以达到集腋成裘、集土成山、集水成渊、集思广益的功效。讨论人才问题最需要广泛参与。行业人才建设最需要全行业人士的关心和参与。人之成才，人人有份；讨论人才，人人有责。为此，本届论坛安排了主题征文活动。征文活动距论坛开幕三个月前即已启动，以便业界更多的人关注和参与，让业界更多的人自由地表达自己的思想、思考和经验。征文活动得到积极响应，从行业行政管理部门到出版发行企业，从社长总编辑到普通员工，从编辑到经营人员，还有若干家高校的教授和学生，纷纷谋篇著述，短短三个月就收到147篇来稿。征文经评委会严格评审，评出一等奖5篇，二等奖10篇，三等奖15篇，优秀奖31篇。部分获奖作者应邀出席论坛并发表演讲，还有部分获奖文章在中国新闻出版报得到发表。征文活动为首届韬奋出版人才高端论坛的成功举办提供了至为重要的基础。

出版人才论坛以韬奋先生命名，既是以此纪念我国现代出版业杰出代表韬奋先生（11月5日是韬奋先生的诞辰纪念日），更是对韬奋先生出版人才思想的继承和弘扬。20世纪30年代至40年代，韬奋先生主持的生活书店，由两三个人开始，发展到遍布十几个省市的400多人，56个分支店，成为影响巨大的进步出版发行企业。生活书店先后编辑出版过十多种刊物，印行书籍近千种，总计发行达500余万册。生活书店的快速发展与韬奋先生主张的

"人才主义"具有因果关系。韬奋先生说"主持事业最重要的是在用人"。事业的规模愈大、愈复杂,"其成败与兴衰的枢机愈在用人之得当与否"。他在总结生活书店经验时强调指出:"尤其重要的是我们一开始就奠定了人才主义的用人政策。"所谓"人才主义",其内涵丰富,论述精辟。"凡关于物色人才,培养人才,爱护人才,提拔人才,分配人才,督查人才乃至奖惩人才,都包含在内。"韬奋先生特别重视有创造力的人才。他指出,"事业最需要的是有创造力的人才"。韬奋先生极力主张大胆使用青年干部。主张"要不断增加新干部,提拔新人才。"韬奋先生坚持实行制度管理人才,坚持为公择人严格考试。实行公开招考既"可能选用真才",又"可减少奔竞钻营的恶劣风气"。他说:"除特殊重要的领袖人物须由级擢升或另行物色外,都应尽量采用考试制度。"韬奋先生热情强调要关心和爱护人才。他说:"凡是真知爱护事业的人,没有不诚心诚意爱护干部的。"韬奋先生还积极提倡员工学习和提高业务水平。他指出:"学习是进步的源泉,进步可以增加工作的效率。"韬奋先生七十年前提出来的"人才主义"的一系列主张,至今仍然让我们感到十分亲切、十分精辟、十分实用,值得我们认真学习、继承、发扬。

  再次感谢收入本书文章的各位作者。感谢为论坛举办和征文评选付出大量劳动的所有人员。本书出版得到了中国书籍出版社的大力支持,在此特致以诚挚的感谢。

2013 年 1 月 11 日

目 录

序言
　　以人为本 / 聂震宁　1

论坛主报告

　　切实做好新时期出版高层次人才培养工作 / 孙寿山　3

主论坛嘉宾演讲稿

　　创新六项机制　建好三支队伍 / 谭　跃　11
　　加强人才队伍干部队伍建设 / 李朋义　16
　　国际化人才"走出去"的根本 / 柳建尧　21
　　关于人才培养的四个问题 / 陈海燕　26
　　坚持操作务实　注重能力培养 / 王亚非　31
　　后转制时代出版传媒企业人才队伍建设 / 杜金卿　35
　　顺应产业发展需求　培养优秀出版人才 / 王永生　39

专题论坛嘉宾演讲稿

编辑、数字出版与专业技术人才培养专题
　　数字时代新闻出版人才有关问题的思考 / 黄书元　45
　　面向移动阅读用户　探索培养数字出版专业人才的新模式 / 童之磊　49
　　出版转型与人才培养 / 敖　然　56

转企改制与经营管理人才培养专题

加强经营管理人才培养　助力新闻出版改革发展／李宏葵　60

品牌出版单位的人才强企战略／樊希安　66

转型背景下的出版经营管理人才培养／杜　森　71

时代呼唤出版企业家／所广一　79

"走出去"战略与国际化人才培养专题

中国出版企业的国际化及人才因应／刘伯根　85

加快"走出去"步伐　积极培养国际化人才／季守利　91

一叶知秋　童趣的启示
　　——中国出版业国际化人才的养成／侯明亮　96

如何培养国际化出版人才／沈元勤　104

紧贴行业　多元开拓　大力实施"走出去"人才培养战略
　　——上海新闻出版教育培训中心国际培训交流／贾丽进　110

民营出版发展与人才培养专题

"民营出版发展与人才培养"汇编材料／万　捷　117

民营出版企业的人才竞争策略／朱大平　120

教辅新政的产业影响和政策建议／任志鸿　124

让信仰引领人才培养／李　勇　127

产业越界　人才跨界／杨文轩　131

征文选粹

综合类

从网编大赛管窥出版社中网络编辑的定位与发展／刘　荣　135

弘扬韬奋精神　做好编辑工作／闵　珺　145

大发展呼唤大编辑／宋　涛　150

论编辑的可持续发展／马明辉　156

全面实施人才强企战略　夯实出版企业发展基础／陈贤义
　　宋秀全　孙　伟　161

三句话影响编辑一辈子 / 陈信男　167

文化繁荣创新与编辑执行力 / 时世平　173

文化大发展大繁荣与出版人才战略
　　——从历史典故思考现代出版人才之方略 / 王玉玲　179

出版的品质与出版人的文化自觉 / 孙　晶　185

试论编辑的文化担当 / 刘　翎　192

文化大发展大繁荣呼唤研究型编辑 / 殷　欢　198

润物无声　滴水穿石
　　——做国际汉语出版创新型人才 / 周　芳　204

数字出版时代组稿编辑的四个关键意识 / 曲　昕　211

创新国家数字出版人才体系建设 / 万　智　刘永坚　方晓波　白立华　216

出版专业类

论繁荣民文图书出版的编译人才战略 / 尹福建　223

网络编辑的需求、技能与培养 / 陈生明　229

高等教育出版人才培养新方向 / 洪　傲　235

绿色人力资源管理
　　新媒体时代出版行业可持续发展新支点 / 关俊红　245

国际化企业家与出版企业国际化
　　——以三家荷兰出版企业为例 / 许　洁　251

编辑人才的突围
　　——浅谈编辑规范与创新的矛盾统一 / 陈　红　258

略论出版业经营管理类领军人才的企业家精神 / 范　军　264

人才兴书业　出版建强国
　　——浅谈出版业经营管理人才建设 / 张宗芳　272

编辑出版学学科的反思与再构 / 赵树旺　279

出版教育类

出版名家的培养与造就初探 / 陈含章　286

顺应时代需求　创新培养模式　大力培养数字出版应用型人才
　　——北京印刷学院数字出版专业建设思考与实践／陈　丹　293
培养数字出版专业学生实践能力和创新精神的有效途径
　　——北京印刷学院数字出版专业岗位综合实习效果分析／王京山
　　　　刘　明　300
我国图书编辑人才市场的需求分析
　　——以百道网人才频道为例／王　伟　306
全媒体时代编辑人才的培养与考核机制初探／李　瑞　313
论数字时代出版产业的通才培养原则／蔡玉沛　318
我国学术期刊英文编辑专业素质现状调查与对策思考／陆建平　325

论坛主报告

切实做好新时期出版高层次人才培养工作

新闻出版总署副署长 孙寿山

由韬奋基金会联合中国新闻出版研究院、中国新闻出版报社举办的首届韬奋出版人才高端论坛，是在新闻出版全系统、全行业认真贯彻党的十七届六中全会精神迎接党的十八大胜利召开的重要时期举办的，对新闻出版行业人才工作具有十分重要的意义，我谨代表新闻出版总署对论坛的举办表示热烈祝贺！

早在2011年10月，党的十七届六中全会通过了《中共中央关于深化文化体制改革推动社会主义文化大发展大繁荣若干重大问题的决定》（以下简称《决定》）。《决定》专门用一个独立的部分对建设宏大的文化人才队伍进行了系统的论述。这是党中央在深入总结党的十六大以来我国文化体制发展的新经验、新情况的基础上，站在实施"人才强国"的战略高度，对文化人才队伍建设工作作出的全面部署，是建设社会主义文化强国的基础和保障，是我们继续解放思想、深化体制改革、加快科学发展、促进社会和谐的迫切要求。对于我们推动社会主义文化大发展大繁荣具有十分重大的意义。

近年来，新闻出版人才工作，特别是高层次人才工作，自觉服务行业改革发展大局，坚持在继承中发展，在改革中推进，取得了显著成效。但是我们也要清醒地认识到，当前我国新闻出版业总体上正处在深化改革、调整结构、实现科学发展的攻坚阶段，任务繁重而艰巨。面对行业自身繁荣发展的新要求，现代科技迅猛发展的新动态，国际竞争日趋激烈的新形势，新闻出版人才工作还存在着一些不适应，主要表现为推动人才发展的体制机制还有待于进一步完善。改革创新人才、经营管理人才、新媒体新技术人才，外向型、复合型人才还比较紧缺，高层次人才数量不足，水平也亟待提高，特别是缺少在国内外有广泛影响、在国际上有一定知名度的名师大家。做好新时期新闻出版行业的人才工作，必须以科学发展观为指导，贯彻党的十七届六中全会精神，以高层次人才、高技能人才为重点，统筹推进各类人才队伍建设。加快高技术人才队伍建设，是进一步做好人才工作的重要抓手。优秀的高层次人才发挥的作用决定了新闻出版业改革发展的方向和质量，决定了行业未来发展的高度、层次，决定了新闻出版单位经营效益增长的速度和可持续性，关系到我们事业发展的兴衰成败。做好新形势下的高层次出版人才工作，就是要抓紧打造并形成出版行业高端人才群。他们是行业人才队伍的主力军，是推动行业改革发展的中坚力量。这些高层次人才必须具有坚定的政治立场、强烈的社会责任感，具备牢牢把握正确舆论导向的能力，具备创造生产精品力作的能力和素质，了解掌握现代出版企业发展规律，懂经营、善管理，能够有力推动行业深化改革，实现科学发展。

出版业高层次人才队伍建设，要从行业改革发展的实际需要出发，特别要适应出版企业在新的市场环境下，新的技术条件下对人才的新需求，重点培养以下五个层面的人才：

第一，要致力于培养牢固树立马克思主义新闻出版观的出版人才。出版业既有产业属性，也有意识形态属性，是核心精神文化产品的生产服务部门。在建设社会主义核心价值体系、推动社会主义文化大发展大繁荣中承担着重要职责和任务，这就要求我们培养的出版高层次人才要有坚定的政治立场，要牢牢把握正确的出版导向，要始终把社会效益放在首位，要有崇高的新闻出版职业道德。这是出版高层次人才教育培训的首要任务。要在各级各类高层次人才教育培训中加强社会主义核心价值体系、马克思主义新闻出版观教育，要在实践中探索提升理论素养的新途径，使出版高层次人才真正能够做到自觉传承先进文化，传播科学知识，具有为党的事业奋斗，为人民服务，为时代放歌的信念和良好素质。

第二，要致力于培养复合型经营管理人才。当前对出版企业来说，以转企改制为重点的第一阶段改革都已完成，第二阶段的改革现已拉开帷幕，核心就是要在完成转企改制的基础上，以"三改一加强"为中心，通过改革、改组、改造和加强管理，建立健全现代企业制度，完善法人治理结构，做大做强出版传媒企业。要从进一步深化出版体制机制改革，进一步推进出版企业科学发展的实际需要出发，鼓励出版高层次人才加强学习，包括战略管理与现代企业制度、资本运营与投融资知识在内的经营管理知识，不断提高他们的战略思维能力，现代企业领导能力，创新策划能力，出版传媒业务能力和市场开拓能力。努力培养一批既懂政治又善经营，既懂出版又会管理，既有责任意识又有创新能力，既懂资本运作又能驾驭市场的高级复合型人才。

第三，要致力于培养新媒体数字出版高端人才。近年来，在新闻出版总署的高度重视与全行业的共同努力下，我国数字出版产业发展迅速，互联网出版、动漫出版、游戏出版、手机出版等新兴业态发展迅猛，成为新闻出版产业重要的经济增长点，与数字出版产业快速发展不相适应的是数字出版开发、应用、管理和研究型人才的匮乏已经越来越成为制约产业发展的瓶颈。出版业产学研各单位要积极建立和完善数字出版人才培养模式，注重理论与实践的有效互动，注重技术与出版的有机融合。培养一批既熟悉传统出版行业知识又掌握现代出版技术，同时善于把握数字出版产业发展趋势的数字出版新媒体领军人才。

第四，要致力于培养高层次出版科研人才。出版业有着自身的发展规律，出版实践需要科学理论来指导，出版学是一门应用型很强的专业，出版科研的目标与落脚点在出版实践。高层次出版科研人才是推动科学出版理论在出版实践中广泛应用，先进出版科技向出版产业有效转化的骨干力量，是推动出版产学研有效互动、深度合作的桥梁和纽带。对高层次出版人才的培养要按照强基固本、面向实践、职业导向、动态创新的原则，既要重视打牢科研人才专业理论功底，又要注重提高科研人才服务行业的能力。要鼓励、引导高层次出版科研人才针对行业在深化改革、转型升级、做大做强过程中的重大理论与实践课题，开展应用对策性研究，为各级行业主管部门和各类出版传媒企业集团提供咨询，力求成为行业重大决策部署的智囊团。针对数字出版、绿色印刷、版权保护领域的重点、难点技术问题，开展关键技术研发，力求成为行业重大技术攻关的先锋队。

第五，要致力于培养出版名家、大家。出版名家、大家和数以千万计的出版工作者，是社会主义文化建设的中坚力量。出版名家、大家和优秀出版工作者必然是中坚力量中的核心，他们的数量、质量能否适应出版业繁荣发展的现实需要，将关系着中华文化软实力的持续提升，关系着新闻出版强国奋斗目标的实现。

韬奋先生是我国出版名家、大家的杰出代表，是全体出版人学习的楷模。当代出版高层次人才，要大力弘扬韬奋精神，切实提高素质能力，努力成为新时代的出版名家、大家。出版企业，特别是大型出版传媒集团要致力于成为培养出版名家、大家的摇篮，要下工夫培养有潜质的人才，坚定他们成为出版大家、名家的追求，使他们具有深厚的文化底蕴、全面的知识结构、精准的文化选择能力和自觉的创新能力。要积极为优秀的出版人才建功立业创造有利条件，打造良好平台，使他们在促进出版产业做大做强，推动中华文化"走出去"的伟大实践中逐步成长为国内一流、世界知名的出版名家、大家。

出版高层次人才培养是一项系统工程，需要遵循高层次人才培养的基本规律，拓展科学有效的人才培养路径，改进人才培养的方式方法。归纳起来，在人才培养实践中要把握好以下重点：

第一，科学把握高层次人才培养的基本规律。人才工作要为中心工作服务，要把队伍建设与服务行业发展紧密结合起来。把围绕中心、服务大局作为人才工作的根本出发点和落脚点，围绕行业发展制定人才工作规划，要牢固树立人人皆可成才的理念，充分发挥每个人的潜能和价值，不拘一格降人才，使每个人都成为有用之才。要把以用为本作为人才工作的重要方针，把用好、用活人才作为人才工作的核心环节。让各类人才各得其所，用当其时，才尽其用。要遵循系统培养的人才开发规律，充分考虑现实需要和长远需要，全面规划系统培养行业发展所需要的各类人才。要坚持把改革创新作为人才发展的根本动力，以改革创新的精神优化人才工作体制机制，科学推进各类人才工作。

第二，积极拓宽高层次人才的培养渠道。通过高等院校培养、国内针对性培训、境外研修挂职、引进优秀人才等方式，加快培养行业高层次紧缺人才队伍。要充分发挥高校人才培养资源优势，对高校对口专业的建设进行指导与扶持，并通过定向培养、委托培养、在职学位教育等方式，与高校合作扩大紧缺亟需人才培养规模；要加强国内专题业务培训，积极举办版权贸易与保护、新闻出版编译传播、国际出版合作、数字出版产品输出、国际资本经营与境外投资等重点专题培训；要拓宽境外培养培训人才的渠道，加强与境外大型出版传媒集团、著名院校和研究机构人才培养的合作，完善双向互动的国际合作培训机制，做好境外专家来华人才交流培训工作，加大引进国外高端人才的力度，按照中央组织部实施"千人计划"工程的统一部署，积极参与相关工作。

第三，努力提高高层次人才培养的质量与水平。进一步优化培养措施，加大资金投入力度，丰富人才培养模式，大力扶持高层次人才参加重点培训、考察和参与国际合作项目，承担国家重大新闻出版课题，要加强对高层次人才的宣传，打造高层次人才成长的良好环境。进一步改进培训工作，要强化需求导向，打造精品课程和精品教材，培训内容要避免大而化之，要准确把握组织需求、岗位需求和人才需求，增强针对性。要在培训内容中加强职业道德教育，特别是培训重点班次上，要加大社会主义核心价值体系的学习力度，加强引导新闻出版工作者增强社会责任感、弘扬职业道德。要在培训中适当增加体验式教学比重，让高层次人才增加基层体验，增进与群众的感情，深入了解中国国情。

做好新时期的出版高层次人才培养工作，需要全系统、全行业的高度重视，密切配合，共同推进。韬奋出版人才高端论坛的举办，就为出版行业人才队伍建设，特别是高层次人才培养工作搭建了一个集思广益、建言献策的交流平台，希望韬奋基金会继续发挥自身在行业的广泛影响力，充分发挥论坛在行业人才交流合作中的平台优势，积极参与出版高层次人才培养工作，为行业人才队伍建设作出新的、更大的贡献！

今后五到十年是建设新闻出版强国的关键时期，是新闻出版业优化产业结构、转变发展方式、实现科学发展的攻坚时期，推动新闻出版业大发展大繁荣关键靠人才，特别是高层次、高素质的新闻出版人才。我们要以科学人才观为指导，以改革创新的精神、以求真务实的作风，认真做好出版高层次人才培养工作，为建设宏大新闻出版人才队伍作出积极贡献！

主论坛嘉宾演讲稿

创新六项机制　建好三支队伍

中国出版集团公司总裁　谭　跃

由韬奋基金会、中国新闻出版研究院、中国新闻出版报社联合举办的首届韬奋出版人才高端论坛十分必要。论坛的主题抓得好、抓得准、抓住了未来出版业发展的关键。尤其是随着企业化、市场化、产业化、数字化、资本化和国际化的发展，人才工作出现了很多新情况、新要求、新任务。面对新形势，举办出版人才论坛，不仅十分紧迫，而且十分重要。

众所周知，姜太公这位治国奇才是周文王发现的。历史上有过这样一次有趣的对话，姜太公对周文王说：君好听世俗之所举者，或以非贤为贤，或以非智为智，君以世俗所举者为贤智，以世俗之所毁者为不肖，则多党者进，少党者退，是以群邪比周而蔽贤，是以世乱愈甚。周文王感到很纳闷，于是反问道：举贤奈何？即是说该如何举贤选才呢？姜太公提了以下建议，说：将相分职，君以官举人，案名察实，选才考能，则得贤之道。这段故事见诸于唐朝典籍《长短经》（亦称《反经》），《长短经》有一个显著的特点：一般用逆向思维来探讨事物的真理所在。姜太公与周文王这场对话的背景是周朝选举人才模式探析，当时主要的办法是依靠众人的推举。按照正常的思路，这是一个好办法。但是姜太公发现，单一依靠推举就会朋党丛生、结党结派。朋党丛生之后，往往导致用人唯亲，用人唯亲则会堵塞选贤任能的渠道，长此以往，国家和世道就会混乱。姜太公给的"药方"是十六字方针：将相分职，（君）以官举人，案名察实，选才考能。此论跟当今盛行的选拔人才的一套路数可谓异曲同工。姜太公这十六个字的意思是首先要确定职责范围，要以职责标准来选人，来衡量其能力。所以"以官举人"是早在周朝初期就留下的一条经验。

之所以举这个例子，主要是想说明中国古代文化在选人用人方面有很高的智慧和丰富的经验，直到今天仍值得仔细玩味。我们党继承了这样的优秀传统，从毛泽东、邓小平到江泽民、胡锦涛，几代党和国家领导人都对人才工作高度重视，并且提出了一系列真知灼见，值得认真学习、体会、贯彻。最近一段时间，中国出版集团在人才工作方面的主要做法如下：

第一，创新人才培养机制。要健全符合产业发展需要的分层分类的培训机制，办好领导干部、后备干部、专业人才和新进员工四个主体班次和各类培训；要完善有计划、有要求的岗位锻炼机制，使人才在岗位平台上逐步成长；要建立面向不同岗位的首席领军机制，推广首席编辑、首席策划、首席营销、首席技师等职责设置办法；要总结推广导师培养机制，加强导师对人才的业务指导和人生指导，帮助人才合理设计职业发展规划。

第二，创新人才选用机制。要重点把握好民主推荐、公开竞聘、组织考察、合理使用这四个关键环节。民主推荐，是选拔任用干部的必经程序，民意十分重要，是选用干部的重要尺度。公开竞聘的要点，一是要透明，二是要竞争，这是干部选用机制改革的重要措施。组织考察，是要在民主推荐和公开竞聘的基础上对人选进行全面深入的考察了解，形成对人才的全面客观的评价。合理使用，是在对人才特点和岗位需求进行深入研究的基础上，把好人才与岗位的匹配观，力求用当其时、用当其位、人尽其才。

第三，创新人才评价机制。要建立以岗位职责要求为基础，以品德能力实际为导向，体现出版业特点，符合集团实际的人才评价机制。坚持分类分层评价，注重靠实践和贡献评价人才，不断完善以三年任期为依据、以"双效"业绩为核心的领导班子考核评价办法，逐步建立以营销业绩为主要指标的经营人才评价机制，探索建立以业内认可度和社会影响力为主要标准的专业技术人才评价机制。

第四，创新人才交流机制。要逐步探索实行有计划、有目的的人才交流机制，在全集团范围内，推动人才交流轮岗，形成上下左右贯通的科学合理的人才交流格局。要推动各单位领导干部的合理交流，不断优化各单位的领导班子结构，激发干部的工作热情，增强干部多平台锻炼，开阔干部视野和胸怀，在丰富经历和经验中提高干部的领导能力和管理水平。各单位要积极推进内部人才的合理流动，让人才得到多岗位的锻炼，有计划地培养复合型人才。

第五，创新人才激励机制。要根据党政领导、管理经营、专业技术三类人才的岗位特点、心理预期和工作业绩，建立健全体现人才价值、有力激发活力的收入分配机制，探索制定知识、管理、技能等生产要素按贡献参与分配的办法。同时要重视精神激励，统一规划，制定集团的各项荣誉制度，表彰集团发展中作出杰出贡献的人才，要重视给人才机遇和平台，为人才创新创业提供更好的条件，要完善人才保障机制，解决好人才创新创业的后顾之忧。

第六，创新人才引进机制。要不断地改进和完善人才引进机制，建立统一的高层次人才信息库和人才需求发布平台，要利用猎头公司等社会专业机构，采用项目合作、协议公示等不同办法，引进国际化、数字化等亟需的紧缺人才，要注意把握引进人才的特殊性，对亟需紧缺的人才既要考察德才表现，又要分析个人特点和企业文化的相融性，要引得住、留得住、发挥好，避免"水土不服"。

同时，在团队打造上，要建设好三支队伍：

一是建设好管理人才队伍。包括以各部门、各单位领导班子为主体的高级管理人才，以各部门、各单位忠诚干部为主体的中级管理人才，以承担具体管理业务的基层管理者为主体的初级管理人才。管理人才队伍建设，要以提高管理水平和领导能力为核心，不断优化队伍结构，以适应事业发展的需要。领导班子建设是管理人才队伍建设的最重要的内容，要把出于公心，大胆管理，想做事、能做事、能成事的干部选拔配备到领导干部岗位上，要加大竞争上岗的工作力度，鼓励中青年干部脱颖而出，要坚持以德为先，不断增强领导班子的社会责任感、文化使命感和对企业的忠诚度，要改进领导班子考核工作，加强领导班子建设。针对群众反映比较突出的问题，要及时了解实情，通过诫勉谈话和批评教育防患于未然。

二是建设好经营人才队伍。要以提高经营水平和市场营销能力为核心，重点培养图书经营、出版物进出口、艺术品经营、品牌经营四个方面的经营人才，要加强对经营人才的岗位培训和实践锻炼，让他们在市场中不断成长，加快推进经营人才的市场化、专业化和国际化，培养一批既懂内容生产，又熟悉市场规则，有较强市场运作能力的营销人员。

三是建设好专业技术人才队伍。要以提高专业技术水平和创新能力为核心，重点培养编辑出版、翻译、艺术品和进出口类型的专业技术人才，要实行分类培训，提供必要的成才支持保障，激发专业技术人才的贡献热情和创造潜能，使之能够加速成长为学术、技术的带头人。

此外还要进一步加大力度，开发亟需紧缺的人才，一是以提高数字化生产能力和数字化渠道传播能力为核心，培养引进数字化人才；二是以提高国际竞争能力和国际传播能力为核心，培养引进国际化人才；三是以提高选题创意能力和产品创新能力为核心，培养引进出版内容创新人才和高水平的创新团队。

围绕这三支队伍，中国出版集团公司未来几年将会实现这样几项工程：一是领导干部素质提升工程；二是后备干部百人培养工程；三是出版创意人才激励工程；四是特殊人才引进工程；五是教育培训千人工程；六是人才信息化管理工程。

加强领导是做好人才工作的关键。这项工作一是要从全局和战略的高度深刻认识人才工作的重要性和紧迫性，把人才工作作为各项工作的重中之重，列入重要的议事日程。二是要做好人才工作的中长期工作安排，建立人才工作长效机制。中国出版集团公司总部要抓好人才发展规划的统筹协调、宏观指导和总体部署，各个单位要结合实际，抓好各自人才发展规划的制定和组织实施。三是要坚持党管人才的原则，各单位的领导班子要形成统一领导，健全科学决策和沟通协调机制，人力资源部门要做好综合协调工作和基础性建设，确保各项任务落到实处。四是要及时地总结经验，加强交流，要定期召开人才专题会议，推动人才工作的顺利开展。五是要加大人才工作的投入力度，围绕重大人才政治事项和人才工程，按照一定比例逐年增加各项人才的费用，为人才工作提供经费保障。六是要创造人才的成长环境，形成尊重人才、见贤思齐的舆论环境，鼓励创新、允许失败的工作环境，待遇适当、无后顾之忧的生活环境，公开平等、竞争择优的制度环境，营造有利于人才创新、创业的综合良好环境。

孔子曾这样总结过周朝的历史：文武之政，布在方策，其人存，则其政举，其人亡，则其政息。回顾周朝文武两代以来的历史，不难发现人才是一个关键，决定着国家的兴亡。但是孔子同时也发出了感叹，他说：人难，不其然乎。其意为：人才难得，难道不是这样吗？无独有偶，20世纪80年代，邓小平同样发出了类似的感慨，就是人才难得。人才既然难得，那该怎么办？孔子的回答是"赦小过，举贤才"。邓小平当年也如是说，即大胆选拔人才，有问题，找他谈话。没有问题的干部是找不到的。这跟孔子的思想一脉相承。

在实际工作中,对人才的态度、判断决定着事业的未来,因此对人才要看主流,不要抓住小的、枝节的、非本质的方面,这是自古以来的用人之道。"赦小过,举贤才"六个字一语破的,值得在实践中仔细反复体味。

加强人才队伍干部队伍建设

韬奋基金会理事 中国教育出版传媒集团有限公司党组书记、总经理 李朋义

本次论坛的举办，是新闻出版总署和韬奋基金会、出版行业全面贯彻中央文化体制改革精神，落实《新闻出版业"十二五"时期人才发展规划》的一项重大举措。论坛的举办，对加强新闻出版行业人才队伍建设，促进我国出版事业改革和大发展将产生重要影响，是一件非常有意义的事情。根据论坛主题，就中国教育出版传媒集团人才队伍建设的情况和有关考虑，谈几点认识和想法：

一、人才队伍建设取得的主要成绩

中国教育出版传媒集团成立于2010年12月，是党中央、国务院批准成立的大型出版传媒集团，由人民教育出版社、高等教育出版社、语文出版社、中国教学仪器设备总公司、中国教育图书进出口公司等单位组成。集团公司和股份公司组建以来，按照教育部党组、新闻出版总署的部署和要求，十分重视人才队伍建设，坚定不移地走人才强企之路，集团所属成员单位，历来就有尊重知识、尊重人才的优良传统。经过努力，集团及其成员单位人才队伍建设取得显著成效，主要体现在以下五个方面：

一是制定人才强企战略。中央领导同志明确要求，中国教育出版集团要努力打造成中国出版业有引导力的龙头企业、有竞争力的现代企业、有影响力的跨国企业。围绕建设"三力"企业的目标要求，集团提出了优化人才队伍结构，实施人才强企战略，要求树立"服务发展、适应变革、以用为本、创新机制"的人力资源开发总体思路，把加强集团人才队伍建设，作为实施集团发展战略的基础工程，作为推动集团科学发展的根本举措，作为提高集团核心竞争力的必然选择，优先发展，科学规划，整体推进，重点突破，不断开创集团公司人才队伍建设新局面。

二是探索人才选用方式。集团公司和股份公司结合实际情况，采取组织选拔、公开竞聘等多种方式聘任高管人员。集团公司和股份公司的班子成员共有11人。4位由教育部党组直接任命，7位（包括5位副总经理和人教社、高教社社长）面向社会公开招聘。部门负责人选聘根据不同情况，集团公司采取了单位推荐基础上的选拔方式，股份公司采取了成员单位内部公开竞聘产生的方式。一般工作人员的补充以成员单位内部公开招聘为主，面向社会公开招聘为辅。组织推荐选派的人员，经历丰富、年富力强、表现优秀；面向社会招聘的人员，能力较强、业绩突出、群众公认。实践证明，在选人用人上不搞一刀切，根据实际情况采取不同选用方式，效果很好。

三是着力加强制度建设。制定印发了《集团公司党组会议制度和议事规则（暂行）》，按照党管干部、党管人才的原则，明确企业重要人事安排是集团党组的重要职责任务之一，并作出了具体规定。员工薪酬分配管理办法、高管人员年薪制实施办法、补充医疗保险管理暂行办法等制度已经集团总经理办公会审议通过。员工岗位聘用管理办法、员工考核办法、干部选拔任用和管理暂行办法、子公司及其高管人员业绩考核办法、子公司工资总额管理办法等制度性文件正在进一步修改完善中。集团所属成员单位在干部人事人才的聘用、流动、培训、考核、薪酬激励等方面形成了比较系统的管理办法，并在实践中不断修改和完善。

四是努力扩大高层次人才队伍。集团组建以来，积极参与相关主管部门组织的高层次人才遴选活动，先后推荐上报了多名业务骨干，参加人力资源和社会保障部、教育部、新闻出版总署、北京市新闻出版局等单位主办的享受政府补贴专家、"四个一批"人才、行业领军人才等遴选活动，努力扩大高层次人才队伍的数量，积极打造一支能满足集团科学发展需要的高层次、高技能人才队伍。

五是不断提高人才队伍的素质和能力。根据教育部领导的指示，创办了集团高管人员培训班，邀请国内外的政府官员、专家学者和企业家作了十次专题报告，取得较好的效果。同时，积极选派高管人员、中层干部、业务骨干参加中组部、教育部、新闻出版总署、北京市组织的干部选学、业务培训。集团所属成员单位长期以来十分重视人力资源的开发提高。人民教育出版社专门制定了《人才遴选和培养管理暂行办法》，通过岗位轮换、国内外进修考察、挂职锻炼、脱产培训、学历提升、名师工坊、人才发展基金等方式，对后备人才和中青年业务骨干进行培养。高等教育出版社建立了畅想书院和网络学习课程，组织全员参加培训。2003年以来，实施了海外培训研修培训计划，先后组织200多人次主管以上的业务骨干出国培训研修。

集团组建以来，通过加强人才队伍建设，有力地促进了集团的改革发展。按照现代企业制度，建立和完善了集团领导体制，建立健全了董事会、监事会和经理班子，成立了集团公司党组，形成了党组织发挥政治核心和领导核心作用，初步建立了符合现代企业制度要求的企业管理体制和运行机制。股改上市工作取得进展，完成了转企改制，按照"重组上市方案"签署了资产和股权的无偿划转协议，完成了二期土地增资的审计评估、土地变性等相关工作。各项经济指标与往年相比稳步增长，实现了良好的经济效益和社会效益。截至2011年底，集团总资产达到120亿元，实现销售收入60亿元，实现利润10.36亿元。

二、必须进一步增强做好人才工作的责任感和紧迫感

毛泽东指出："世间一切事物中，人是第一个可宝贵的。只要有了人，什么人间奇迹也可以造出来。"美国的管理学大师彼得·德鲁克说到："在人类所有能够运用的资源中，只有人才能成长、发展，能够增大的资源只能是人力资源，所有其他资源都受机械法则的制约。""无论企业经济学的理论多么完备，分析多么周密，工具多么有用，企业管理终究都要回到人的因素。"

党的十七届六中全会以来，我国文化体制改革发展进入了新的历史阶段。今后五到十年，是建设新闻出版强国的关键时期，是新闻出版业优化产业结构、转变发展方式、实现科学发展的攻坚时期。中国教育出版传媒集团虽然在规模体量、盈利水平、品牌影响上有一定的实力，但加快发展面临的形势也十分严峻。面对出版行业集团化、数字化和国际化以及竞争趋势的日趋激烈，面对集团改革发展的实际情况，为实现在文化大发展大繁荣历史进程中作出应有的贡献的任务，使用人才的问题，被摆到了前所未有的突出位置。

国以才立，政以才治，业以才兴。对企业来说是企以才强。企业只有人才兴旺、人才济济才能真正发展壮大、做大做优做强。近些年来，虽然新闻出版人才队伍规模不断壮大，总体素质不断提高，高层次人才队伍建设取得重要进展，但在实际工作中，人才队伍还难以适应事业发展的需要。《新闻出版业"十二五"时期人才发展规划》指出：新闻出版人才队伍的总体规模和质量与国际先进水平存在一定的差距，高层次人才不足、水平有待提高；新媒体人才、复合型人才、外向型人才、经营管理人才和创新型人才紧缺；人才创新能力不足，人才结构和分布不尽合理；人才发展体制机制障碍仍然存在，人才资源开发不足。这些现象和问题，不同程度地在集团内存在。目前缺乏熟悉资本运作、数字出版技术、国际市场开拓的人才；现有的高层次人才本身数量不足，近些年即将退休的高层次人才将逐步增多；适应集团实施多元化经营战略的人才也亟待补充。

此外，出版社转企改制后人才队伍出现的新情况需要引起关注。就中国教育出版传媒集团而言，一方面，员工的思维和观念尚没有完全转变，有的管理人员和业务骨干仍然习惯于用事业单位的思维观念管理和处理相关事务，在人才引进、培养、考核、评价、使用和激励等方面，需要按照适应企业改革发展的要求，对原有办法作进一步修改完善；另一方面，由于多方面的原因，年轻的出版人才流动性加大，我们有一成员单位，今年已经有50多位员工（主要是编辑人员）离开了单位。

面对新闻出版业发展的新形势、新要求和人才队伍建设现状，出版人才队伍建设任重道远。我们将按照党的十七届六中全会提出的"加快培养造就德才兼备、锐意创新、结构合理、规模宏大的文化人才队伍，要造就高层次领军人物和高素质文化人才队伍"的要求，认真总结人才队伍建设的经验，深入分析人才工作存在的问题和不足，切实增强做好新闻出版人才工作的危机感、责任感，采取措施，不断解决人才队伍建设的"软肋"、"短板"和"瓶颈"，努力在新的起点不断开创集团人才工作新局面。

三、进一步做好人才工作的考虑

下一步，中国教育出版传媒集团将紧紧围绕建设"三力"企业发展目标，努力以新思路、新举措、新突破带动人才工作整体推进，促进人才队伍全面发展。重点做好以下几方面的工作：

一是根据事业发展需要，拓宽人才引进渠道，抓紧选聘和引进重点业务领域需要的骨干人才，包括数字出版、金融投资、证券、商业地产、经营管理等方面的人才，为集团多元化经营奠定基础。

二是配合"海外发展战略"的实施，培养和引入从事海外业务发展的外向型、国际化人才，重点是擅长从事版权保护、国际出版贸易、国际出版合作、国际业务经营的人才。注重从国外和"海归"中引进、吸纳熟悉国际出版业的人才。

三是切实抓好高层次人才的队伍建设。这是出版人才工作的重中之重。要在选拔上下工夫，在培养上下工夫，积极推荐和申报文化名家、领军人才等遴选工作；努力在培养和造就一批杰出出版家、编辑家和著名的经理人、企业家、经销商以及其他优秀出版人才上取得新突破，并引领和带动整个人才队伍结构进一步优化。

四是逐步构建多层次、多渠道、高规格人才培养体系。继续办好高管人员培训；加强与国内外高校、出版企业和高端培训机构的合作，培养高级经营管理人才和业务骨干。

五是实施产学研结合，把科研作为人才培养的重要途径。研究政策措施，鼓励员工特别是业务骨干和高层次人才从事科研活动；积极争取有关部门支持，设立博士后流动站；以创办多年的课程教材研究所为依托，培养专业技术人才。

六是研究建立总体调控和分级管理相结合的人才管理体系。充分发挥市场在人才资源配置中的基础性作用，探索建立内部人才流动平台，努力做到人岗相配，最大限度地发挥人才资源的作用。研究提出人才考核、评价机制和评价指标体系，完善薪酬激励政策。

七是研究完善人才工作管理体制机制。按照党管人才的原则，坚持和完善党组统一领导，人力资源部门牵头抓总，相关部门密切配合，全体员工积极参与的人才工作格局。积极调动成员单位在人才工作中的主体作用，大力推进学习型组织建设，充分发挥人才在集团改革发展中的引领和支持作用，努力为出版业的繁荣可持续发展作出新的贡献。

国际化人才"走出去"的根本

韬奋基金会理事　中国科技出版传媒集团有限公司董事长、总裁　柳建尧

在党的十八大召开之际，举办首届韬奋出版人才高端论坛，别有一番重要的意义。就国际化人才的培养，国际化人才的打造，从四个方面谈谈个人的一些思考。

一、"走出去"在不同的阶段需要不同的人才

改革开放三十多年，中国出版行业"走出去"大致可分为三个阶段，第一个阶段是人走出去。20世纪80年代，大家出去考察、培训、学习，那时候主要是"人走出去"，开阔眼界，提高语言沟通能力。第二阶段是"产品走出去"。20世纪90年代是版权走出去，如今，版权贸易逆差正在逐渐缩小，基本相当。以中国科技出版传媒集团为例，输出版权300种、引进版权300种。虽然品种上贸易顺逆差基本平衡，但是从结果上来看我们还面临着比较大的贸易逆差。另外，目前的"产品走出去"多以本版书和少量的英文书为主。中国出版面向国际市场，主要面向在海外的数千万华人市场。从中国科技出版集团在纽约和东京公司的营销来看，主要市场还是海外侨胞。在这一阶段需要的人才，主要是掌握熟练的外语，对国际经济贸易初步了解，同时又能够基本懂得国际市场营销的人才。本世纪以来，中国新闻出版行业在"资本走出去"方面加快了步伐，进入了新的阶段。如人民卫生出版社早在2009年就收购了加拿大一家著名的卫生出版机构。王亚非总裁带领时代出版集团已经在欧洲设立了多家印刷企业。可见，中国出版已经从"人走出去"、"产品走出去"到"资本和服务走出去"的阶段。在这样的阶段，对人才的需求就不仅仅是能够有熟练的外语技能，具备国际市场营销知识，同时还要具备国际经营企业管理和法律等方方面面的人才。从这个意义上来说，目前国际化人才，个人认为已经成为"走出去"最重要的一个瓶颈因

素，也是未来取得成功的根本保证。

二、"走出去"的有利因素和不利因素分析

首先，"走出去"已是中国从经济大国转变为经济强国，从文化大国转变为文化强国的必要保证和必由之路。如果中国出版不能"走出去"，就很难使国家的经济发展和文化发展融入国际社会，成为国际经济里的一个重要因素。这方面来说，"走出去"就承担着重要的国家使命。

二是"走出去"也是出版企业、出版行业发展的需要。文化体制改革以来，全国已经形成了上百家的出版集团，其中有十几家的上市企业，募集资金从五亿元到数十亿元不等，这样的资本已经使中国出版业不仅有能力，而且有需要进行国际投资。

三是中国已经成为科技和文化大国。目前我国拥有全世界最多的博士毕业生，是全世界第二大论文出版大国，全世界第一大出版品种大国，每年出版图书35万种，已是全世界第二大期刊杂志出版大国，一万种期刊在全世界名列第二位。如此丰富的出版资源为"走出去"提供了最基本的保障。也因为有这样"大"的资源，为我们"走出去"发挥出版文化资源的价值提供了非常强烈的需求。

除了最有利的因素外，"走出去"的不利因素包括但不限于以下两点。目前中国的出版业、国内的经济"走出去"为什么动力没有想象的那么足，其中一个重要的原因是20世纪后期以来，国际资本泛滥，中国作为全球经济增长最快的国家，资本投资回报率远远高于国际水平。这也是把资本投到国外，用资本"走出去"方式碰到的一个很关键的问题。但这不是根本，最根本的是我们的人才问题。当有了资本，有了足够的市场和资源，我们有时却在"走出去"面前举步不前。现在看来，人才是最核心的、最根本的问题，也是制约目前"走出去"战略的一个根本的要素。中国科技出版传媒集团在"走出去"方面醒得不晚，20世纪90年代以来，集团分别在莫斯科、纽约、东京设立了分公司。坦率地说，目前在纽约和东京的公司仍然停留在"走出去"的第二阶段，主要承担着代理部分版权贸易的工作，面向海外华人市场销售了一批包括国内各个出版行业出版的中文图书，同时承担着接待国内培训和考察的一些业务，仍然是停留在"走出去"的第二个阶段。

三、联想的国际化人才之道

如何打造国际化的人才，成为国际化的核心问题。他山之石，可以攻玉。看看国内其他行业比出版界早"走出去"的实践，也许有一些启发。由于工作关系，本人比较近距离地观察过联想集团的"走出去"。联想集团在2005年收购了IBM个人电脑事业部，联想在过去也是大规模地"走出去"，在全世界范围内设立了很多分公司。这些分公司大多是办事处，主要承担销售联想电脑的任务。申购了IBM事业部、成为其全资股东后，联想面临巨大的国际化压力。

联想当时的指导思想是国际化人才从哪里来，企业运用了国际管理界达成共识的一个价值规律——"721原则"，其核心内容是一个企业领导核心团队的成长70%来自于业务实践，另外20%来自于同行之间的交流，另外10%来自于学历和所拥有或表达出来的知识。根据这样的原则，联想在国际化人才的培养中确定了"四个战略"——国际外派战略、影子内阁战略、超常制用人战略、圆桌会议战略。

联想收购IBM之后，联想集团把总部从北京中关村搬到了美国的北卡罗来纳州，杨元庆等一系列领导班子成员全部到美国上班。这是他们国际外派的第一步，从最高管做起，以身作则，期间也闹了很多笑话。当时在联想内部有一幅漫画，联想国际开董事会的时候，来自中国大陆的董事每个人背后都坐着一名翻译。因为文化背景差异等因素，双方最初的交流有些不畅，中方经常说一句很幽默的话作开场，但对方不笑，而当对方高管开玩笑时，中方的董事会成员们往往也是面面相觑。此外，中方的发言经常被联想国际的CEO打断，他们要求简短、清楚，他们搞不懂有些中国特色的词汇如"重视"、"提高"、"促进"、"加大"有什么含义。在这样的挑战面前，联想老总柳传志曾和本人交流过，只能走"国际外派"这一条路，没有这一条路联想永远无法国际化。经过几年的实践，联想集团的高管们都摆脱了翻译，能够直接和全世界的非汉语母语的雇员们进行交流。联想现在约有30000名员工，有4000至5000名国际员工，这比在IBM的时候减少了40%。收购IBM的时候，联想有8000名国际员工。

除了交流方面的挑战，另外还有国际经营经验。联想影子内阁就是为了培养人才：在每个岗位上配备两个人，在海外以当地本土化人才为主，在国内，如果有老外到联想国内的部门工作，则以国内的管理人员为主。通过这样的方式，也使联想国际化人才的素质得到了一定的提升。

与国内许多集团公司一样，联想也有大企业病。大企业病一个重要的特征就是论资排辈。面临国际化竞争的挑战，联想集团用了很多办法超常规提拔、提升年轻人。联想虽然很讲究按部就班地培养人才，但是在国际化人才培养和使用上，联想大力引进了超常的培训机制，不拘一格降人才。

圆桌会议是联想的另一战略。不同文化背景的员工定期由人力资源部或团队老总召集，根据某些问题，定期召开圆桌会议，沟通交流，促进双方文化的交流，使本土化人才更容易融入国际环境，使外来人才更容易融入联想的环境。

四、出版业国际化人才培养

联想集团当年花了数十亿美金，收购了IBM的PC机。当时业界最担心的不是这笔交易是否成功，而是联想具不具备足够的能力管理这些人才，管理这样国际化的企业。刚才举的案例，首先想说明，国际化人才的培养没有什么灵丹妙药，只能是通过明确各自的国际化人才培养战略，然后根据企业国际化战略的不同，"因材施教"，各取所需。比如说要做版权输出，从事图书外销，那大概不大需要具有高层次、具有国际资本运营和企业管理能力的人才。但是面临资本和服务"走出去"的今天，如果没有这样的人才，不能够通过引进和培养打造人才，中国出版业的国际化是不可能成功的，或者说我们能够"走出去"，但难以回来，或者是不能"衣锦还乡"。

其次，要创新国际化人才的引进、培养、使用机制。必须从理念上、从管理体制上解决国际化人才的引进培养机制，不能用目前事实上还存在的国有企业的干部级别和薪酬制度来引进国际化人才。中央组织部关于人才的若干意见和决定，里边有很多理念的创新，有很多理念已经超过了现代国有企业的经营范畴，所以必须要创新机制，根据不同的需要，根据不同的人才，根据业务不同的发展前景和目标，来确定国际化人才的引进培养机制。

再者，要大胆地使用本地化人才。本地化经营必须要用本地化人才，无论是从当年的外国企业、跨国企业走进中国的路径来看，还是上述所言联想"走出去"的经验来看，一定要多交流，关在驻外的办事处里，是不能锻炼出国际化团队的。所以要大胆地引用、使用国际化人才。

最后，需要强调的是：人才的国际化培养70%的关键是实践，在这个方面，没有捷径可走，要有付出学费的准备，同时要精心设计、精心培养、大胆使用，在实践中逐渐锻炼培养出一支自己的国际化人才团队。

关于人才培养的四个问题

韬奋基金会理事　江苏凤凰出版传媒集团有限公司党委书记、董事长　陈海燕

参加首届韬奋人才高端论坛，主要想说四个问题：

一、出版的第一生产力是人才

第一，出版是智慧产业。出版活动说到底就是人类智慧的大规模复制，只有智慧的从业者才有能力选择和加工智慧信息，因而出版产业极大地依赖于出版人才。

第二，出版是轻资产产业。在出版活动所需的各类资源中，人才是第一资源，在出版物的总价值中转移价值部分，主要来源于纸张，而剩余价值部分则主要来自智力劳动，可以说是人才带来了出版的价值增量。

第三，出版人才培养难。图书是高度个性化产品，因而出版是一门艺术，出版人的个性、特质直接影响产品的面貌。出版涵盖所有知识领域，社科出版、文学出版、科技出版、古籍出版、少儿出版等门类及其细分门类，对出版人才的要求千差万别，因而出版人才难以标准化地批量生产。不仅如此，出版人才培养周期比较长，骨干编辑的养成需要在岗历练十年以上。拥有多科的成熟的专精人才是出版企业核心的竞争力，而这也是最难成就的事儿。

二、出版转型对于对出版人才的影响

第一，从事业出版到企业出版。出版单位事转企以后，出版人才与出版单位变成为雇佣关系，人力资源就具有了商品属性，人才成为一种特别的出版资源，人才工作规律就发生了变化，人才的流动性也增强了。

第二，从文化出版到商业出版。出版由公共事业转变为一个经济产业，以文化传承与公众教化为目的的文化出版扩展为以满足大众文化消费需求为

目的的商业出版。在商业出版成为出版主流的情况下，出版人才不仅要有文化眼光，而且要有市场眼光，通过交换让自己的文化产品去满足市场的需求。

第三，从字符出版到图文出版。视频技术和精致彩印技术促使阅读方式发生变化，字符的重要性相对下降，图像和影像的重要性相对上升，以读字符为根据的出版形态，转变为阅图与读文相结合的新形态。出版人才不仅要驾驭文表达，而且要学会图表达，并熟悉图的创意、制作和复制的新技能。

第四，从传统出版到数字出版。尽管纸媒将长期存在，但传统出版形态注定是要消亡的，未来纸质书将成为数字出版的一种非主流呈现形式。在数字技术的基础上生产纸质书以及内容的多媒体表达和多介质呈现，都需要传统出版人更新技能，并需要大批数字出版和多媒体出版的专业人才。

第五，从小出版到大出版。产业集中度在快速提升，出现了大型出版企业和集团化企业，管理和运营规律就大不相同，做小出版需要学会出版经营及通过出版产品来盈利，做大出版则需要学会经营出版及通过出版资源和出版资本来盈利。小出版无需大资本，而大出版就要依赖资本实力，出版人要懂出版、懂经营出版，熟悉资金市场、资本市场和各类金融工具。

三、出版人才的结构性稀缺

出版业本来是人才济济的产业，但同时又是人才稀缺的产业，主要问题是人才的结构性需求。国有出版单位冗员很多，人才结构不合理，出版转型使人才的结构性稀缺愈加突出，目前有以下八类人才呈现短缺：

一是经管人才。基于"久已习用"的人才选拔标准和人才选拔方式，国有出版单位实际上有较多的领导人才的储备，尤其是许多人才具备了某些党政干部的潜质，但是各级经营管理人才却严重缺乏，造成出版业普遍管理水平低、经营质量低、市场水平低、市场化程度低。可以说，出版业最缺的是作为合格出版商的出版社社长。由于原事业体制没有职业经理人生存的土壤，所以常以业务专家来担任出版企业经营责任人，并由其自行在实践中摸索成长。

二是高级财务专才。小型出版事业单位的财务主管需要记好账、管好钱，而有规模的出版企业的财务主管则需要以价值尺度来衡量、评估和监控经营活动的各环节和全流程，并且为经营决策提供咨询，前后两者的区别就是"账房先生"和"现代财务总监"的区别。出版业需要大批财务总监，而事业体制并没有留下足够的人才遗产。

三是投资与金融专才。经营出版就是要将出版资源当作资本来运作，重组、并购、控股等行为可以快速扩张规模，现金流以虚拟资本的运作可以加速价值循环，从而赢得高回报。这些都需要熟悉投资技术和善用金融工具的人才，许多出版企业上市多为中介机构主导，综合效用未能最大化，就是因为大多出版人向来对资本市场陌生。

四是数字出版人。包括网络技术、数字制图技术、视频技术、音频技术、数码影像技术、软件技术、电子平台技术等方面的技术人才以及数字出版的新型编辑人才、运营人才和管理人才。

五是高级策划人才。出版业最不缺的是案头编辑，但缺少高级策划编辑。因为编辑不缺，所以选题重复、品种过剩。因为策划编辑很缺，所以优秀的创意产品少见。策划编辑必须将文化导向与市场需求结合起来，在选题的立意、视角和表达方式方面具有独创性。

六是营销专才。出版企业的发行人员总体上本来不缺，只是因为中国目前全国性大中盘还有待发育，所以多数出版社会感到销售力量不足应付，但真正缺少的是营销专才，至今许多出版社仍然不知营销为何物，只是把发行部改为营销部，或者以为促销就等于营销。营销专才高于编辑、印务、销售部门，能够根据销售目标指导编辑，能够影响和控制产品的面貌，把握并且延长产品的生命周期，规划成本使之符合定价策略，并且制定和推行促销措施。

七是法务人才。图书产品品种多，涉及内容授权来源广，著作权交易形式多样，复制环节外包，还会涉及产品延伸开发的再授权，必然带来大量的保护工作，靠过去三两种标准合同显然不适应发展的需求，这就需要既懂出版，又懂法律，且懂商务谈判和著作权交易的特殊法务人才。

八是国际化人才。出版所需的国际化人才高水平的外语只是基础，更重要的是懂中外出版，懂中外市场，熟知出版全流程，以便在版权贸易中选择和推介内容，并且能够准确地判断成本，还要善于与外国人谈判做生意，开展文化贸易活动。

四、创新出版的人才工作

第一，更新人才观。

一是要把人才当成人，因人性而实施人性化管理，给人才以信任、尊重和认可，帮助人才赢得成就感，重视人的利益诉求，使人才的贡献得以合理回报。领军人才可以给予期权激励，也可以持股，成为企业的合伙人。

二是要把人才当作"商品"。对于企业来说，人才就是商品，是人才市场可以采购的特殊商品。其价值表现为市场价格，其使用价值表现为创效潜力。要用薪酬和绩效来评估其价值实现的程度，要有让人才充分发挥潜能的平台，让其使用价值充分贡献于企业。有些单位人才无用武之地，这也反映了这些单位没有理解人才的商品属性，要用人才的市场价格做参照，来确定人才的薪酬，避免因薪酬设计低于市场价格而影响积极性或者造成人才流失。

三是要把人才当作资本。甚至要把人才当作比货币资本更为重要的生产要素，要舍得在人才的学习和培训方面持续投入，使人才资本不断地增值。要用人力资源会计的方法评估人才资本的价值损益和投入产出比。在合股投资时，专门人才的投入可以作为无形资产纳入对价诉求的考虑，从而赢得议价。

第二，突破旧体制造成的观念束缚。

转企后的出版业需要出版商，但是如果把一个优秀的名义书商聘来作为出版社的社长将是十分困难的事情。体制的障碍仍然存在，尤其是旧体制造成的观念障碍十分强大，必须通过深化改革，调整所有制关系，实现股权多元化，进而确定现代公司治理结构，形成适宜职业经理人生存的土壤。当经营人才的流动突破了限制和障碍，形成了职业经理人市场，出版企业家的聘用可以不计体制出身，国有出版单位奇缺出版人才的问题才能从根本上解决。要让出版人才从旧体制的束缚中解放出来，让人才在企业内可流动、在企业间可流动、在行业内外可流动、在体制内外可流动，真正形成出版人才市场。这样，不重视人才的企业自会受到市场规律的惩罚，人才资源自会得到优化配置，人才的价值就会充分实现，人才的作用就会充分发挥。

第三，多途径扩充人才队伍。

一是培训。通过全员培训和持续培训，学习新技能，发现新苗子，培育新人才，这是最基本的办法，尤其是要通过职业生涯规划，对有潜质的年轻从业人员定向长期培养。但是也要看到，培训可以缓解出版转型中的人才短缺问题，但不可能根本解决这一问题。因为不同时期的出版人，自有其历史作用和历史局限。期望通过普遍培训而将传统出版人全部变身为数字出版人，那是不现实的。

二是引进。大批引进各类人才，附之于上岗培训和实践锻炼，这还是最有效的方法。

三是特聘。高级人才难以通过招聘或者众人推举来获得，可以通过猎头公司定向挖掘，并通过协议工资、股权激励、优厚待遇等措施给予特别聘用，这是聚集高级人才的快捷方法。

四是并购。用资本手段重组具有专业人才队伍的专业公司，通过合并即可以迅速拥有成熟的人才团队。

总之，人才就是才人，有了才人才能带动众人，众人之中有才人，那才能创造一切。

坚持操作务实　注重能力培养

韬奋基金会理事　安徽出版集团党委书记、总裁　王亚非

出版机构已经转为企业，要自主经营、自负盈亏，要面临更开放、更激烈的市场竞争。专业知识分子要有平台去潜心做学问、做出版，要体面生活，无后顾之忧。而这一切，都依靠有实力的企业和企业人才。

出版（文化）产业是知识密集型、智力集中型产业，有比较明显的"人在财聚、人走财散"的特点。很多时候，一个人就能兴起一个企业，一个团队就能带动一个产业，有能力的人才团队比资本还重要。创新人才工作理念，完善人才工作机制，拥有一支优秀的管理团队和关键人才，就能建立品牌，发展产业，创造价值。

在工作中，应牢固树立"人人都是人才，人人都可以成才，重在发现、培养和使用"的新型人才观。出版业务需要专业人才，出版（文化）产业需要经营复合型人才。对于人才，不管从事什么岗位，做什么工作，不要计较其资历、学历、职称、年龄、背景，重在看能力、看本事、看表现，看能否做成事、能否挑重担。对所有的人，都应给机会、给梯子、给舞台，以发展论英雄，凭实绩用干部，形成全新的用人理念、正确的用人导向。

在广东省委的一次全会上，时任省委书记的汪洋念了两份名单。一份是傅以渐、王式丹、林召棠……现场一阵沉默。第二份是顾炎武、蒲松龄……现场不少声响。汪洋笑道：第一份是科举状元，第二份是落第秀才。人能否被记住，不是你做多大官，而是看你做了多大事。

为呼应做强出版企业、文化产业转型升级的要求，要以操作层面为主，着力强化培养"五种能力"。

一、要有创新能力

创意是出版（文化）产业的核心竞争力和生存发展的基石。创新是出版

人的第一能力。文化引领消费，产品市场广阔，有点子就永远会有生意，有策划就永远会有市场，有创新就永远会有品牌。

做案头、搞策划的专业工作者要增强品牌意识，争做品牌出版人，创造品牌产品。要甘坐冷板凳，用坐冷板凳的人，鼓励其"十年磨一剑"，深入生活、热爱事业、"接地气"、长见识，提高自身素养，提升专业水准，打牢业务基础。要认真研究市场、分析读者、联系和培养作者，力争成为作者、读者、市场认可，过去、现在和将来都受人尊重的出版专家、名家、大家。

出版经营和管理工作者要放弃传统封闭思维，以开放包容心态，跳出出版看出版、跳出出版做出版。着了魔的产业才是有号召力的产业。要主动把出版（文化）产业融入经济大发展、产业大循环，推进出版（文化）产业与科技、教育、旅游、物流、"走出去"融合发展，让多元产业为出版（文化）产业提供资金和人才支持。同时，增加多元产业的文化含量，向各种产业覆盖，提升全社会的文化品质，在更大范围、更广领域，发挥出版（文化）的作用。

二、要有学习能力

学习是事业进步的阶梯，是一个人的毕生追求。时代在变、市场在变、产业在变，知识更新、技术变革、模式创新的速度很快。做大做强出版，不能不关注正在飞速变化的世界，不能只专注于个人和专业的小圈子，不能只在自己的一亩三分地自我陶醉、搞小康式出版，不能以为自己没看过，就以为什么都不存在，不能认为自己没做过、做不好，就以为别人也做不好、不能做，不能以为别人做不好自己也做不好。

就产业发展而言，当前出版（文化）人才队伍重点应该加强三个方面的学习。一是要学政策、抓信息。出版人不仅要懂出版，还要懂政策，必须了解政策鼓励什么、产业方向是什么，抓住机遇、创造机遇，寻找资源、对接资源，从出版小圈子跳出来，经营好出版资产、文化资产。二是要学财务、懂经营。出版经营一定要懂财务，要学会从财务角度分析问题、提出办法，找到出版经营的关节点。财务要帮老板找问题、提对策，不能把钱变成纸、把纸变成废纸。三要学技术、抓前沿。尤其要学习新技术、新理念，不懂新技术不可能做数字出版，不懂电子商务就不可能有市场新创意、分析不了电子商务市场，落后的知识不可能推动产业转型升级发展。

三、要有动手能力

优秀的出版人从来都是实干家，没有一个空谈家、空想家。企业经营尤其要防止眼高手低、人云亦云、清议高论，不能"有想法没办法"、"有看法没办法"。要改变"有人力没有人才、有梯子没有梯队、有理论没有理念"的现象，让人人都能挑大梁，关键时刻能顶得上，培育人才梯队，形成人才辈出的局面。

出版人口头和文字表达能力强，思想新，思维活，思路多，要从思想者变成行动者，把"想法变成做法，把创意转变成创造"，从事具体业务的工作者要争当"八级钳工"。既要有具体操作层面的建议，也要有实际动手的能力，不能"只出题目，不做作业"，要到一线基层、到社会中去，亲力亲为，亲自动手，解决具体问题。要学习推销员的"扫楼精神"，把自己彻底推向市场，走进读者。

四、要有运作能力

运作能力就是资源整合开发利用能力。出版业有很多资源，但是开发利用不够，导致有形资源大量浪费闲置，无形资源流失日益严重。究其原因，很重要的一方面是，既懂文化又懂产业的人不多、运作能力不强。出版业需要打造名家、大家，需要运作名家及大家的影响力，也需要给名家大家创造更大平台、更能潜心做学问的保障。

试问一句，怎样才能吸引人才呢？人才是特别有事业情怀的，不仅是钱的问题，而是干事的问题。加大投入，提高技术，综合运营，才能建成企业运作平台。有平台才有事做，有事做，有大事做，有难事做，才会吸引到高层次、复合型人才。那么吸引人才，不仅要给平台，更要给舞台，给声光电。

优秀的出版人应该既能"跨界"，又能"穿越"，是出版家、企业家和社会活动家。所谓"跨界"，就是跨行业、跨专业、跨产业，既有扎实的专业知识，又有产业意识、人脉资源、经营头脑，玩得转、吃得开、干得好。所谓"穿越"，既会分析综合，又会策划执行，善于把内容做成精品，把一本书做成N次，经常做、反复做、精耕细作，把书做成项目，让一种投入多种产出，一次投入多次产出。

五、要有"走出去"能力

出版(文化)产业国际化是大势所趋,人心所向。文化竞争、文化责任、产业发展、资源开发,都要求我们必须面向国际。文化产业国际合作必须要研究国际市场,把握各国经济发展形势、文化传统、产业政策,深入了解国际文化市场需求。要在人才、观念、产品等方面做好充分准备,培养专业化人才,增强合作执行力。

提高人才的"走出去"能力,必须"走出去"、"送出去"、"推出去",让人才参与国际文化贸易商务实战,在实践中锻炼,在合作中成长。通过实际操作,提升人才的国际化视野,培育国际思维;锻炼语言能力,提升沟通洽谈技巧;熟悉境外文化,增强社交涵养,推动人才与国际要求全面接轨。

出版(文化)人才培养是个系统工程,非一朝一夕,一企一地所能完成。为此,特有以下提议:

第一,产学研要通力协作。发挥高等院校、企业和科研机构的作用,在学科设置、人才培养使用、继续教育培训和人才科学研究等方面,加强衔接和对接,确保高校培养的人才企业能用得上,企业的人才能到高校继续充电深造。

第二,各地区各方面要开展合作。要借助社会力量和专业机构进行培训,与专业院校合作,共建博士后科研工作站、工程硕士点,联合培养人才。采取"请进来"、"走出去"以及交叉培养、互相挂职、合作交流等形式,拓宽人才培训渠道。对专家型、科技型、复合型、创新型人才,各出版集团和高校可以联合培养。

第三,人才柔性流动机制要尽快启动运作。设立出版(文化)产业人才库,搭建职业经理人、专业策划人、项目操盘手流动平台,在资源不能跨地区整合的情况下,推动文化产业人才和职业经理人在全国范围内交流使用,发挥人才的最大效应。

人才是第一资源,今天的人才就是明天的产业。要着眼今后五年到十年的发展,延揽、培养、储备一批人才,增强人才造血功能和集聚功能,使企业发展永远有后劲支撑、能持续发展。我们愿意与兄弟出版集团、出版单位密切联系,加强合作,共同研讨推进人才工作创新发展,合力推动新闻出版和文化产业跨越发展。

后转制时代出版传媒企业人才队伍建设

韬奋基金会理事　河北出版传媒集团有限责任公司董事长、总经理　杜金卿

在举国上下喜迎十八大胜利召开、新闻出版界纪念邹韬奋先生诞辰117周年之际，韬奋基金会组织首届出版人才高端论坛，研究探讨文化大发展大繁荣新形势下出版产业人才队伍建设，对推动出版产业继续深化改革、加快发展具有十分重要的意义。借此机会，结合河北出版传媒集团近几年的工作实践，就"后转制时代出版传媒企业人才队伍建设"谈谈个人的一些认识和看法。

一、雄厚的人力资源，是出版传媒企业快速健康发展的"第一资源"

推动社会主义文化大发展大繁荣，队伍是基础，人才是关键。出版传媒产业作为社会主义文化建设的重要组成部分，是知识密集型、技术创新型产业，人才队伍建设尤为重要。随着全国出版体制改革的不断深化，出版传媒企业全面进入后转制时代，步入了加速发展的快车道。数字出版迅猛发展，股改上市加快推进，项目建设遍地开花，跨媒体、跨行业、跨地域发展战略稳步实施。特别是出版产业市场化程度不断加深，促进产业发展的新技术、新业态、新领域不断涌现，产业结构调整和转型升级正日趋深入。在这一新形势下，出版产业人才队伍的总量不足和结构性失衡问题更加凸显，越来越难以适应产业升级和企业发展的要求。业界迫切需要一批承担文化使命、富有人文情怀，具备市场观念、企业意识和运营能力的出版管理人才；迫切需要一批熟悉现代出版规律、了解数字技术、掌握资本运作等专业能力的复合型人才；迫切需要一支具有强烈社会责任感，富有学习能力和创新精神，勇于吃苦、敢打硬仗的职业出版人队伍。可以说，加强人才队伍建设，打造企业战略资源支撑已经成为后转制时代出版传媒企业一项极其重要而紧迫的任务。

二、一流的内部机制，是激发出版传媒企业员工活力的重要支撑

建设一流的人才队伍，关键在于营造一个有利于人才成长的企业内部环境。转企改制为机制创新创造了条件，转制后的出版传媒企业，应当不断创新内部管理和运行机制，激发员工动力和企业活力，为各类优秀人才的脱颖而出和整个员工队伍的成长进步创造良好的环境。

一是创新选人用人机制，打造企业内部人才成长的绿色通道。作为现代出版传媒企业，应当彻底打破原事业体制下的条条框框，拓宽选人视野，注重能力实绩，为干部员工的成长提供制度保障和环境支持。近三年来，河北出版传媒集团围绕自身的产业拓展和转型升级，积极探索符合现代企业要求的选人用人新思路、新举措，通过拓宽选拔范围、打破层级界限、加强横向交流等方式，想做事的给机会，能干事的给位置，干成事的给待遇。共提拔使用中层领导骨干60人，交流使用50多人，一大批年富力强、综合素质高、业务能力强的优秀人才充实到企业领导岗位，形成了推进集团改革发展的中坚力量。

二是创新绩效薪酬管理，打造有利于员工和企业共同发展的人才队伍考核评价体系。绩效薪酬管理，既是激发员工干劲、实现工作目标的有效手段，又是评价发掘人才、激励人才成长的重要途径。转企后的出版传媒企业应当全力推行全员绩效考核制度，实施新的薪酬分配办法，构建科学有效的员工考核评价体系，努力提升企业经营管理水平和人才队伍素质。转企改制以来，河北出版传媒集团坚持统筹规划、精心设计、健全体系、逐层推进的总体思路，全面构建和实施新的企业目标管理、绩效考核和薪酬分配制度，将年度考核目标量化分解，逐级落实到每个班子成员、每名一线员工。员工薪酬及奖惩严格与工作岗位和业绩贡献挂钩，真正让每一名干部员工肩上有责任、身上有压力、心中有目标、工作有动力，有效激发了广大员工的活力和干劲。这些举措不但推动了企业经济效益的连年高速增长，还在工作实践中发现造就了一大批推动集团产业发展的各领域人才，有力促进了员工和企业的共同发展。

三是创新奖惩激励模式，打造各类人才实现个人价值和自我发展的平台。在市场经济条件下，如何考核评价国有企业，如何考核激励企业领导干部，是一个关乎企业发展、关乎市场主体建设的重大课题。作为现代企业，

无论是工商企业还是出版传媒企业，都应当以实力论地位，以效益论英雄。要通过创新激励模式、加大奖惩力度，激励和鞭策广大员工发奋进取，锐意创新，使企业内部涌现出更多的出版专家、营销专家、管理专家、技术能手等各方面优秀人才，从而为企业发展提供有力支持，为各类人才实现个人价值和自我发展提供广阔平台。转企改革以来，河北出版传媒集团制定出台了杰出贡献奖、精品出版奖、绩效考核奖等多种奖励措施，有效地激发了干部员工干事创业、争创一流的工作热情。集团于2010年设置的杰出贡献奖，具体包括杰出管理奖、杰出编创奖、杰出营销奖、杰出生产奖、杰出服务奖和杰出合作奖等六个奖项，其中特等奖奖金达到20万元，目前已有111人获得奖励，奖励金额达数百万元；集团精品出版奖评选以来，先后有150多种出版物获得奖励，有力地促进了集团精品出版工作；对子公司班子经营业绩的奖励力度不断加大，根据年度目标考核结果，兑现班子绩效年薪，奖励幅度可以增加到50%，真正起到了激励先进、鞭策后进的作用，形成了你追我赶的工作氛围，工作绩效得到了全面提升。

三、人才的梯队建设，是出版传媒企业保持竞争优势的必然要求

转企改革完成后，出版产业发展进入了一个新的历史阶段。市场的竞争、产业的转型、企业的发展，对出版传媒企业人才队伍数量和质量都提出新的更高的要求。必须大力加强人才梯队建设，始终保持一支精干高效的出版人才队伍，从根本上建立竞争与发展的人才优势，为企业的可持续发展提供有力的人力支撑。一要紧紧围绕企业发展战略，培养、引进和选拔、使用各类人才，当前集团正按照战略发展规划，重点招聘、培养和储备编辑策划、数字出版、电子商务、报刊传媒、证券投资、项目建设等方面的优秀人才，逐步改善人才队伍结构，努力适应集团产业发展和转型升级对人才的需求。二要积极构建科学高效的教育培训体系，努力优化培训课程、完善运行机制、建立培训基地、打造培训平台。通过名家讲坛、专业培训、网络学院、在职教育等多种形式，开阔干部思路，转变员工观念，不断提升干部员工的综合素质和专业技能。三要注重对青年人才的选拔和培养，善于在改革发展的进程中，在经营管理的实践中，锤炼员工队伍，发现、培养可用之才，特别应注重选拔培养思想解放、务实创新、熟悉业务、精通管理的青年骨干力量，尽早安排到重要岗位，让其经受锻炼，早挑重担，并为他们充分

展示才能、推进事业发展创造条件。

四、政府的政策支持，是出版传媒企业人才队伍建设的有力保障

人才队伍建设是出版传媒产业一项长期的战略性工程。既需要企业通过营造环境、搭建平台和培养引进等多种方式，努力形成吸引人才干事创业的内部氛围，又需要各级党委、政府和新闻出版管理部门出台给力政策，推进整个行业的人才队伍建设。要不断加大各级财政资金的投入力度，深入推进高端人才培养和选拔工程；要进一步落实国有或国有控股文化企业干部任免自主权，支持企业根据自身改革发展需要及时调配使用中高级管理干部；要加快推进实施股权激励政策，真正形成对企业高管的长效激励机制；要加大对新闻出版高层次人才在享受政治待遇、获得专家荣誉等方面的政策倾斜，使企业领军人才、专业人才和复合型骨干人才引得来、干得好、留得住。要努力在全行业、全社会营造尊重人才、尊重创造的创业环境和文化氛围，广泛吸引和培养造就一大批出版传媒领域的各类人才，为后转制时代出版传媒企业的可持续发展提供有力的人才保障。

顺应产业发展需求　培养优秀出版人才

北京印刷学院校长　王永生

党的十七届六中全会指出，推动社会主义文化大发展大繁荣队伍是基础，人才是关键。未来几年是新闻出版业深化改革、加快发展和产业格局调整的关键时期，面对新形势、新要求，新闻出版人才队伍在总体规模和质量上与国际先进水平还有较大差距，行业发展亟需的策划创意、经营管理、数字出版与传播、版权贸易人才等人才紧缺的现实问题，当前还很难解决。新闻出版高等教育必须不断增强使命意识，提高人才培养质量，努力为新闻出版强国提供强有力的人才保障和智力支持。

作为一所国家新闻出版总署和北京市政府共建的行业特色鲜明的普通高等学校，北京印刷学院办学 50 多年来为行业及社会输送了 4 万余名高素质的专门人才，毕业生活跃在我国新闻出版行业的各条战线上，成为了行业发展的中坚力量。同时学校积极开展各种在职教育、专项培训，为新闻出版行业从业人员的素质提升作出了重要贡献。

一、培养出版行业亟需的策划创意人才

像所有文化产业一样，出版产业也是以创意为核心、以策划为代表，从业者个人的创意能力和策划能力作为产业驱动力量，发挥着越来越大、越来越明显的作用，也给出版人才培养工作带来了新的挑战。从人才培养的角度来看，策划创意人才属于复合型人才。广阔的视野、灵活的头脑、敏锐的市场嗅觉和丰富的实操经验，是这类人才的标志性特征。为此，我校按照在出版实践中学习出版的理念，全面地修订了编辑出版学本科专业培养方案。新的培养方案本着打通基础课程、增加选修课程、拓宽专业口径、强化实践环节的原则，创新了"1 + 2 + 1"的人才培养模式，使人才培养在规范和特色两个方面达到了较高水平，促进了学生在全面了解编辑出版全流程业务的基

础上，切实增强策划创意能力。2012 年，我校与中国出版集团公司合作共建"北京市级校外人才培养基地"，为学生积累了学习实践经验，促进复合型策划创意人才的培养。

2012 年底，在韬奋基金会的大力支持下，我校开设了韬奋实验班，力图在培养模式方面再创新，力争培养更多符合出版行业需求的高端优秀出版人才。

二、培养出版行业亟需的经营管理人才

懂经营、会管理是新型出版人才又一个标志性特征，随着出版行业体制改革的不断深化，出版企业的市场主体和法人实体地位得到了基本确立，出版企业负责人选拔任用方式的渠道有所拓宽，评价方法和标准有所创新。加强经营管理人才队伍，迫切需要培养一批具有市场开拓能力、管理创新能力和高度社会责任感的优秀企业家和经营管理人才，包括市场调研、企业管理、发行营销、物流管理以及金融及投资业务投资人才。本着面向行业、贴近行业、服务行业、彰显特色的办学宗旨，适应行业发展要求，我校 2010 年组建成立了新闻出版学院和经济管理学院，进一步加强传媒经济和出版管理人才培养。两年多来，通过聘请行业领军人才担任二级学院院长，聘请业内著名专家和企业高级管理人才担任兼职教授，依托北京绿色印刷包装产业技术研究院，建设大学科技园和大学生创业园，加强校地企、产学研合作等一系列措施，为加强应用型高级经济管理人才的培养，提升我校经济管理学科建设水平和人才培养质量奠定了坚实基础。

三、培养行业亟需的数字出版与传播人才

以数字化内容、数字化生产和数字化传播为主要内容的新兴业态已经成为出版产业中最大增长点，并连年保持高速增长。当前出版行业市场培育，亟需构筑三种信息能力，一是对数字出版产业链增值环节的快速反应能力；二是对海量数字化内容的汇聚、分析业务能力；三是对跨媒体内容、定制放大效应的运转能力。我们要大力强化出版人才新兴能力的培养，探索数字出版专业人才培养的新模式。我校 2008 年开办了数字出版专业，第一届学生已顺利毕业，并实现百分之百就业。在数字出版专业的建设过程中，总署科技与数字出版司给予了有力的支持和指导。电子工业出版社资助了我校成立

了数字出版教学实习中心，配置了国内最前沿的数字出版软硬件，使学生能够真正参与图书加工出版流程，并介入到电子工业出版社在数字出版领域所做的前沿性探索工作。

2012年10月，教育部公布了新的高校本科专业目录，数字出版专业被作为特色专业列入目录，按照新目录的要求，学校将以信息化、数字化技术扎实推进专业结构调整和转型升级，努力使数字出版、数字媒体等特色专业达到国内领先水平。此外，我校将继续整合学科资源，积极申报服务国家特殊需求的数字出版与传播博士点的工作，服务数字出版高层次人才的培养。

四、培养行业亟需的版权贸易人才

在加入WTO的背景下，我国出版业对外交往与日俱增，版权贸易与版权合作连年保持旺盛增长，尤其是"走出去"战略实施以来，一系列重大工程项目陆续实施并取得显著成效，在打造国际立体营销网络方面破解了多年来困扰中国出版物"走出去"的渠道难题，打造了一批品牌产品和骨干企业，成为我国新闻出版业拓展国际营销渠道的一个重大突破。为此，必须加快培养一批外语熟练、具有国际视野、懂得国际市场竞争规则、熟悉国外企业经营方式的跨文化传播及版权贸易保护专门人才。

2011年，我校在改造英国语言文学本科专业的基础上，将版权贸易作为主攻方向，致力于培养一批适应"走出去"战略需要的国际化人才。研究生层面，在北京市重点建设学科传播学下面增设了国际传播方向，在出版学下面，增设了版权贸易方向。同时加强国际学术交流，通过聘请国外知名学者系统讲授研究生课程，举办中英文出版论坛、数字出版与文化传播国际学术论坛等方式，积极为我国新闻出版业"走出去"培养更多优秀的版权贸易人才。

实施文化强国战略，推动社会主义文化大发展大繁荣，为新闻出版高校提供了宝贵的历史机遇。今后北京印刷学院将继续加强与政府部门、行业协会、企业单位等各有关方面的互动交流，坚持以构建求支持、以共赢求合作、以服务求发展，努力为新闻出版强国建设作出新的更大贡献。

专题论坛嘉宾演讲稿

编辑、数字出版与专业技术人才培养专题

数字时代新闻出版人才有关问题的思考

人民出版社社长　黄书元

数字时代已经来临。随着数字技术的发展，数字网络不仅改变着我们的生活方式、生存方式，也深刻地改变着我们的生产方式和产业结构。

数字化产品和服务全面开花，出现井喷之势，在我们身边无处不见。其对新闻出版业的冲击和影响更是巨大而深远。

"天才数字儿童"已经成长为庞大的数字阅读群体。这个群体对数字化产品和服务的偏爱和依赖，已经形成了巨大的市场渴求。在全世界，纸介质的报纸、杂志、图书销售均呈现下降趋势，数字内容的销售却快速增长。

我国新闻出版数字化进程虽然步伐很大，但从数字化图书内容销售看，与纸介质图书相比，无论是规模还是盈利，都尚未取得重大突破。

虽然有观念、法律、政策等诸多因素的制约，但数字化人才的匮乏更显突出。

传统出版的优势在于积累了大量的文化资源，要把这些资源开发成数字化产品，为读者提供数字化服务，使之进一步转化为市场优势，就在于传统出版业要逐步转变为创新型文化组织，而要做到这些关键在于人才。从出版业的实践中可以感觉业界尤其缺少以下两类人才：

一是创新型人才。创新是一个民族的灵魂，也是企业发展的动力，更是增强核心竞争力的重要因素。严格说创新型人才几乎不是培养出来的，而是在实践中打拼出来的，比尔·盖茨、乔布斯等无不如此。创新人才是市场经

济大潮中的冲浪者，浪尖上的精英。一个优秀选题的策划，一场营销的轰动，一种数字化产品的开发，一套营利模式的设计，无不闪烁着创新的火花。而创新人才也许有过人的优点也有惊人的缺点，所以吸引创新型人才关键在于观念和机制的突破。

二是复合型人才。数字出版不是把纸介质图书转化为电子版就大功告成。数字出版是对纸介质图书的再创作，把其内容转换为含有文字、图片、视频、声音、可以互动的电子图书，可以在网上成碎片、聚合、打包、捆绑、提供网上服务或销售，以实现其无限增值。这就需要美术、音乐、声光、电等多方专业人员的共同协作，必须有具备各方面知识和技能的复合型人才作为领导人物参与策划、组织、协调才有可能实现，这类高级人才不仅要懂编辑出版，还要懂信息技术，了解市场需求，善于市场营销等等。世上没有全才，但仅懂一门传统文字的编辑，显然难以适应文化数字出版发展的需求。

创新型人才和复合型人才的引进、选拔、培养、造就已迫在眉睫。建议从以下几方面考虑：

一、制定数字出版人才培养规划

从国家层面看，要赶超欧美先进国家数字出版水平，必须制定国家数字发展人才培养战略。英国文化、媒体和体育部为推动创意产业发展，成立了创意产业高等教育论坛，将高校和业界精英聚集在一起，为业界培养创新型人才。英国产业技能委员会在高校为电影、电视和多媒体行业举办为期三年的"人才再造工程"，为这些行业人士提供了上百种课程，使影视业66%的员工和多媒体行业24%的员工达到研究生水平，极大地提高了这些行业人才的科技能力。我国高等院校的数字化出版专业课程开设得比较晚，培养的数字出版人才有限，加之现有的新闻出版人员多数是文科背景，其科技能力已经不能适应出版与科技融合的需要，为此，建议制定"国家新闻出版人才再造"规划，用三至五年时间，对出版单位的中青年骨干采用"送出去、请进来"等特殊办法进行培训，以提高他们的现代科技素养。

二、探索数字出版人才成长规律

人才资源是新闻出版业最宝贵的资源。新闻出版业对人才的培养，传统的做法是以老带新，在实践中成长。人才和知识是新闻出版业发展的真正动力，谁拥有了大批人才，谁就会在竞争中取胜。数字出版对出版业来说是全新的领域，只有创新型、复合型人才才能适应新形势的要求。如何培养、引进、造就新型人才队伍，需要教育部门、出版科研部门共同去研究、去探索。如何才能使人才"引得进、留得住、用得好"是个大课题，也是传统出版单位必须认真对待和研究的课题。

三、对创新型人才要有特殊政策

要充分认识创新型人才在发展中的不可替代性。把有创新能力放在首位，高看一眼，善待一分。要为他们提供足以发挥专业特长的岗位，对特殊人才要有特殊政策、特殊待遇，如在某一项重大创新型产品或服务的开发、营销上，对其领军人物或团队可给予期权、股权的激励。另外，不仅要有用人之长的眼光，还要有容人之短的雅量，因为这类人才往往标新立异，不仅常有奇思妙想，还敢为人先，但他们的创新和尝试也常常难以被人理解，充满失误、失败。重大的创新产品、项目有可能是在多次失误、失败中成长起来的，但这些创新型人才有可能被视为异类，所以容忍失败的组织环境对创新型人才是非常重要的，这有助于缓解失败、失误对创新型人才带来的紧张感、内疚感和负罪感。

四、用好现有人才是事业成败的关键

发挥现有人才的作用和调动他们的积极性、创造性，关键在于科学、合理、充满生机活力的管理机制。一要强化竞争机制。市场化人才要靠市场配置、市场竞争来管理、来造就；要以公开公平，采取外引内选的办法选用人才；要由内部竞争向社会竞争扩展，物色到最合适、最优秀的人选。二要建立健全分配激励机制。重实绩、重贡献、重创新，收益与贡献、业绩与效益挂钩，合理拉开档次差距，向成绩显著、贡献突出及关键性岗位人员倾斜，这既是一种榜样、示范作用，更是对其他人的一种激励作用。三要建立客观、公正的人才评价机制。树立人才评价正确导向，采用定性考核与定量评价相结合等方法，确保人才能脱颖而出并得到足够的重视。

五、创造一个良好的人才成长、生存环境，改善人才服务

要做到人尽其才，才尽其用，必须营造育才、引才、聚才、用才的良好环境。海尔之所以能吸引人是因为他们注重企业文化，给员工提供了自我实现的成就感，社会对他们的尊重，以及员工之间的良好沟通、相互信任。而有的企业由于压力过大而无处释放、缓解，造成人才因焦虑、抑郁等病态人格而大量流失。

对高层次人才而言，在一个宽松、自由、平等、公开、公平、公正的人文环境里生存、成长，更有可能爆发创新能力，这比单纯引进人才更显重要。良好的人文环境，可以使人才不是"为了生存而工作"，而是"为了快乐而工作"。一个单位能不能吸引人才，留住人才，人际环境起着重要作用，良好的人文、人际环境，才能为各类人才施展才华、创新实践提供更广阔的平台和空间。

要关心、爱护、善待人才，不断完善人才服务体系建设，提高人才服务能力和水平，解决他们的后顾之忧，为各类人才干事创业、实现价值提供良好的服务和保障，充分发挥各类人才的作用。未来的出版业员工一定是一个熟悉编辑出版业务的科技人员，又是一个熟练掌握科技知识的编辑出版人员。

面向移动阅读用户
探索培养数字出版专业人才的新模式

韬奋基金会理事　中文在线数字出版有限公司董事长、总裁　童之磊

一、数字出版的趋势和前景

科技引发阅读变革——网络科技的飞速发展，带来了互联网信息生产和消费行为的快速拓展。电脑、手机、平板电脑等终端的集成，SNS、微博客等Web2.0应用的快速发展，促进了互联网信息承载量的急剧增长。同时，随着智能手机价格和通信成本持续降低，3G应用的用户体验逐步提升，开启了更多用户的移动网络生活。通过以手机为代表的移动终端，无线通信技术进一步推动了各类网络应用在网民生活中的深层次渗透。

网民规模的增长为数字出版行业的发展奠定了基础——中国互联网络信息中心（CNNIC）《第30次中国互联网络发展状况统计报告》显示：截至2012年6月底，中国网民数量达到5.38亿，手机网民规模达到3.88亿，较2011年底增加了约3270万人。2012年上半年使用台式电脑上网的网民比例为70.7%，相比2011年下半年下降了2.7个百分点，手机上网比例则增长至72.2%，超过台式电脑，手机成为了我国网民的第一大上网终端。

我国数字出版政策环境空前利好，产值再创最高——中国新闻出版研究院《2011-2012中国数字出版产业年度报告》指出：2011年，我国数字出版政策环境空前利好，产值再创最高，数字出版平台竞争加剧，渠道不断创新。我国数字出版全年收入规模达1377.88亿元，比2010年整体收入增长了31%。互联网广告（512.9亿元）、网络游戏（428.5亿元）与手机出版（367.34亿元）依然占据收入榜前三位。值得注意的是，过去的一年，数字报纸、电子图书和互联网期刊均保持了高速的增长势头，平均增长幅度超

过 25%。

新兴阅读的强势不容忽视——《第九次国民阅读调查报告》显示：2011年我国 18－70 周岁国民包括书报刊和数字出版物在内的各媒介综合阅读率为 77.6%，比 2010 年增加 0.5 个百分点。与此同时网络阅读风头正旺，包括网络在线阅读、手机阅读、电子阅读器阅读等在内的数字化阅读方式依然保持着持续而强劲的增长势头，2011 年的数字化阅读方式接触率为 38.6%，比 2010 年的 32.8% 上升了 5.8 个百分点，增幅为 17.7%，而其中网络在线阅读的接触率增长幅度最大，增幅达 65.2%。从新兴媒介整体来看，互联网的接触时长最长，我国 18－70 周岁国民上网率为 54.9%，也就是说有一半人通过上网来实现各种阅读，人均每天上网时长更是高达 47.53 分钟，新兴阅读的强势不容忽视。

二、数字出版对人才的挑战

在 12 年的发展历程中，中文在线一直不断面对数字技术对出版专业人才提出的挑战，尤其在移动阅读时代来临之后，大规模内容集成和分发的移动阅读业务，对出版专业人才提出了更高的要求。

作为一家数字出版公司，中文在线的出版专业人才队伍建设，一直存在几大困难：

第一，在企业发展早期，行业中原有的编辑、印刷、发行等纸质媒体职业技能划分体系，使公司难以获得数字出版时代需要的复合型人才。这种人才需要对数字化内容搜集、产品设计、营销方式都有准确的把握能力。

第二，原有的新闻出版院校和专业设置，使得高校这块人才培养基地，更偏重文史哲等文化素质和文字编辑能力，高校毕业生也更愿意去传统出版社从事这类工作，对数字出版公司抱着观望和怀疑的态度。

第三，既有的从业者大多数是理工科背景，多为从兴趣出发从事数字出版工作，缺乏对国家法律法规和政策的深入了解，社会继续教育机制也没有对这部分人才进行职业教育的机构和体系。

第四，进入互联网出版，尤其是移动阅读时代来临之后，随着面向以"亿"为单位的海量用户的需求和以"10 万"为单位的海量内容的汇聚，对出版专业人才提出了更高的产品整合、风险防范要求。出版专业人才对企业的经济责任和对读者的社会责任都更加重大，对人才的整体要求更高了。

三、中文在线的人才培养之道

（一）中文在线模式

中文在线成立于 2000 年，脱胎于当时国内最大的大学生门户网站的读书频道，那时候公司做的事情很简单，就是取得作家的授权，把作家的作品放到网站上供大家付费阅读，叫做网络出版。之后中文在线在数字出版这条路上越走越远，现在已经成为国内最大的正版数字内容提供商之一。因为起步早，缺乏可供借鉴的经验和先例，也促使公司不断创新、自力更生，在数字出版的多个领域推出具有开创性的产品，探索出一条高速发展之路。

中文在线在 12 年的发展过程中，探索出"精品化"的全媒体数字出版模式，满足任何人在任何时间、任何地点、以任何方式获得任何内容的需求，业务覆盖互联网、数字图书馆、手机阅读等多个领域，并向纸质书、听书、影视剧、游戏、动漫改编延伸。从单一的"文字内容在多媒介、多渠道发布"转向"同一题材以多种形式在多维度、多领域生产价值"，打造精品阅读"全内容、全媒体、全渠道"完整产业链。

2002 年，中文在线担纲"十五"规划教育部课题，在国内率先推出"中小学数字图书馆"，如今新一代基于云技术的"书香中国"互联网数字图书馆已经在全国三万余所中小学中应用。

2005 年，中文在线与中国移动合作共同开拓了中国手机阅读市场，成为中国移动手机阅读基地的运营合作伙伴以及最大的内容提供商，目前中国移动手机阅读覆盖 2 亿全国用户。

从 2006 年开始，中文在线全面进军互联网阅读领域，中文在线旗下 17K 小说网现已成为国内领先的原创文学网站，并有多部作品被改编为纸质书、影视剧、游戏和动漫。

2008 年，中文在线以传统图书、互联网、手持阅读器、手机和上映的贺岁电影同步推出《非诚勿扰》的五路传播格局，开创全媒体出版先河。

2012 年，中文在线致力于打造"精品阅读"工程，"育人才、抓内容、建平台"多管齐下，全方位推动数字出版产业发展。

（二）中文在线团队构成

中文在线拥有一大批优秀的创新人才，形成多个专业化的创新团队，始终以创新和推动产业升级作为公司发展的核心驱动力。中文在线总部在北京,此外,公司在全国设有 12 个分公司及办事处,现有员工 500 余人,其中研究生及以上学历占 12%,本科以上学历占 60%,大专以上学历占 26%。员工平均年龄为 28 岁。

(三) 中文在线的人才培养之道

在这些年的发展中,我们也总结和建立了一套与企业自身特色相结合,面向移动阅读时代新型用户需求和业务特点的出版专业复合型人才培养方法。

1. 人才引进与适配

大胆引进出版行业各个领域的优秀人才:公司先后从辽宁出版集团、现代出版社、团结出版社、《科幻世界》杂志社等优秀出版企业,引进了负责出版、编辑、发行等领域的各类优秀人才,为公司发展奠定了与出版行业合作的基础。

人才招聘和评定标准化:不断总结并规范在数字出版环境,尤其是移动阅读环境下,国家管理和企业运作两方面,对出版专业人才提出的各类要求,并将这类要求明确化、标准化之后,与企业的人才招聘和培养体系相结合。成立出版专业人员的管理组织,中文在线编辑委员会,定期召开会议,组织公司各个岗位的员工,对移动阅读环境下面临的各种问题进行研讨,并着手建立数字出版编辑的职级评定体系。

内部竞聘制度:新员工招聘进来的岗位未必是最适合的,公司设计了内部相对的流动性,在内部选拔上采取跨部门竞聘的方式,空缺职位面向全公司招聘。方便有兴趣和有志向的专业人才,在竞聘过程中充分地展示自己的才能,并最终在自己愿意为之奋斗的岗位上不断学习进步,积累数字出版领域的专业知识和技能。

2. 人才定向培养

成立专门的人才培养机构——中文在线学院:中文在线建立了内部培训学院,专门负责公司内部专业人才的培养。在员工培训上投入了大量的时间和精力。对于高层管理人员的培训是与外部的专业机构合作,进行管理实战培训。对于普通员工的内部培训,是"有周期、有对象、有结业"的。2011 年,公司挑选出 30 多名有潜力的员工,为他们设置了为期半年的培训课程。这个课程绝不像一般的内训那样,走走形式而已。中文在线的培训讲师,主要是公司高管和业务经理,也有外聘专家。每月安排一到两次培训课程,培训中不但要求学员要保证出勤，课程结束时还要对学员进行结业考评。严格的管理制度，确保了培训的有效性。而培训成绩也会对学员将来的晋升产生影响。除了安排内训课程之外，中文在线还在公司内实行了导师制。高层管理者以一带一的形式，亲自指导一线业务主管，也就是中层下面有培养潜力的苗子，定期安排讨论和学习，进而提高能力。

与对口高校建立联合培养机制：北京印刷学院新建了数字出版系，该系以大出版大传播背景下的人文素养、对信息系统和技术的应用技能、对数字信息的抓取和知识表达能力和对数字出版媒介经营管理的能力为主要培养模式，并据此分为数字内容创意与表达、数字内容经营与推广和数字出版技术应用三个培养方向。这与中文在线的核心人才需求非常吻合。以此为基础，中文在线与北京印刷学院共建了"出版传媒人才教育教学实践基地"，为数字出版领域产学研的协同发展创造了新的模式。北京印刷学院也为本人颁发了硕士研究生导师证书，中文在线聘请北京印刷学院党委书记郑吉春为"中文在线学院"荣誉教授及永久荣誉员工。

管理培训生计划：中文在线在全国高校选拔优秀的应届毕业生成为管理培训生，管理培训生经过历时一年的历练，培养期结束后表现优秀者将正式踏入市场、运营、营销、管理、数字内容及研发等领域中层管理者的行列。公司将为管理培训生提供系统、完善的培训课程，并采取多样化的培训方式，管理培训生将接受价值观、专业知识、工作技能、管理能力的全方位培养、塑造。管理培训生将在一年内接受从公司各部门到业务一线的轮岗锻炼，优先参与业务领域的大项目，深入了解业务运作。在轮岗和承担项目任务的过程中，管理培训生将接受市场开拓、产品研发、专业知识、团队管理与协调等各方面的挑战，加速个人的成长和发展。

鼓励取得职业资格认证：持续组织公司员工参加出版专业人才培训，并鼓励从业员工进行各类职业资格考试。目前在公司从事互联网出版和移动阅读基地编辑出版工作的员工，几乎全部参加过总署以及相关培训机构的各类政策法规以及职业技能培训。

3. 积极参与行业学术及科研项目人才交流

与国家出版专业人才管理组织，建立定期和有效的沟通机制。公司委派专人，定期参加中国编辑学会的各种学术讨论和交流活动，定期把出版专业人才培养过程中遇到的各类问题和总结的经验，与出版界的前辈和同行进行交流，不断汲取出版行业人才培养的优秀成果，不断努力缩小自身队伍建设与同行业其他企业人才队伍建设之间的差距。与对口科研机构建立定期的交流机制。公司与中国新闻出版研究院建立了定期交流机制，并参与了中国新闻出版研究院的一系列市场调查和研究活动，在这个过程中，通过与业界专家的交流和共同工作，本公司的员工获得了不断加强专业人员对行业发展和未来趋势的深刻理解的机会。

（四）取得的阶段性成果

经过多年的努力和摸索，中文在线的出版专业人才队伍建设取得了阶段性成果。

首先，通过引进传统出版界的各类人才，以及公司内部的岗位竞聘、人才交流，针对数字出版领域所需要关注的各类专业知识技能，得到了交流和强化，一支初步具有复合发展能力的人才队伍建设了起来。目前，在中国移动手机阅读基地的版权管理、内容引入、编辑推荐、产品运营、渠道营销等各个领域，都有中文在线的骨干担任各层级的工作职责。

其次，通过有效的组织机构和激励机制，中文在线的出版专业人员，形成了公司组织与员工报名相结合的定期培训机制。截至2012年底，通过培训获得初级编辑证员工27人、中级编辑证9人、初级网络编辑师证21人，中级网络编辑师8人。正在参加编辑专业考试人员87人，共组织培训人员121人次。此外，通过司法考试人员12人，版权审核基本全部持证上岗。这个数字还在不断增长中。

再者，通过与北京印刷学院等类似高校的合作，中文在线这几年从国内一流高校的相关专业引进了大量优秀的应届毕业生，并通过"管理培训生"制度，将这批年轻人努力培养成新一代的数字出版专业人才。这批应届毕业生有的从事版权签约、有的从事数字阅读产品的管理，有的从事数字出版产品的销售工作，已经进入了数字出版编辑、发行的各个领域。

（五）结语

虽然中文在线的出版专业人才队伍建设已经取得了一定的成绩，但仍面临诸多问题。最大的困难依然来自移动阅读时代，新技术新产品推动产业升级所带来的新课题。面对安卓系统和IOS系统带来的新一波的移动智能阅读终端浪潮，我们依然感到专业人才队伍的缺乏和建设体系的不完善。从社会层面来讲，国家对数字出版专业人员的职称考核评定机制依然没有出台；从高等职业教育的人才培养能力来看，我国高校相关专业的毕业生培养速度，依然无法满足高速发展中一直不断扩张的行业对专业人才的需求；从企业管理角度来看，人力资源成本的上升和人才流动的频繁，都造成了企业对数字出版专业人才培养的难度，而这些则需要依靠全行业统一的公共平台的建立和成熟。

出版转型与人才培养

电子工业出版社社长　敖　然

近年来，网络技术和新媒体似乎已经把传统出版业逼到了角落。

作为传统出版人，不由追问：数字化转型之后，传统出版业真的没有自己的地位和话语权吗？由于这样的疑问，在面对这样的局面时，出版人对数字出版的到来似乎拥有一种本能的抗拒。但无论是恐惧还是抗拒，身边大多数读者已经完成了从读纸向读屏的跨越（如手机和上网），且读屏的消费多于读纸（如用于支付手机短信和上网的费用相比买书的费用）。几千年形成的传统阅读方式正在开始改变，这种改变比两千年前从读竹简向读纸的那种改变还要彻底，而且这种改变不是一个简单的物理过程。一个极端的说法是传统出版正在快速地去实物化、去中介化，去实物化言明了出版无需物质载体，去中介化则是声称出版不需要加工过程，也不需要编辑。显然，很多人不会认可这样的观点。但无论如何，技术的浪潮首先开始于基本的革新——科学的、技术的和组织的革新，随着革新得到推广普及，革新方式逐渐多样化。熟悉的领域也必然渐行渐远，新事物的影响不可逆转。

一、数字出版与传统出版

试想业界存在着这样一种逻辑，即出版的本质是服务于人类的阅读，无论何时阅读都是人类一种不可替代的需求。因而传统出版的本质不会消失，我们面对的只是出版形态的改变，是从物理媒介到数字媒介的转型。阅读需求仍然是图书出版业的核心驱动力。传统的出版由作者写作—编辑选择—编辑加工—复制—发行到读者，从而完成产业链过程。作者创作后由编辑选择，编辑加工后通过复制、发行提供给读者阅读。而数字出版的主要方式是在线或移动终端阅读、电子书和专业出版的内容数据服务，手机阅读的特点决定了其载体只能满足碎片式阅读，或者叫浅阅读的方式，这不完全是图书出版。电子书和专业出版的内容数据服务一定没有办法回避加工过程，甚至对编辑的功能需求更高。类似产品似乎已经形成和纸书类同的产品加工、生产、营销、收入模式，其过程也使出版人在选择内容、加工内容、提升内容、增值服务方面体现价值，出版业也就有了不可或缺的生存意义，出版的选择与加工只能更加重要。经过精选与精编的内容，是出版社与编辑用自己的劳动，去换取所有读者有效地摄取知识。数字出版不会取代纸质出版，因为出版的本质没有发生变化，随着网络技术、移动技术、数字化阅读技术的高速发展，出版单位业态，包括组织形式、选题类型、人员结构、人才素质将发生颠覆传统的变化。

二、出版人要在多种信息中提炼选题

要体现新业态下出版环节的核心作用，出版人应该提升哪些能力呢？

对于编辑来说，强烈的信息意识是编辑的基本素质，多方收集、理解、分析来自社会、经济、文化、教育、生活等等各个方面的信息，策划的选题才符合市场需求。着力于信息的搜索与发布，让读者尽快找到跟自己最相关的信息，这对编辑的能力而言至关重要。

对于专业图书的个性化出版来说，策划编辑将需要具有更加全面、深入的专业知识，更加敏锐的市场洞察能力，并以灵活多样的策划方式，组织多样化的选题。图书市场已经走过了图书稀缺、信息饥渴、知识普及的时代。读者对知识学习、文化消费的选择已经发生了非常大的变化，图书选题策划将是多样化的，在关注读者需求多的大众市场的同时还需要关注有特色的小众市场，能够从原来认为是鸡肋的小众市场中，挖掘到有价值的选题。或许从组织内容开始，进而经营与内容服务相关的垂直社区网络，出版社将超越销售图书的经营领域，图书销售可能变成第二位的业务，增值服务和注意力经济变成了未来出版社的新方向，核心的客户将会为出版社带来现金流和新的竞争力。

技术的发展，新媒体的出现，作者与读者直接的信息交流与分享，为策划编辑的选题策划，提出了前所未有的挑战。对于数字化时代的策划编辑，首先需要转变思路，突破仅为纸介质出版策划选题的传统思路，从信息源头的收集、分析开始，到选题内容的组织落实，都需要具有跨媒体出版、全面内容经营的意识，综合考虑选题针对不同媒体的出版价值以及市场需求，充分发挥策划编辑在信息内容组织及再创作中的重要作用。只有这样，面对数字化的冲击，作为出版社的中坚力量，才有可能承担起为出版社打造核心竞争力的重任。

三、数据库平台建设与编辑策划

数据库平台是目前专业出版社最主要的数字出版模式，也是数字出版的最主要收入来源。国内外许多专业出版社不约而同地打造自己的数据库平台，也正是看中了其最大的市场价值。传统的专业出版一直受到成本高、发行量少、查阅不便等因素的制约，而学术专业信息服务平台按照知识体系及其内在联系，把分散无序的各种文献资源整合在一起，有效地扩大了专业出版的内涵和外延。对关联知识的检索和可以进一步的链接查询，很好地满足了特定用户群对专业信息获取的各种需求。将来自方方面面的相关专业资源整合在一起，并提供精细、准确、快捷的服务，这是数据库的最大吸引力，也是其生命力所在。数字出版要实现赢利，还有一个关键条件，即海量内容资源，这是数字出版的基础。基于数据库是相关内容资源的整合的特点，其内容资源的多少就成了客户选择的关键，点击率的高低往往与可在线信息量的多少成正比。这和纸质图书卖场一样，品种多可以吸引更多读者来选购。可以说，谁拥有更多的内容资源，谁就更有数字出版的市场话语权。在这个迈向信息社会的时代，地球已经数字化了，如何让海量的数据变成资产和资本，而不是负担；如何让这些海量数据不是信息"沉睡"，而是实现数据聚合形成的乘数效应，甚至是指数效应，这正是数字出版技术发挥作用的历史使命和责任的最佳时机，需要广大的从业人员深入研究，以应用为导向，适应于新的历史时期和新的产业形态。

要使得一个行业发生根本变化而且持续发展，必须有来自内部的人力资源结构优化。

传统出版面对的是单一的纸质产品，其运作流程是从组稿到文字编辑再到封面设计、产品印制；而数字出版面对的是多媒体产品开发。图书形式不仅有传统的纸质图书，也有基于网络社群、增加互动功能的电子图书，还有以满足快节奏、浅阅读为目标群的手机图书等等。因此编辑在策划图书之初要以满足不同的阅读需求为目的，对不同的选题选择不同的传播渠道进行不同的数字化处理，数字出版下的编辑策划工作是多向思维，相对要求要高。

传统出版时代讲究的是内容为王,而数字出版时代则是平台为王,谁掌控了阅读的终端,谁就掌控了市场。所谓阅读终端就是图书的多种形式:纸质的、电子版的、多媒体形式的。在此环境下,虽然编辑不一定成为数字化出版的专业人才,但必须对以上阅读终端的核心制作技术有基本的了解。这些核心技术包括:搜索引擎、电子排版、多媒体制作、网站信息发布、掌中媒体等等。只有熟悉了技术才能想象出终端产品的雏形,才能与制作人员进行良好的沟通,才能确保图书出版项目的制作在正确的轨道上运行。

数字出版的环境下营销的方式也发生了变化,我们不能忽视公众话语权,话语权掌控在大众口中,人们已经不再是被动地接受,而是自主选择信息。因此时下及今后的营销思路要从以往单纯从经营者角度出发来推销图书的方式转变为更加注重"社区营销"。那就是将自己定位为社区中的普通一员与读者"分享阅读",充分利用微博、网络社交等方式来对读者进行引导,提供话题、发起讨论,从而提升图书的销量。由此可知,掌握网络分析、网络开发、在线社交媒体的技术运用对数字出版下的图书营销工作十分重要。数字出版需要的人才不仅需要了解出版流程,还需要具备计算机、网络知识,熟悉数字出版商运作模式,数字环境的营销模式等等,而目前的人才结构多是单一型的,这个问题不解决就会制约着数字出版建设的发展。

转企改制与经营管理人才培养专题

加强经营管理人才培养
助力新闻出版改革发展

新闻出版总署人事司副司长　李宏葵

党的十七届六中全会通过的《中共中央关于深化文化体制改革推动社会主义文化大发展大繁荣若干重大问题的决定》指出，要进一步深化改革开放，加快构建有利于文化繁荣发展的体制机制；要建设宏大文化人才队伍，为社会主义文化大发展大繁荣提供有力人才支撑；要造就高层次领军人物和高素质文化人才队伍，抓紧培养懂经营善管理的复合型人才等。这为新闻出版业深化改革、加快发展提供了千载难逢的机遇，同时也对新闻出版人才队伍建设工作提出了新任务和新要求。经营管理人才是出版企业经营管理效益加速提升的重要保障。

一、出版经营管理人才队伍建设工作面临的新形势

当前，我们正处在建设新闻出版强国的重要机遇期，新闻出版业正处在优化产业结构、转变发展方式、实现科学发展的关键时期。对出版企业来说，以转企为重点的第一阶段改革均已完成，以"三改一加强"为中心的第二阶段改革已经开始。出版业改革发展面临的新形势、承担的新任务，对经营管理人才队伍建设提出了新要求，对经营管理人才工作提出了新课题，主要包括以下几个方面：

首先，出版业深化改革对经营管理人才工作提出了新课题。作为文化体

制改革的领跑者,新闻出版体制改革在为整个文化体制改革创造大量经验的同时,也为行业的繁荣发展提供了强大动力,改革将是我们今后较长一段时期各项任务的重中之重。在前一阶段的改革中,500多家图书出版单位、10多万家印刷复制单位、3000多家国有新华书店完成转企改制,全国先后组建了120多家各类出版传媒集团,其中49家已在海内外上市。按照中央的要求,下一阶段,出版企业深化改革的重点是,通过改革、改组、改造和加强管理,健全现代企业制度,完善法人治理结构,做大做强出版产业,这对企业经营管理人才队伍的规模和素质提出了新的更高的要求。当前,许多出版单位从事市场营销的同志,是在传统体制下从事发行工作的人员,面对市场,经营理念、方式、手段都亟需更新和进一步提高。一些从业外引进的人才,对出版业务还不够熟悉,出版企业中既懂业务又懂经营的复合型经营管理人才严重不足。进一步看,要培育一批发挥市场主力军作用的国内一流、世界知名的大型出版传媒集团,靠原始积累的方式可能难以较快实现,因此,上市融资将成为出版传媒集团快速发展的重要手段。当前,出版业的战略投融资和资本运作人才屈指可数,已经成为制约出版传媒集团快速发展的瓶颈之一。

其次,出版业数字化转型对经营管理人才工作提出了新课题。在科学技术和以互联网为代表的新媒体迅猛发展的今天,新闻出版业的发展不仅要依托内容创新,还要依托技术支撑和创新。实践表明,数字化是出版业未来发展的重要方向和潮流,是出版业转变发展方式、打造新的增长点的重要途径。到"十二五"时期末,我国数字出版总产值将占新闻出版总产值的25%以上,数字印刷总产值将占印刷总产值的20%以上。在数字化大潮中,出版企业要加快传统出版与科技的融合,做强主营内容产业,这对经营管理人才队伍提出了新的任务和要求。相较于传统出版业而言,数字出版业的市场化程度更高,并且数字出版往往需要大量的前期投入,数字出版的盈利与其服务模式、投送模式等紧密相关,投融资和市场运营将成为决定数字出版发展速度与质量的重要因素,因此,数字化转型过程中的出版企业将面临经营管理理念更新、手段创新的重要任务。能否造就一支熟悉现代传媒、适应出版企业数字化转型需要的经营管理人才队伍是我们面临的一个重要课题。

第三,出版业"走出去"对经营管理人才工作提出了新课题。积极利用国际国内两个市场、两种资源,大力推动出版业"走出去",是拓展出版业发展空间、提升出版企业综合竞争力的重要举措。据规划，到"十二五"时期末，我国版权引进与输出比例将降至2∶1，出版物年出口金额将达到4200万美元，印刷服务年出口收入将达到1000亿元人民币。实现这些目标，需要打造一批具有国际竞争力的大型传媒集团和物流企业，需要搭建具有重要影响力的国际版权交易平台，需要打造具有核心竞争力的知名出版传媒品牌。为此，出版业亟需打造一支具有国际视野、掌握国际出版贸易规则、善于开拓国际市场的经营管理人才队伍。

二、出版经营管理人才队伍建设工作取得的新进展

新闻出版总署高度重视人才队伍建设，特别是近年来，总署认真贯彻落实党的十六大、十七大以及全国人才工作会议精神，不断适应行业新形势，积极满足行业新需求，在全行业部署并实施了人才兴业战略，组织实施了大规模干部培训、重点人才工程、职业资格制度等大量人才工作。经营管理人才是新闻出版人才队伍的重要组成部分，近年来，总署从选拔、培养、评价、激励等多个方面着手，组织开展了大量出版经营管理人才工作，取得了显著成效。

一是强化领导干部经营管理知识学习。面向新闻出版单位的负责人，开展领导干部岗位培训，截至2011年底，共有11万多人次参加了岗位培训。培训以提高领导干部经营管理能力为重要目标，开设了相当大比重的经营管理知识课程，广泛提高了出版单位领导干部的经营管理业务素质。

二是开展中青年骨干工商管理在职学历教育。与上海财经大学、对外经济贸易大学、中国科学院研究生院共同举办了近十期工商管理专业研修班，培养了新闻出版行业工商管理人才近千名。

三是大规模举办经营管理专题研修培训。举办了出版改革专题培训班，累计培训3000余人次，内容涉及改革政策、市场开拓、企业管理等。此外，与清华大学、上海国家会计学院等知名高校合作，开展新闻出版经营管理、财务管理等高级管理人才的教育培训，培养了上千名经营管理人才。与美国哈佛大学、纽约大学等国际知名高校和传媒单位合作，以促进"走出去"、提升经营管理能力为主题，选送行业高层管理人员到境外培训300多人次。

四是加大经营管理领军人才遴选力度。在新闻出版行业领军人才中，经营管理类领军人才占相当比重。在刚刚结束的第三批全国新闻出版行业领军

人才遴选中，入选的258名领军人才中有86名是经营管理人才，占领军人才总数的33%，以进一步发挥经营管理领军人才的示范引领作用。

五是强化职业准入经营管理知识测试。立足于为出版业做好经营管理人才培养和储备，在出版专业职业资格考试中，适当增加了经营管理有关知识和内容，出版理论与实务的试卷中经营管理类题目分值比例达到了20%左右。

六是大力表彰新闻出版经营管理人才。在前两届获得中国出版政府奖先进人物奖的120人中，经营管理人才38名，占31.7%。全国人才工作会议之后，组织评选了50名全国新闻出版行业有突出贡献的中青年专家，新中国成立60年之际，及时表彰了"中国百名优秀出版企业家"，获奖者中，经营管理人才均占相当比例。

尽管取得了明显进步，但也要清醒地看到，与出版业进一步深化改革加快发展的要求相比，与"十二五"时期新闻出版业人才发展规划的要求相比，出版经营管理人才队伍的规模仍然不够大，结构仍然不尽合理，总体素质仍然需要进一步提高，特别是高层次、复合型、外向型、新型经营管理人才的培养，仍将是今后一段时期工作的重点。

三、努力推动出版经营管理人才队伍建设工作上新台阶

根据新闻出版行业发展实际需要和"十二五"时期新闻出版业人才发展规划，今后一段时期，出版经营管理人才队伍建设的任务主要包括以下几项：一是大力实施新闻出版名家工程。新闻出版名家工程是国家重大人才工程的子工程，是今后10年新闻出版业重点实施的国家级重大工程。通过实施该工程，造就一批造诣高深、成就突出、影响广泛的新闻出版名家。二是继续实施新闻出版行业领军人才工程。至2015年，培养、遴选新闻出版领军人才总量达到1000人。在领军人才遴选中，继续对经营管理人才予以高度重视。三是加强亟需紧缺人才培养工作。加快培养战略性新兴出版产业人才，到2015年，引进、培养、培训数字出版人才8万人、动漫游戏出版人才10万人；积极培养国际化外向型人才，到2015年，培养版权保护、国际出版贸易等国际化新闻出版人才10万人；加大力度培养造就一批具有市场开拓能力、管理创新能力和高度社会责任感的优秀企业家和经营管理人才，到2015年，培养新闻出版企业经营管理人才总量达到5万人，其中，培养

具有国际眼光的资本运作人才与大型骨干出版传媒集团战略投资与资本运作等高端经营管理人才200人。此外，还要大力支持边疆民族地区经营管理人才培养和基层新闻出版单位经营管理人才培养等。

为了保证上述目标和任务落到实处，取得实效，要抓住培养、吸引、用好人才等关键环节，探索建立体现科学发展观要求和出版工作特点的人才考核、评价、激励、流动等机制，切实加强人才管理与服务，重点做好以下几项工作：

一是推进人事制度改革。积极推进出版企业人事制度改革，完善出版企业年度考核和岗位绩效工资制度，健全落实资本、知识、技术、管理等要素按贡献参与分配的办法。建立完善人才考核评价机制和评价标准，规范和完善国有出版企业负责人薪酬管理办法。落实出版企业用人自主权，充分发挥市场配置人才资源的基础性作用，为经营管理人才的合理流动提供必要条件。

二是深化教育培训改革。建立以需求为导向的培训内容更新机制，打造经营管理人才培训品牌项目，实施精品课程和精品教材工程，创新培训方式方法，推广适合经营管理人才培训的研究式、案例式、体验式、模拟式教学。积极实行组织调训与自主选学相结合的经营管理人才参训机制。进一步建立健全教育培训网络平台，大力开展远程教育，更好地解决经营管理人才参加在职学习的"工学矛盾"。

三是推动人才国际交流。建立健全国际合作培训机制和国际化培养平台，在国外著名大学和出版传媒企业设立教育培训基地。每年举办若干期出国培训班，资助高层次经营管理人才出国学习。定期举办外国专家论坛，邀请外国专家来华讲学，为国内出版经营管理人才提供学习交流平台。建立国内大型出版传媒集团与国际知名出版传媒企业互派经营管理人才挂职锻炼渠道。

四是争取更多人才资金投入。争取中央财政支持，加大经营管理人才资金投入，保障经营管理人才发展重大项目、重点工程的实施。鼓励支持新闻出版单位和有关社会组织建立人才发展基金，提高职工教育培训经费提取比例。

五是支持民营企业人才培养。建立民营新闻出版企业人才教育引导、培养培训、管理服务制度，将优秀民营新闻出版企业人才纳入高层次人才选拔范围，向民营新闻出版企业人才开放教育培训资源。

值此纪念韬奋先生诞辰117周年之际，在缅怀韬奋先生为中国出版业作出突出贡献的时候，我们还联想到了许多出版大家。正是由于以韬奋先生为代表的许多出版大家的重要贡献，中国现代出版业才得以取得诸多成就。此时此刻，我们更加认识到人才对事业发展的关键性作用。在我国出版业全面深化改革，加快转变发展方式、调整市场格局的关键时期，迫切需要大量包括经营管理人才在内的高素质、高水平、高层次人才，人才工作可谓任重而道远。让我们举全行业、全系统之力，努力推进出版经营管理人才工作再上新水平，为新闻出版业深化改革加快发展提供有力的人才支撑。

品牌出版单位的人才强企战略

生活・读书・新知三联书店总经理　樊希安

一、我国品牌出版单位的基本情况

我国的出版品牌大体由三部分组成,一是经过长期培育、在新中国建立前已形成的出版品牌,如商务印书馆、中华书局、三联书店等;二是在新中国成立后,经过近60年发展形成的品牌,如人民文学出版社、人民教育出版社、人民美术出版社等;三是在改革开放新时期成立、在激烈竞争中脱颖而出的品牌,如中国大百科全书出版社、外语教学与研究出版社等。这些出版品牌大都被新闻出版总署评为"全国百佳图书出版单位",总计百余家左右,约占全国图书出版单位总数的1/5。众多品牌出版单位历史悠久、产品众多、影响广巨,在我国出版业中有举足轻重的地位,为繁荣我国出版事业、满足人民群众文化需求作出了重要贡献。

二、人才在品牌出版单位事业发展中的重要作用

品牌出版单位的事业发展与人才培养使用息息相关,品牌出版单位所以成为品牌单位,其中一个重要因素,就是拥有一支不同凡响的人才队伍,这支队伍在事业发展中起着领军作用、支撑作用和传帮带作用,从而使品牌单位在竞争中立于不败之地。

一是领军作用。放眼我国出版品牌单位,一般都有一个或几个重要的领军人物,这些领军人物自然是本单位的魁首翘楚,一些人在全国也颇有影响,是本行业的风云人物。他们有思想、有远见,既能战略谋划,又能具体操盘,把事业干得风生水起。一些出版集团和一些品牌单位业绩一流,归根结底是有一流的领军人物。近几年中宣部"四个一批"、新闻出版行业"领军人物"、韬奋出版奖、政府特殊津贴等各个方阵中,都汇聚了一批这样的

精英人物。

二是创新作用。创新是思想的产物,是思想火花的闪耀,而拥有一流人才,才能拥有一支有创意的队伍。无论是老品牌在新形势下的拓展,还是新品牌的破茧而出,都有一流出版人才的重大贡献。

三是支撑作用。光荣历史的延续,事业的发展壮大,品牌出版单位都在创造属于自己的辉煌。事是人干的,高楼大厦是需要四梁八柱的。随着事业的拓展,深入的领域更加广泛,更加需要众多人才的支撑。而品牌出版单位的人才各显身手,使事业发展有了有力的支持。

四是人才的传帮带作用。俗话说"名师出高徒",因为拥有一批人才,这批人才又起着良好的"传帮带"作用,这就让品牌出版单位人才济济、兵强马壮。出版是一个传承性行业,品牌出版单位又有各自鲜明的特色,名编大家在传授技能的同时,也传承了传统,使品牌出版单位拥有一支体现自己特色的人才队伍。

三、品牌出版单位的人才"困境"

品牌出版单位具有培养、使用人才的优越条件,但在新形势下也存在人才"困境"。具体表现为:

(一)人才分布的不均衡性

品牌出版单位绝大多数从事传统出版业,人才结构、人才本身的知识与能力结构和传统产业相匹配,而对新业态、新领域明显不适应,普遍缺乏新媒体出版人才、跨媒体出版人才和资本运营运作人才等。

(二)人才流失状况加剧

出版单位转企改制后,用人机制发生变化,一些人才受"高位重利"引诱离开品牌出版单位另觅"高就",或自创新业。虽然仍在行业内创造效益,但毕竟给原品牌单位造成了损失。

(三)人才的闲置和浪费

因良巢引凤故人才众多,加上自设高门槛,故品牌出版单位拥有一批让人羡慕的高端人才。如果这些人才不能各安其位、各尽其能,就会造成人才资源的浪费。大材小用,"高射炮打蚊子"的现象,在品牌出版单位并不鲜见。

（四）跨行业引进高端人才尚存困难

随着新技术的强力推进，出版业态正发生和将发生重大变化，"一业为主，多元经营"是面对市场的必然选择，品牌出版单位因适应新局面须跨行业引进高端人才，但因经济实力所限和体制机制等原因，具体操作效果不佳。

四、三联书店的人才兴业战略

邹韬奋先生等前辈一贯重视人才工作。三联书店发展到今天，和强有力的人才支撑是分不开的。韬奋先生等三联书店主要创始人，就是当时的一流人才，而他们也非常重视人才队伍建设。韬奋先生身体力行，他说："我们要注意教育干部，使他们的天才能得到最大程度的发展，他有十分才干，我们要他的十分才干都发挥出来；他有百分才干，我们要他的百分才干都发展出来。我们要不让他的天才有一分一毫的埋没掉。"为此他还制定了人才主义的用人政策，用人唯贤，不用私人和任何关系作为用人的标准，认为这"是本店事业所以得到相当成功的最重要的因素之一"。

按照三联前辈的嘱托，也是着眼于三联书店发展的实际需要，我店高度重视人才队伍建设，2009年1月，店领导班子调整后，明确提出实施"品牌战略、人才战略、企业文化战略"，研究制定了《三联书店人才发展规划》，人才战略作为重要战略之一，得到了认真的实施。

具体做法如下：

（一）着力培养高端人才

高端人才是店里最重要的人才资源，在事业发展中有举足轻重的作用。三联书店采用实践锻炼、热心荐才、向上托举、支持他们在行业内授课和参加学术活动等方式，使一批高端人才脱颖而出。目前有1位同志入选百名有突出贡献的新闻出版专业技术人员，3位在职人员享受政府特殊津贴，9人入选集团公司第一批人才梯队专家和专业人员，1人获得了韬奋出版奖。我店还拥有一大批优秀的图书和期刊编辑、记者、美编、校对、版权、印制、市场营销等方面人才。

（二）注重培养管理人才

因为历史原因，领导班子成员年龄偏大，缺少中青年成员，存在青黄不接的隐忧。为解决这一问题，经店领导班子推荐，最近集团任命一名年仅34

岁的优秀中层干部任副总经理。我们还新增设了总经理助理和总编辑助理岗位，制订了三联书店《总经理助理、总编辑助理选拔聘用的若干规定》，经过民主推荐、考察，选拔了1名总经理助理、2名总编辑助理，作为领导班子后备干部进行培养；同时还设立了部门主任助理，作为部门领导的后备干部，这样就形成了店领导班子成员、总经理助理和总编辑助理、部门正职、部门副职、部门主任助理这样多层次、立体性的管理梯队。

从2009年至今，三联提拔、晋升各层级干部40多名，调整面达到70%多。2012年，为进一步推进三联图书出版事业的发展和壮大，班子决定开始尝试"分社制"，成立了学术出版分社和文化出版分社等分社，任命2名总编辑助理兼分社社长，在店务会授权的范围内，实行自主经营、独立核算，让他们在实际工作中锻炼和成长。《三联生活周刊》能成为全国一流周刊，主编朱伟功不可没，我们对其实行延期退休的特殊待遇，明确新老交替的时间和人选，既稳定了队伍，又有利于刊物的长远发展。

（三）不拘一格引进人才

2011年三联书店扩展业务，新成立了专题项目部、对外合作部、三联书店上海公司，这些新部门的一把手都是从外部引进的，他们都很好地融入三联履行职责。除了招聘中层干部，还大量招聘有工作经验的成手和骨干。这几年来我店招聘了各类人员50余名。同时持续进行内部调岗，力争达到最佳的人岗匹配，近几年内部调岗40余人次，通过这些方法，使全店人才结构得到一定程度的优化和改善。

（四）制度保障留住人才

重点是健全和完善配套管理制度，为留住人才、使用人才、奖励人才提供制度保障。转企改制后，为改变事业单位工资分配体系存在的"大锅饭、平均主义、干多干少一个样，干好干坏一个样"的弊端，我店冻结了原事业单位工资体系，实行了岗位、绩效工资制，效益优先，多劳多得，突出业绩，淡化资历，加大了企业在收入分配方面的自主权，为吸引人才、激励人才、留住人才起到了很好的促进作用。

（五）舍得本钱培养人才

我店牢固树立起"人才投入是效益最好的投入"的观念，在人才工作上舍得花钱。算大账，算活账，算长远账，落实"人才投资优先保证"，设立了人才发展专项基金，用于人才的引进、项目的支持、创业的支持、学习的支持。鼓励职工参加外出考察、研修、参加学术讲座，发表论文、出版著作、进行业务交流，在经费上给予积极支持，员工出国研修的、培训的、选择自费出国留学的，保留工作岗位；职工愿意读博、读研的，只要成绩合格，费用全部报销；单位也积极组织外出学习，近几年每年均组织全体编辑到其他出版社考察、交流，请专家来店授课，还组织中层干部培训班、年轻编辑和新入店员工培训班等，有目的性地加强职工培训，鼓励和支持人人都作贡献、人人都努力成才。

（六）宽容个性容纳人才

一般说来，越是人才，越有个性。三联书店不少职工都很有个性。尤其是在编辑部门，职工学历层次较高，大部分都是研究生学历，还有好几个博士。他们都很聪明、独立，自我期望高，个性比较强。说起话来比较直率，时不时当面"顶撞"领导，领导班子对此并不介意，能够予以理解和容忍，员工能说其所想，感到在企业如鱼得水，心情舒畅，所以三联书店的人际关系相对比较简单，编辑们对三联书店的忠诚度很高，队伍也长期保持稳定。

（七）拓展空间强盛人才

从2009年以来，随着企业的不断发展，我店进行了数次组织结构的调整、扩充。以图书编辑部门为例，2009年为了明晰图书产品线，整合人力资源和出版资源，强化大众文化读物出版，改组原图书编辑部门，成立学术、文化、旅行出版中心和综合编辑室，新成立了大众出版中心和信息技术与数字出版部，2011年成立了专题项目部，主要从事《三联经典文库》的编辑出版，2011年原版权室在单一版权管理工作的基础上，增加编辑功能，成立了对外合作部，原发行部改革成为图书营销中心，2011年底，组建成立了三联书店（上海）公司，目前主要从事图书编辑出版业务。2012年，原学术、文化等出版中心改组成立了学术、文化、综合、大众四个出版分社，北京、上海、香港三家三联书店共同出资成立了三联书店时空国际文化传播（北京）有限公司，办公地点设在北京三联书店。组织结构的调整、扩充，为人才开拓了更广阔的发展平台和空间，而人才的成长进步，又促进了企业进一步发展和做强做大，企业与人才共同发展，形成了良性互动。下一步，我们拟成立三联书店出版集团，为人才提供更广阔的发展空间。

转型背景下的出版经营管理人才培养

广西出版传媒集团有限公司董事长　杜　森

以邹韬奋先生为代表的中国进步出版事业的先行者们开创了中国进步的出版事业，也形成了既具有现实意义又跨越时代的韬奋精神。正是在韬奋精神指引和鼓励下，现当代中国出版事业获得了空前的繁荣，一大批具有高尚文化理想、鲜明个性人格、精通市场经营与管理的出版高端人才脱颖而出。

弘扬韬奋精神，发现、鼓励并造就一批"政治素质好，专业造诣高，具有良好职业道德操守、高远文化追求，在出版行业长期勤奋工作、默默奉献，为出版改革和发展作出突出贡献的优秀人物"，应该是中国出版业人才管理的核心理念；弘扬韬奋精神，保持韬奋出版奖的获得作为中国出版个人最高荣誉的追求，应该成为当前转企改制背景下出版产业经营管理人才培养的动力和方向！

一、社会性变革裹挟之下的传统出版转型

转企和转型是目前出版集团改革与发展的两大任务，在初步完成转企、集团化建设的工作后，要在全面深化经营体制改革、建立并完善现代企业制度、推进股份制改造、在资本市场上市的基础上完成第二步改革工作，是当前最紧迫的任务。随着改革的不断深入，我们深切感受到也越来越清醒地认识到，出版业的改革指向的就是一个方向：市场化的转型。

在分析传统出版业转型的动因时，同行都关照到了诸如宏观政策、民营企业跟进、信息网络技术等产生的推动力量（或者说是压力），从而确认出版业到了必须转型的重要关口。愚以为，目前面临的转型是由类似于第一、第二次工业革命的社会性变革所引发的。这次社会性变革的背后推手就是基于信息网络技术的互联网，其本质特征就是数字化。连乔布斯也在互联网出现的早期就曾预言：互联网改变的不仅仅是人们的沟通方式，还将改变经

济、教育和文化，今天的现实证明了这一点。以数字化为代表的社会性变革，正全方位地改变着人们的生活方式和社会文化，在其裹挟之下，传统出版业无法独善其身，事情正在或者将要变得面目全非。

首先是产品在转型：数字化时代，书的概念不再是一本本封闭的完整的纸书，代之以多介质（全媒体）、音视频、开放互动、碎片化、个性化、信息化（虚拟化）的数字"包"，"书"成了一个魔盒。

其次是经营模式和技术在转型：未来必须是先制作好数字内容，根据市场需求，消费者要什么就推送或印制什么，或者制作好数字内容后依托运营商、平台商进行销售。从内容制作、传播到内容的呈现以及商务结算，全程信息化、网络化，几乎全部需要数字技术的嵌入，特别是传播的数字化，大大加快了传统出版业的本质蜕变，这也是当下热议的出版与科技融合的问题。

第三是商业模式在转型：有人形象地把传统出版商比喻成搬运工，意指没有提供多少附加价值。在数字化时代，传统出版商仅靠单一的市场纸书生存将会越来越捉襟见肘，必须基于内容，针对消费者提供尽可能多的增值服务和衍生服务，从内容提供商向内容提供和服务商转变。有了服务商的角色，才容易在细分市场中找准自己的位置，容易做出特色并能做专做精，立于不败之地。

第四是产业结构在转型：从行业外部看，文化发展战略已经上升到国家战略，地位空前提高，文化产业逐渐向新经济的主角转变，引得社会资本的高度关注和进入。从行业内部看，新技术——数字技术横扫业内各个环节，以惊人的速度改变着市场格局，导致传统出版业正朝着多个方向辐射性延伸，并互相缠绕，有形成复杂格局的趋势。

上述表明，中国出版业面临的转型，是涉及方方面面的广泛而深刻的变革。和平时期，市场就是战场，要完成根本性的变革不是依靠战争，而是依靠市场主体通过转型来实现。对比传统出版业的现状，业界颇显得跟不上形势。比如现代企业制度的完全建立，集团化的运营管理、资本运作能力，数字化背景下的生产流程再造，从业人员的观念转变，企业的商务能力和技术能力，等等，都处在初级阶段，距离出版转型的时代要求相距甚远。

二、传统出版转型的关键是经营管理人才的转型

企业发展的关键是竞争力的创新，而创新的第一生产力还是"人"。"高层次人才缺乏、经营管理能力不够强"，新闻出版总署署长柳斌杰认为这是当前新闻出版改革面临的主要问题之一。同时，他认为加强领导能力、加强创新策划能力和加强出版传媒业务能力三个能力的建设是加强企业经营管理能力建设的主要内容和途径。企业发展的历史告诉我们，转型不是件容易的事，甚至是一种非常痛苦的行动，因为行业内原有的体制和各种制度往往制约并束缚着人的思想和行为，使人养成了解决问题的路径依赖，人的问题导致转型成为很多企业跨不过去的坎。有关专家的研究发现：转型多在行业外。例如，当年的诺基亚手机、摩托罗拉手机，堪称手机业大腕级企业，按照一般的思维逻辑，他们理当具有市场前瞻性，下一代智能手机的商机一定会被他们把握。可事实恰恰相反，乔布斯的苹果胜出了，甚至台湾宏达的HTC和其他品牌的智能手机都比他们在市场中叫得响。又比如我国传统出版业，理应是屈指可数的几个国有出版企业瓜分数字出版天下，但当下的事实却是很多技术商甚至中国移动这样的运营商拔得头筹。转型还多在体制外，民营企业的船头调动就是比国有企业的快，现在满大街的数码快印公司，红火的多是民营企业。归根结底是，行业外、体制外的企业，人们受到的束缚较少，他们容易把握时机，找准方向，实现转型。

在发展和转型的问题上，传统出版领域始终是政府走在企业的前边。政府通过行政推动，在全国完成了经营性出版单位的转企改制和企业集团化建设工作，下一步提出了深化转企改制，实现出版转型的方向，这说明政府的观念比企业的要超前。企业则相反，总在跟着走。目前传统出版企业需要改变，需要去适应的东西很多，可谓百业待举，但其中最关键的问题还是人的转型问题。首先是人的观念要转，特别是企业领导层的观念要转，在正确导向前提下，要用市场的逻辑去思考问题，去寻求市场，去经营企业，去满足需求。其次是人力资源管理体系要转，要把以事为中心转变为以人为中心，同时加强企业文化建设，激发人的从业激情。再就是个人能力的转型，要与时俱进，具备市场经营能力、资本运作能力和相当的数字技术能力。

出版企业经营管理人才的培养，必须纳入出版企业的整体发展战略，并与之相呼应、相配套。

针对企业的领导层,在观念上,要凸显出版企业的文化价值追求和商业价值追求,在选人时要强调,在考核时要强调,在继续教育上也要强调。

在机制上,重要的是要设计出一套合理的评价体系,把两者的权重给予合理的分配,通过倒逼机制,在市场运作中培养他们的文化能力和市场能力。出版企业的领导者就是未来的出版企业家,是市场的核心,他们的使命就是发现新市场,然后组织自己的团队去满足这个市场的需求,从而完成文化的传播和积累,获取市场利润。

在体制上,要深刻领会政府的大政方针和战略构想,勇于创新,勇于探索。中石油的领导有一个观点本人非常赞同:最有效的体制是"国资+民资",最有效的合作是"国企+民企",这也是近年来我们的经验所得。在国家政策的基本框架下,我们找准团队,通过股份制与民营企业合作,在教辅市场、印刷物资供应市场、国际贸易市场上迅速拓展,提升了市场实力,赢得了产业整合的时间和空间。在合作中,国企把握着方向,民企则英勇善战,两相结合,在市场上表现非常勇猛。通过实战,我们逐步培养出一批比较能适应市场的企业领导者。创新合作,始终是出版业市场化的重要战略。

企业中层是企业执行力的集中体现,也是实现企业管理目标的核心环节。管理流程化,岗位专家化,薪酬市场化,再加上符合企业战略愿景的企业文化建设,将是培养企业中层管理人才,乃至是凝聚企业员工的良好方略。企业领导者应该根据生产实际,设计好一系列的管理流程,常规工作有常规流程,特殊情况有特殊流程,使得企业管理常态化、规则化。对于具体的岗位,要设定好标准和要求,使岗位上的每个人通过不断的实战,都成为各自领域的专家。

三、转型背景下经营管理人才培养的基本理念和方法

大多数出版单位刚从事业单位转企过来,单位和个人注销了事业的编制和身份,但人才的管理还停留在干部和员工人事管理的旧套套中。集团公司成立了,但集团化的建设还刚刚起步,集团人才管理模式依然沿袭机关式人事管理办法,机械而非智能,被动而非主动。为此,转型背景下我们呼唤经营管理人才的智能化管理。

(一) 智能化人才管理的基本理念

1. 智能性人力资源管理应该成为企业战略管理的重要内容

战略管理是现代企业管理的基础环节，也是企业管理的核心内容。出版企业要向现代企业转型，必须有自身科学的战略管理理念和办法。如今，转企的出版单位在集团化工作完成后集团战略管理已经初具雏形，特别是在一些已经上市和拟上市的出版传媒企业，战略管理的外化和彰显已经成为这些企业吸引公众眼球和社会资本的必要手段。和所有企业人力资源管理的内涵一样，出版企业对人的管理也必须纳入企业的整体管理战略。这直接影响到人力资源管理工作在企业受重视的程度，也直接影响到员工对这项工作的关注度。许多出版单位从旧体制脱胎而来的时间不长，决定了这个产业人力资源管理难度是超乎想象的，严重缺乏具体的操作实务。转企改制后的出版企业迫切需要管理者和具体的人力资源管理人员在工作中体现丰富的智慧，尤其需要专业化的培训补课和主动学习的精神。

2. 转企改制后依然要清醒认识并深刻理解出版单位的文化性和商业性双重属性的特点，突出以人为本的人力资源管理理念

正确处理事业性与商业性关系的经营理念，是韬奋精神的核心内容，也是我国出版界两个效益关系的最初论述。邹韬奋先生强调出版的"文化本位"，要求我们出版工作者要有文化的理想，"要充分顾到我们的事业性，有时不惜牺牲，受到种种磨难也毫不怨尤"。出版从业人员应该是一类具有高尚文化理想追求的同志集合体。改革开放前后，国家培养了一批秉承韬奋先生精神，以传播中华民族优秀文化、社会主义先进文化、引介国外其他民族优秀文化为己任的出版专家和前辈。他们长期在平凡的出版岗位上辛勤工作、默默奉献，在为社会整理、创造优秀精神食粮的同时，践行自己的人文理想和文化追求。如何通过智能化的人力资源管理，改变本行业日益严重的专业人才流失现象，事关整个产业生存的基础和核心竞争力水平的构建。莫言先生获得2012年诺贝尔文学奖，植根于土地和乡村的莫言作品在市场上一本难求，这样的成就与莫言先生坚守的创作风格和文化理想是相关的，也充分说明了优秀的文学产品其市场全球性特点：优秀文化产品的市场是无国界的，也是恒久的。在出版产业艰难的转型中，永远不能忽视出版工作的"文化本位"的属性，并要以此指导企业的人力资源管理工作。

3. 出版企业转企改制后实现人力资源的优化管理必须在组织结构上加大投入，优化配置

不难发现，出版领域人力资源管理职能大多由行政办公室兼任，出版集团一般都设有人力资源部，但专业人才配置严重不足。具体工作中，维稳、安抚好老同志，实现转企前体制内员工待遇平稳过渡，是行业改革过程中人力资源干部的首务。进入改革的第二阶段，如果工作的重心没有转移，无视专业人才的培养和引进，疏于创新机制的建设，将是人力资源部门的严重失职！所以，企业的最高决策者必须认识到转型人力资源管理的重要性，在力量配置上，虽然可以借用外脑，聘请中介机构，但缺乏有效的执行机构和人才，最终也是很难收到良好的实施效果的。

（二）智能化人力资源管理的主要内容

"按照市场规则和新闻出版发展规律，继续深化以劳动、人事和分配三项制度为核心的内部改革，建立完善的企业职工考评制度和激励制度，建立符合意识形态管理要求和现代企业特征的国有出版传媒企业领导班子选配考核制度，并把业绩考核结果作为确定经营者薪酬标准和职务任免的重要依据。"柳斌杰署长上述讲话是我们通过转换内部经营机制推动出版传媒集团实现新跨越的一项基本要求，也是我们优化人力资源管理的突破口。

在推动出版传媒产业第二步整体改革的工作中，人力资源管理创新还不能停留在三项制度改革的深化和完成上，应该有更富前瞻性的创新。在出版传媒企业股份制改造和上市工作中，应着眼改制实际和资本市场的规范化经营，探索出版传媒企业组织重构、领导力建设和激励制度创新，完成相关制度性设计并逐步实施，将是转型背景下智能化人力资源管理的核心内容。在中央和新闻出版总署明确鼓励出版企业实施跨区域、跨媒体、跨体制资本重组，鼓励出版企业资本市场上市的背景下，出版企业市场化程度进一步提高，首先应是出版产业市场开放程度的提高，与产业资本、金融资本的全方位融合，迫使人力资源管理相应要进入更高的层次。转企改制后的出版单位原体制外员工身份认同意识和维权意识增强，要求人力资源创新管理的愿望和呼声更加强烈。原体制内员工的身份差异感和危机意识增强，员工对企业的长远发展更为关注、对企业管理层的水平和能力会有更高的要求，对有效率的组织结构也将充满更多的期待，这些都是创新人力资源管理的内在动力。就智能化人力资源管理而言，其主要内容为：

1. 组织结构再造是资源整合、资本重组、资本上市后企业必然要实施的组织变革

集团化后的各出版产业单位间以及与社会资本间的资源整合、板块重组、专业化分工等工作要求再造传统的组织结构；具体到一个出版单位，在集团化建设到一定的程度，在集团股份制改造后具体的企业形态中，出版单位的独立性将有所削弱，其独立管理的某些功能可能受集团或股份制公司的制约，和其五脏俱全的传统组织结构相比，转型后的单个出版、印刷公司只能成为集团公司（股份制公司）的一个生产和利润实现中心，这个趋势是集团化和股份化改革的必然结果，因此由集团或股份制公司主导的组织结构再造工作是回避不了的。

2. 领导能力建设就是要培养优秀的经营管理人才

没有跨越传统的行为方式、管理方式和表达方式，领导水平是无法适应转型期的改革的。这样的认知意味着领导在企业的工作中敢于作为又充分授权就是英雄，以传统的行政方式管理企业，漠视创新、不敢冒险或极端集权独断专行都不能算好领导。我们不担心敢于成功也敢于失败的领导，最担心的是无所作为的领导，而更可怕的还是那些在领导岗位上自己不做事，反而是一个"积极评论家"的领导。

3. 长期和长效的激励制度设计

关于分配制度的改革，大多数出版单位都在第一步改革中有了艰难的探索，以年终考核为期限、以利润实现为主体的绩效管理模式打破了传统事业单位下吃大锅饭的惯性，有效地促进了传统出版单位的生产力水平。但以转型为主要内容的第二步改革要实现新的跨越，必须要有与再造后的组织建设和领导力建设相配套的激励制度。推进出版企业股份制改造是转型工作的重要内容和工作步骤，业界普遍认同股改的结果是上市，但股改比上市更重要。股改为下一步创新分配机制，实现长期激励提供了最有利的条件。关于管理层持股、员工股权期权激励计划和员工持股等长期激励的探讨，在出版业还没有实质性突破。是否可以在新闻出版总署指导下，在新成立的本行业某些领域如传统出版业务延伸性企业、新型创意型企业等依赖经营管理层和高素质员工智慧贡献的智力密集型企业中探索上述长期激励的制度设计，分阶段、分层次组织实施。本人认为，有了社会资本在促进文化产业大发展大繁荣的成功实践，逐步在传统出版主营业务中推行长期和长效的激励制度是

指日可待的。当然，长期激励的手段不仅仅是经济上的报酬，也不仅是股权、期权等完全意义上的经济刺激。长期性的员工培训计划、员工职业生涯规划、荣誉奖章、职务晋升、福利补贴等都是有效的长期激励的具体手段。有效公平的长期激励制度和短期的绩效管理方式有机结合，会起到最好的激励效果。

时代呼唤出版企业家

教育科学出版社社长　所广一

在邹韬奋先生诞辰纪念日，以论坛研讨的方式纪念韬奋先生，无疑是学习和发扬韬奋精神的实际行动。韬奋先生说过："只有尽一个人的心力，使社会上的人更多得到他工作的裨益，才是人生最愉快的事情。"许多出版工作者包括本人在内，对韬奋先生的高尚情怀和敬业精神，应该说都怀着十分的敬意。以韬奋先生名字命名的韬奋基金会，为弘扬韬奋精神，繁荣新闻出版事业，促进行业业务交流，培养新闻出版人才，做了大量卓有成效的工作，取得了广泛的社会影响。我们把韬奋基金会看作是"出版人的家园"，感到非常亲切。我们相信，韬奋基金会一定会凝聚更多力量，发挥更大影响，同时也希望对我们一线的出版工作给予更多支持和帮助，以推动更多出版企业家脱颖而出，引领新潮流。

一、什么是出版企业家

关于出版企业家的话题，政府重视，业界关注。2010年，新闻出版总署《关于进一步推动新闻出版产业发展的指导意见》中提出，要造就一批出版企业家；2011年，十七届六中全会提出，要造就高层次领军人物，加强文化企业家队伍建设；2012年7月3日，在首届韬奋出版人才高端论坛启动仪式上，孙寿山也强调：目前迫切需要一支了解掌握现代出版企业发展规律，懂经营、善管理的出版人才队伍，我想这其中也包括了出版企业家队伍的建设。

一般来说，企业家分两类：一类是企业所有者企业家，作为创业者和所有者并持续经营管理企业；另一类是受雇于所有者的职业企业家。狭义地理解，企业家主要是指第一种类型，把第二种类型称作"职业经理人"。

不论从什么角度定义"企业家"，"创新"，"发现、获取机会"始终是

"企业家"的本质要素。当前，出版改制、联合重组、集团化等重大举措决定着出版企业的出路与命运，也极大地改变了出版产业的结构和状况。在转制、重组、资源整合过程中，那些致力于企业重组、制度创新、文化奠基的出版领军人物，他们身上那种"发现新机会、实现新组合"的创新精神得到最大限度的凸显——这正是经济学家熊彼特所说的"企业家精神"。在这个意义上，"出版企业家"即是以发现和利用机会、开创并经营新的出版事业的人，他们在出版转企后的时代背景下，渐渐浮现出独特的形象，发挥着越来越重要的作用。

二、出版企业家应具备的核心能力

理论和实践都表明，企业家是一种特殊的生产要素，是社会的宝贵财富，对一个产业的成长成熟，有着不可低估的贡献。在其他变量一定的情况下，企业家能力与企业竞争力之间呈正比关系。在实践中，在每个有竞争力的出版企业里，必然有着优秀的企业家身影。出版企业家至少应该具备以下核心能力：

1. 机会能力

发现机会，通过各种手段捕捉和孕育各种机会。机会能力是企业家最重要的，也是独特的能力要素。当市场需求还没有被有效满足，或是资源配置低效，还有很大提高空间，这时候就有机会。企业家具备这样一种对机会识别和把握的警觉性、进取心以及知识和能力。比如，当前数字出版方兴未艾，产业转型迫在眉睫，但是商业机会在哪里，盈利模式怎么构建，谁能够发现和利用其中的机会，这是对出版企业家的能力考验。

2. 战略能力

战略能力，即设计、实施和评估企业战略。如何在充满不确定性的书业竞争环境中获得优势，这需要出版企业家的战略能力，通过评估企业内部条件和竞争环境，确立战略目标，实施战略规划，依靠战略引领而不是机会导向来获得可持续发展。战略引领改变了传统出版主要依靠机会主义、经验主义获得发展的不自觉、不成熟的状态，迈向了现代企业之路。

3. 整合能力

整合能力，即调动、整合内部和外部资源，实现企业战略。转制后，以往长期依靠行业政策资源或行政手段来获取垄断收益的格局将逐渐被打破，如何维系或者说拓展各种社会关系，挖掘各种有形的、无形的资源，很大程度上要依靠出版企业家的整合能力。近年来，出版业面临着前所未有的大调整、大变革，资源整合的力度也是前所未有的。许多出版企业特别是集团和上市公司，在资产并购、资源整合方面已经做了很多工作，也大大提升了资本市场对出版行业、对企业的关注度。

4. 决策能力

出版企业家正是通过对政策、产业、市场、技术等环境扫描，敏锐地捕捉机会、提出创意并进行决策。做出版就是把文化资源转化为产业优势，需要迅速把新的创意商业化，形成商品和服务，这其中的风险决策，需要企业家的谋略以及承担风险的胆识。

5. 可持续发展能力

出版企业家关注长远，永续经营，百折不挠，打造百年基业。出版企业家把个人的价值观、使命感以及个人管理风格，有意识地转变为独特的、不可复制的组织资源，提高管理效力，成为企业发展的凝聚力，最终作用于企业绩效的提升。过去有的出版社领导调动频繁，这不利于出版社可持续发展。出版企业要打造百年老店，就需要企业家能够扎根下来，持久专注、持之以恒、坚持不懈、持续发展。

6. 关怀能力

出版企业家不仅要带领企业创造利润，实现资产保值增值，而且不可忘记传播人类文明薪火的天职，文化使命是出版企业家区别于一般企业家的特殊性。正如出版企业兼具文化追求和商业逻辑两种特征，出版企业家也身具文化品格和商业精神两种特质。迪士尼最伟大的创造是赋予观众快乐，沃尔玛对顾客最珍贵的承诺是"帮顾客节约每一分钱"，韬奋先生成为出版业彪炳青史的英雄模范，在于他以生命去践行的永远忠于大众立场、竭诚为读者服务的出版理念。出版市场中固然蕴含着无数利润，但能够让一家出版企业长远立足于社会的、历代流传于人心的根本，在于它对国家和人民的文化贡献。所以，出版企业家，应以文化传播的职业角度，去关怀社会，关怀时代，关怀未来。这一方面，业界应向三联书店、商务印书馆等等一批品牌卓越、文化影响深远的出版社学习。

三、转制重组背景下出版企业家的特殊作用

出版业的改革改组改造，比任何成熟的市场经济都需要企业家精神，也给予了出版企业家独特的发挥作用的空间。

第一，出版转企改制作用于两个方面，既体现为宏观治理层面的体制性改造，同时也是管理学意义上的企业重组，包括战略、组织、资产重组等，这是一种企业能力再造。前者主要表现为企业与政府以及企业与企业的关系的调整上，即政企分开，重塑平等的市场主体；后者包括企业战略和组织结构的调整，业务重组和流程再造，也包括出版理念、经营观念以及文化的变革。在这个过程中，出版企业家发挥了不可替代的作用。

第二，改制后的出版企业，在一定意义上是独立的市场主体。企业在联合重组、资源整合、资本运作等方面，强化了企业家对企业重组改造的创造性作用。尤其是相比较其他成熟的市场经济组织，出版企业在产权制度和治理结构上还不完善，出资人与经营者之间责权利的规范也尚未到位，出版企业家发挥作用的空间比较大，企业家能力也就成为企业发展的十分关键的因素。

第三，没有产权改革带来的激励，出版企业的发展动力更多地依赖于出版企业家个人的品格素质、职业精神。国企改革主要是通过产权制度改革来解决国企的动力机制问题，出版改革与国企改革不同，现阶段还尚未触及产权改革，也就没有产权激励，主要就是靠企业家精神。从改革的方向来看，有关方面正在研究出版企业的股权或者期权激励方案。一方面，理论上来讲长期激励应该能够更好地激发出版企业家能力的发挥，对企业发展有好处；另一方面，应该更加强调出版企业家的文化自觉、职业操守，特别是在改革背景下，出版企业家群体应该有更高的理想和境界，担当文化传承的使命。

四、出版企业家成长的环境和土壤

一个活跃的出版企业家群体，对出版产业发展起到引领性的关键作用。出版企业家队伍建设，需要政府、社会、企业多方面的制度和环境建设，这是出版企业家成长的土壤。

第一，完善出版企业家发挥作用的宏观法律政策环境。要激发出版企业家的能力、活力、动力，就要在依法加强对国有资产监管的同时，切实落实

企业的法人财产权。通过完善有关法律规章，进一步界定所有权和经营权，使出版企业经营自主权得到充分尊重和保障。

第二，完善公司治理结构。公司治理是现代企业制度的核心，要解决体制机制的深层次问题，在内部就必须形成好的治理机制，实现所有者、经营者和生产之间的相互制衡，相互约束，责权利清晰，这有利于企业家机制的发挥，有利于企业长期持续协调发展。

第三，建立有效激励机制和约束机制。出版企业既存在着激励不力的问题，也存在着约束不足的问题。目前，相当一部分出版企业经营者的收入与企业规模和经营业绩脱节，水平偏低。要在严格业绩考核的基础上，对完成资产保值增值任务、业绩优秀的出版企业家给予与其贡献相称的激励回报，把短期激励与中长期激励有机结合起来，建立一套与企业家的责权利相适应的激励和约束机制。

第四，培育职业的出版企业家市场。企业家作为一种稀缺资源或生产要素，只有在充分竞争的市场中，才能实现最优配置。政府有必要建立健全和完善企业家市场机制，促使企业家市场的形成、发展和规范。特别是今后按照公司法人治理结构的要求，由董事会来选择、聘任企业领导的时候，出版企业家市场以及相关保障机制就尤为必要了。

五、教科社改革发展的经验与出版企业家精神

教科社是教育部主管、中国教科院主办的教育专业出版社，2011年完成转制后，成为财政部出资的中央文化企业。近年来，我们一方面坚持正确的出版方向，坚持精品战略，狠抓产品质量和效益，在数字化和"走出去"方面迈出步伐，加快产业升级和转型；另一方面，深化体制改革机制创新，推进联合重组，不断拓展产业布局，走内涵和外延相结合的跨越式发展之路。经过几年努力，教科社的社会效益和经济效益得到全面、大幅提升，出版定位更加明确，图书结构更加合理，综合竞争力显著增强，生产规模更加扩大，经济总量大幅增加，数百种图书在全国各类重要图书奖评比中获奖，教科社被誉为"教育理论图书出版的旗帜"。到2011年底，教科社生产和销售码洋近13亿元，资产总额6亿元，利润总额近6000万元，上缴国家税收近4000万元，预计2012年比2011年又有较大增长，综合经济规模和年增长率在全国单体出版社中名列前茅。

教科社始终坚持发展是硬道理，从不懈怠，从不折腾，求真务实，一步一个脚印，每一步都非常坚实。按照"十二五"发展战略的布局，我们提出了要抓住产业发展的机遇，转变发展方式，逐步从图书出版向提供教育资源服务转型的思路。通过一系列重点项目的带动，来实现战略层面的构想。比如，目前我们与国外一家著名出版集团准备共同组建合资公司，开发幼儿教育课程资源和电子教学平台，这是我们以幼教板块作为探索产业转型和推动数字化、国际化发展的一个重要举措。我们正在与中央电视台少儿频道合作开发"智慧树早教包"，打造包括幼儿绘本、家长手册、DVD 多媒体、玩具手工、益智产品等多媒介的丰富的资源包，按照幼儿成长主题按月推送。我们正在建设的"教育科研成果专业数据库"，整合全国教育规划办历年教育规划课题和中国教科院等机构的教育书刊资源，打造国内唯一、内容权威、数据海量的教育科研专业数据库平台，服务全国教育科研工作者，已经被新闻出版总署批准为 2012 年度新闻出版改革发展项目库入库项目。我们正在和有关部门和单位探讨共同主办若干期刊。此外，我们按照中央跨部门、跨地区、跨所有制、跨媒介的发展要求，多方位布局产业格局，迈开跨越发展的步伐。2011 年年底，我社和山西新华书店集团、山西电教馆共同出资组建了山西华电教育传媒有限公司，使教科社的产品销售在山西有了较大提升。此外，我们也正在筹建异地分社，力争年内挂牌。应该说，教科社的发展，与我们始终坚持企业家精神、坚持出版家精神，不断创新发展，不断拼搏进取，是分不开的。

改革开放 30 多年，是中国的企业家群体成长并推动企业发展的 30 多年。在这 30 多年中，也逐渐形成了中国特色的企业家文化和企业家精神。相比较其他行业来说，出版企业家群体还十分年轻，但对于新闻出版产业而言，出版企业家的作用将会越来越凸显。他们不仅承担着企业改革创新发展的任务，而且承担着传播人类文明的社会责任，这双重任务是出版企业家的独特使命。我们期待未来中国能够涌现出更多兼具市场眼光和文化情怀的杰出的出版企业家，像韬奋先生那样，坚持人民至上，勇敢坚守，勇于创新，甘于奉献，为新闻出版业的发展繁荣作出更大贡献。

"走出去"战略与国际化人才培养专题

中国出版企业的国际化及人才因应

中国出版集团公司副总裁　中国图书进出口（集团）总公司总经理　刘伯根

在最近十多年的文化体制改革和发展过程中，出版业一直走在前列，是文化改革的排头兵、文化发展的先锋队。目前，我国出版业在管理格局、市场主体、经营机制、竞争态势、产品规模方面，初步具备了满足人们文化需求、参与国际竞争的能力，已经是出版大国。但是与发达国家相比，我们还有差距，还不是出版强国，当然也还不是文化强国。

文化强国是相比较而言的。一个国家的文化，在国内有很强的覆盖率、吸引力、凝聚力、社会推动力，在国际有很强的辐射力、竞争力、影响力、吸附感召力，这样的文化就是强势文化，这样的国家就是文化强国。我们的差距，主要体现在国际竞争力和国际影响力方面。

恰逢其时，党的十七届六中全会"吹响了向文化强国进军的新号角"。为了实现文化强国的目标，六中全会提出了六个方面的主要任务（推进社会主义核心价值体系建设，巩固全党全国各族人民共同奋斗的思想道德基础；全面贯彻"二为"方向"双百"方针，为人民提供更多更好的精神食粮；大力发展公益性文化事业，保障人民基本文化权益；加快发展文化产业、推动文化产业成为国民经济支柱性产业；进一步深化改革开放，加快构建有利于文化繁荣发展的体制机制；建设宏大文化人才队伍，为社会主义文化大发展大繁荣提供有力人才支撑），其中一个重要的任务就是"建设宏大文化人才队伍"。

国家要崛起，文化要昌盛，作为文化基础产业的出版业，必须要率先实现大发展大繁荣，成为出版强国。出版强国的标志是什么？一是要有在国内外有强大影响力的精品图书、精品出版物，二是要有在国内外有强大竞争力的品牌企业、跨国企业，三是要有在国内外有强大号召力的大作者、大出版家、大出版商。这三条，归根结底是第三条，就是要有一批具备国际视野和国际影响力，能够参与国际出版竞争、影响国际出版格局的人才。

一、国际化经营和跨国经营

一个企业，就其产品和服务的辐射范围来说，可以划分为4个层级，第一种是区域性企业；第二种是全国性企业；第三种是国际化企业，就是以国内业务为主、兼做国际业务，一定程度上参与国际分工、国际竞争；第四种是跨国企业，就是面向国际市场、开展跨国经营，全面参与国际分工、国际竞争，国际业务在其总业务量中占有较大比重。

目前，在出版企业中，有开展国际化经营的企业，但还没有形成为跨国企业。在全球经济一体化和我国文化体制改革不断深入的背景下，中国出版企业的国际化经营，乃至跨国经营，已经成为提高企业核心竞争力和增强国家文化软实力的必然要求。与国际上的大型出版集团相比，中国出版企业的国际化建设尚处于起步阶段。如何适应国际化需求、深化和丰富国际业务，是摆在我们面前的重要课题，而相应的国际化人才方面的问题，尤为突出。

二、国际化业务和国际化人才

国际化业务，从目前中国出版企业的实际看，主要包括版权贸易、产品贸易、服务贸易和资本经营几个方面。其中，版权贸易、产品贸易为传统意义上的出版国际贸易，当下，版权贸易还与国际合作出版、交换出版、按需印刷等紧密关联，产品贸易也已经从过去的书、报、刊、音像、电子出版物，发展到数字化、全媒体产品，发展到乐谱、乐器、印刷器材、纸张等出版的关联产品，发展到艺术品、有文化内涵的消费品等非出版产品——我们称之为"大文化贸易"；服务贸易主要指国际会展服务、国际组团服务、印刷服务等，现在还包括国际会议服务、国际活动组织、国际信息服务，还包括国际组稿、国际编辑、国际印刷、国际物流、国际招投标、国际营销，等等；资本经营是建设国际化出版企业、提高国际竞争力的重要内容，包括海外投资和海外企业经营，包括项目投资、实业投资和股权投资。与此同时，随着国际出版数字化进程的加快，需求的专业化和渠道的多样化也成为中国出版企业开展国际化业务的方向标，为出版企业的国际化建设提出了新的要求。

国际化人才，与国际化业务紧密相关。随着中国出版企业国际化业务的不断深入与发展，出版国际化人才也在不断丰富。对于狭义的出版企业而言，为实现出版"走出去"，需要有外向型选题策划、编辑、版权贸易洽谈、翻译、国际营销、业务管理等人才；对于从事国际出版贸易的企业，以及对于有志于开展国际化经营的大型出版机构而言，需要的国际化人才类型更多、要求更高。以中国出版集团公司和中国图书进出口（集团）总公司为例，目前涉及的从事国际化业务的人才，包括进出口产品编目、国际招投标、团体订购、国际采购、报关通关、税务、物流配送、大客户服务、专业机构服务、外籍人员服务、数字化服务方面的人才，还包括国际会展组织和服务、国际活动组织和服务、出访组团、国际谈判、版权代理、翻译、海外投资、海外机构经营管理等方面的人才。

对于这样的一个国际化人才队伍的基本要求，应当能够面向国际、国内两个出版市场，熟悉国际、国内两类出版企业，熟悉传统出版业务和数字化、信息化业务，了解国际、国内的文化环境、政策差异，了解政府政策要求、客户信息需求和企业自身的发展要求，把握机构团体和读者个人两类服务对象，把握为社会服务和为行业自身服务两类服务要求，应当能够在国际化业务的经营、管理和拓展，在国际交流和国际运作等方面，体现出很强的专业性和职业性。

三、出版国际化人才的现状

2012年，莫言先生获得了诺贝尔文学奖。莫言获奖至少有三个原因：第一当然是莫言的作品好，让评委、让国际上的读者喜欢。第二是中国的出版界、出版社这些年积极推动作品"走出去"，莫言的作品被翻译成英、德、法、意、日、瑞典、西班牙等十几种外语文字，让评委和读者有喜欢的机会。第三是翻译其作品的多是国际大牌翻译家，比如翻译成英文的美国翻译家葛浩文（Howard Goldblatt），被誉为把中国作家推向世界的"西方首席汉语文学翻译家"；翻译成瑞典文的瑞典翻译家陈安娜，被称为是"莫言得奖背后最重要的外国女人";陈安娜的老师、诺贝尔文学奖18位终身评委之一,也是诺贝尔奖评委中唯一深谙中国文化、精通汉语的汉学家马悦然,当然也在其中起到了重要的推动作用。是他们的翻译和推介,使得评委和读者有喜欢莫言作品的可能。

另外的典型例子是知名国际版权代理人托笔·伊迪,是他,使得《于丹论语心得》这样一本小书走出国门,在海外发行了28个语种、34个版本,累计海外销售34万册。中国的孔子因此成了世界的孔子,北京师范大学的女教授于丹也成了中国的于丹。

国际化的翻译家和版权代理人,在我国还是稀缺资源。目前,我国出版业国际化人才的储备相对不足,人才的培养和激励机制也与国际化建设的需求不相适应,这正是出版企业开展国际化经营的主要矛盾。这一问题突出表现在三个方面:

第一,人才缺乏的问题。具备国际视野、熟悉国际惯例、善于跨文化沟通、擅于创新的国际化经营人才缺乏,而能够开展国际资本经营的人才和数字化人才尤为稀少。由于缺乏这些人才,所以,虽然已有多家出版集团和出版社在海外设立了很多分支机构,但多限于小本买卖,投资和经营规模小,市场化运营能力弱,尚未形成本土化的竞争优势;数字出版产品"走出去"更是少之又少。

第二,人才局限的问题。比如,境外本土化出版已经成为中国出版进入国际主流渠道和扩大国际影响力的必然选择,但现有的选题策划、编辑、翻译、版权代理、营销人才,相对缺少国际交流经验,相对缺乏对他国文化的了解,所以在国外开展本土化出版时受到局限。因此,虽然我国的版权输出总量在增大、版权贸易逆差在缩小(2011年,全国共引进出版物版权16639种,输出出版物版权7783种,出版物输出与引进比为1:2.1,其中引进图书版权14708种,输出图书版权5922种,图书输出与引进比为1:2.5),但缺少大牌出版物,中国出版物的国际影响力仍然有限。由于缺少大牌骨干产品的带动,也使得出版物出口遭遇瓶颈,实物出口长期徘徊在3000万-4000万美元而不能突破(2011年出版物出口3561万美元,加上非传统的网上销售、外宣销售为7400万美元)。此外,海外市场长期局限于华人文化圈和图书馆客户,未能进入国际主流渠道、大众渠道。

第三,人才机制的问题。国际化在很大程度上就是市场化,市场化不仅是指经营的市场化，而且包括人才的市场化，包括用市场化的薪酬和激励机制来吸引人才、留住人才、激发人才的创造活力。但就目前出版企业的人才使用机制来看，在吸引和使用数字化人才、资本经营人才、国际化人才方面，尤其缺少机制、缺乏能力。

四、出版国际化人才的解决方案

要成为国际一流的出版企业，就需要开展国际化经营，逐步建设跨国企业。因而，国际化人才的队伍建设问题就成为开拓国际市场、参与国际竞争的重要抓手。

加强国际化人才队伍建设，从目前看，可以从培养、培训、引进、交流、机制改革五个方面着手。

第一，培养。主要是加强出版企业与高校、研究机构的互动，通过产学研结合，建立适应产业发展要求的培养模式，加快为出版企业培养国际化人才、复合型人才，以提高企业人员开拓国际业务的能力。

第二，培训。主要是在出版企业内部或者行业内部，建立和创新人才培训机制，延聘具有国际视野的出版家、企业家，针对企业国际化过程中面临的问题，开展定向培训，增强企业现有人才在开展国际化业务中发现问题、解决问题的能力。

第三，引进。主要是加大投入，包括加大政府的资金、政策扶持，积极引进具有国际市场运营经验和能力的人才。由于我国出版业的国际化思维尚在形成之中，因此这里的引进不仅是产业内部人才的引进，更需要从产业之外、我国之外的金融、企业管理、数字技术等行业，引进高端人才、领军人才，以迅速找到打开国际市场的突破口。

第四，交流。主要是积极开展国内与国际出版企业之间的人才交流。国际大型出版企业在国际化、市场化、数字化发展能力上，很多方面远远超出国内出版企业。国内的出版企业可以通过与国际大型出版企业合作，互相选派工作人员，边工作、边交流、边培训，取长补短；或者选派优秀员工到国外大学定向进修，同时在国外开展国际出版调研。这方面，行业组协会等组织可以发挥重要作用。

第五，机制改革。通过市场化的机制改革，吸纳人才、留住人才，是企业发展的重要保障。在国际化、市场化、数字化的背景下，出版业的发展越来越呈现出跨媒体、跨行业、跨国界的特征。这就需要企业深化用人机制改革，建立市场化的薪酬和激励机制，实现人才使用的市场化和国际化。人才的使用国际化了，企业才能引进来、留得住、用得好国际化人才。

有了大量的、一流的国际化人才，出版企业才有可能开拓好、发展好国际化业务，才能成为国际化企业、成为跨国企业，才能谈得上争创一流的国际出版企业，才能真正实现出版强国、文化强国的理想。

加快"走出去"步伐
积极培养国际化人才

新闻出版总署教育培训中心副主任　季守利

在新闻出版总署人事司、外事司直接领导下和国家外专局等有关单位的大力支持下,新闻出版总署教育培训中心自1999年起开始承担并组织实施了新闻出版行业人才的出国培训工作。13年来,我们共组织了45个出国培训团组,为新闻出版行业培训了960人,同时还组织了32期国外专家来华讲座,共有2939人参加了培训。

13年来,我们组织的出国培训团组从无到有、从少到多,逐渐扩大培训视野,加大"走出去"步伐,从最初的一两个国家、单一培训项目增加到现在的美国、英国、德国、法国、澳大利亚等世界新闻出版业发达国家,近十个专题培训项目,力争使学员"走出去"后能够向顶尖的国际同行学习相关业务。在培训内容方面,不断与时俱进,紧扣时代脉搏和国内新闻出版行业发展状况与需求,及时和国外合作培训机构沟通,调整完善培训课程主题,从开始的"版权贸易"、"报刊编辑与策划"、"出版经营管理"等较为基础的培训课程,发展到"期刊差异化战略管理"、"传统出版与全媒体融合策略"、"传媒企业的市场化运作与经营管理"、"数字化出版的盈利模式"等国内新闻出版业较为亟需的内容。同时,在培训方式上,也不断探索丰富多种培训模式,从最初的讲课式培训,发展到师生互动讨论和实地参观考察国际知名传媒集团,使学员能够开阔眼界,实地接触体会其中的差异、优点和经验。

"走出去"的人才培训之所以能够取得这些成绩,总结十几年来的经验,主要有以下几点:

一、总署领导高度重视

总署党组历来高度重视新闻出版行业的外向型、复合型人才培养，人事司、外事司每年都把出国培训作为重中之重去规划指导，不断加大对"走出去"培训的扶持力度，要求我们立足于学习借鉴发达国家的新闻出版经营管理以及传统媒体数字化转型的理念和经验组织培训内容，以提高我国新闻出版高层次人才队伍的专业素质，适应我国新闻出版业改革发展对高素质人才的需求。因此，每年在制定出国培训计划时，我们可以说做到了"三早"，即早策划、早沟通、早准备。一方面是结合行业的需要，提早调查研究培训课程的设置，对需要调整、取消或增加的内容及时和外方培训合作机构联系沟通；另一方面提前和总署人事司、外事司以及外专局汇报沟通，及时了解国家对出国培训的新政策或新要求。再一方面就是要早作准备，对要求上报的各种资料、报表等尽量和外方培训合作机构达成共识。由于有了总署领导的高度重视和指导，以及国家外专局的大力支持，保证了我们的出国培训项目规范有序进行，同时也保证了我们的培训能够不走过场、扎扎实实取得实效。

二、精心设计培训内容

出国培训最重要也最为困难的就是培训内容的设置。因为不同的国家、不同的大学所具有的优势各不相同，所具备的特色也各有千秋。为此，我们在设置每个培训班的培训内容时，重点结合不同国家新闻出版业的突出优势，把那些具有前瞻性、高端性，主题突出、特色明显的内容设置为学习培训课程，紧扣时代和行业发展趋势，围绕国际化、集团化、专业化、数字化等主题，先后组织了"数字化发展的经营管理"、"全媒体融合的发展战略"、"数字化报纸期刊的盈利模式"、"媒体企业化管理和市场化运作"、"出版集团企业管理与运作"等高端专题培训班，收到了很好效果，得到了学员们的充分肯定。同时，我们还不断探索改进培训方式，不满足于在大学听老师讲课，还注意安排学习不同国家、具有不同国际顶尖品牌的传媒出版单位的经验。比如，到德国不莱梅应用科技大学进行的"期刊差异化"培训，就安排去世界一流学术期刊斯普林格期刊集团、德国期刊协会总部，以及《明镜》、《明星》等国际著名周刊学习他们的办刊经验；去澳大利亚悉尼科技大学的媒体运作及经营管理培训，就安排到默多克新闻集团属下的报纸期刊进行实地考察学习；到美国纽约州立大学培训，就安排去英格拉姆、哈伯·科林斯、新闻周刊等知名新闻出版发行集团参观考察等，真正让大家近距离接触世界顶尖媒体和出版单位，开阔眼界，找到努力的目标和方向。2012年，我们又进一步改进培训方式，赴英国的媒介融合及数字化培训团，重点与《泰晤士报》、《卫报》、《太阳报》、《每日邮报》等英国知名大报高层管理人员就未来传统媒体如何应对新媒体的挑战和战略转型等话题进行深层次对话，以启发我们媒体管理及编辑人员的创新理念，提高其创新能力以及与内容生产相关的管理技能等。

三、严格审查出国培训人员资格

为了保证培训班的顺利实施，我们按照总署的要求严格把好参加出国培训人员的资格审查关。要求所有参加培训人员均由所在省（自治区、直辖市）新闻出版局推荐，把好参加培训人员政审的第一关，切实把政治可靠、有培养前途的新闻出版单位领导和业务骨干推荐出来。严格贯彻"德才兼备、按需派遣、学以致用、宁缺勿滥"的选派方针，不搞照顾性出国，杜绝超龄、搭车等不符合要求的人员参团。

四、精心组织实施培训

13年来，每一个出国培训班出发前，总署都召开行前动员会，由总署人事教育司、对外交流与合作司领导做动员，明确培训目标和培训内容，强调培训纪律。要求学员做好吃苦的思想准备，刻苦学习，积极参加讨论和交流。要严格遵守培训纪律，讲政治、讲学习，展现我国新闻出版人的良好风貌。每个培训班均成立临时党支部和班委会，加强对培训班的领导和管理，并对学员进行分组，便于在国外进行小组讨论。

在培训实施过程中，实行团长、书记负责制，我们也与培训班的负责人保持密切联系，及时掌握培训实施情况，了解学员对培训班的意见和建议，协调国外培训接待机构做好学员的教学和服务工作。

在外培训期间，我们严格按照批准的日程执行，不擅自增加在外时间，不擅自绕道或经停第三国或地区，不擅自变更培训内容及路线。要求学员因私外出严格执行请示汇报制度，不随意单独活动；严禁出入赌博、色情场所；不携带涉密载体，妥善保管内部材料，不对外提供内部文件和资料；不泄露国家秘密和商业秘密；避免与可疑人员接触，拒收任何可疑信函和物品；采取措施，增强防盗、防抢、防诈骗的保护意识等等，力争确保学员学有所获、平安回家。

五、积极做好培训成果的总结、收集和推广工作

我们始终把提高出国培训的成果和效益作为出国培训管理工作的落脚点，高度重视培训成果的总结、收集和推广工作。培训结束回国后，要求学员在回国后2周内提交不少于3000字的书面学习体会，并向所在单位的领导和同事报告学习情况和收获。培训总结包括培训时间、培训人员、培训内容、境外接待单位、培训收获体会、存在的问题及建议。同时，对培训方式、培训内容、授课质量、接待服务等方面进行评估。这样做的目的是做好培训成果的转化和推广工作，并对优秀论文推荐发表，扩大培训成果，使更多没有机会到国外接受培训的业界同行能够共享培训成果，受到一些启发，得到一些借鉴，以促进全行业的共同发展。

对于不交培训总结的学员，我们原则上在第二年不选拔该学员所在单位的人员参加出国培训团组。

六、精心选择好国外培训机构和培训渠道

每年和我们联系的国外培训机构很多，培训地点和培训方案的选择性较大，我们原则上都在国家外专局每年公布的《境外培训机构名单》范围内，选择正规的具备较好培训条件和有相关专业培训经验的国外培训机构及培训渠道，不选择社会上的无资质的所谓代理机构或渠道，不在范围的单位必须是知名大学或著名大企业。这样既能保障培训质量，也能保证服务接待工作到位。

多年来，我们"走出去"培训工作虽然取得了一些成绩，但和新闻出版行业大发展大繁荣对复合型、外向型、创新型人才的需求相比，我们还有更多的工作要做，还需做出更大的努力。作为新闻出版行业人才培养的专门机构，我们将按照党的十七届六中全会提出的加强文化人才队伍建设的要求，结合《新闻出版业"十二五"时期人才发展规划》中提出的人才建设目标，进一步扩大国际视野，加大出国培训力度，以国际化、集团化、专业化、数字化的培训内容为重点，加强领军人才、经营管理人才和中青年业务骨干的培养。进一步扩大与知名跨国媒体公司、国外高水平大学和其他培训机构的合作，建立相对稳固的合作培训关系，形成以我为主、为我所用的培训课程，进一步加强培训的针对性和实效性。努力为新闻出版业培养出更多的复合型、国际化人才。

一叶知秋　童趣的启示

——中国出版业国际化人才的养成

童趣出版有限公司总经理　侯明亮

一、缘起

不久前的某一天，我突然接到一位女士打来的电话：

在纪念邹韬奋先生诞辰117周年之际，韬奋基金会联合中国新闻出版研究院、中国新闻出版报拟于2012年11月初在京举办"首届韬奋出版人才高端论坛"。论坛拟设主论坛和四个专题论坛。想请您在"'走出去'战略与国际化人才培养"的论坛上作主题演讲。

（一）才下眉头，却上心头

实事求是地讲，这种命题作文见识的不少，但是真正能像小学生那样乖乖地完成作业的不多。之后的第二天，我飞抵上海参加国际授权展。本以为这件事情就此淡出了我的思绪。然而，授权展上人来人往、约见、洽谈、大会、小会不断，在眼前晃来晃去的似乎都是"国际化人才"——西服革履，一口英语，举手投足，洋气十足。此情此景，不能不挑战我的记忆，"国际化人才"这一命题，就如同蟒蛇盘树缠上了我，挥之不去，真可谓：才下眉头，却上心头。

（二）剪不断，理还乱

既然无法忘却，那就只好"为了忘却"而工作了。写下它，审视与思索着它，不弄出个所以然来决不罢休。然而，想的总比做的美。霍然间，我意识到自己掉进了一个预设的陷阱，"国际化人才"美滋滋地飘然而去，我的大脑忽而一片空白，忽而思绪万千。正应了那句老话：剪不断，理还乱。究竟什么是国际化人才？谁能真正说清楚？

（三）不糊涂，找百度

百度百科就国际化人才的界定给出了如下的解说：国际化人才是指具有国

际化意识和胸怀以及国际一流的知识结构，视野和能力达到国际化水准，在全球化竞争中善于把握机遇和争取主动的高层次人才。国际化人才应具备以下 7 种素质：宽广的国际化视野和强烈的创新意识；熟悉掌握本专业的国际化知识；熟悉掌握国际惯例；较强的跨文化沟通能力；独立的国际活动能力；较强的运用和处理信息的能力；且必须具备较高的政治思想素质和健康的心理素质，能经受多元文化的冲击，在做国际人的同时不至于丧失中华民族的人格和国格。

（四）道可道，非常道

看了百度百科，我深深地感到太明白了，它的界定标准、规范，精彩。标准得没有了个性，规范得没有例外，精彩得让人无话可说——国际化人才，还有什么可以谈的吗？

此时此刻，远在千年之前的老子似乎与我有了心灵感应：道可道，非常道。

又是一个此时此刻，远在万里之遥的苏格拉底告诉我们：美是难的。

那么，切入国际化人才这一命题的路径何在？冥思苦想，上下求索。庄子梦蝶化蝶一事突然跃入我的脑海，历历在目，千真万确。于是，我的眼前为之一亮，挥笔写下"一叶知秋：童趣的启示"。

二、童趣是谁？一张笑脸的故事

这张小小的笑脸在中国出版业微笑了 18 年，笑得如此甜美与灿烂。

第一笑
一只世界上最有人缘的老鼠跨洋越海，来到中国，定格在一本小小的纸质杂志上：《米老鼠》

第二笑
伴随着雄狮一声吼，《狮子王》系列图书行走在中国的大街小巷

第三笑
《哪吒传奇》横空出世，中国动漫图书具有了里程碑的意义

第四笑
《喜羊羊与灰太狼》本土影视动漫系列书刊的大手笔运作，中国少儿出版的一个奇迹

三、童趣是谁？故事背后的故事

关键情节一

1994年金秋时节，相隔万里之遥的两只手无限延展，握到了一起。于是，中国出版业多了一个独特的存在：中外合资出版单位——童趣出版有限公司

关键情节二

人民邮电出版社——建立在数据分析基础上的量化经营管理模式的人民邮电出版社，成了童趣的中方投资者；丹麦艾阁萌传媒集团——设立目标，分解目标，严格内控的艾阁萌，成了童趣的外方投资者；二者合力为童趣注入了双重血液，童趣由此具有了生而有之的独特性

关键情节三

"我们让生活充满故事"，"故事是我们对世界的庄严承诺"，这句镌刻在丹麦哥本哈根艾阁萌总部大堂的司训，成了童趣18年来不懈的追求

关键情节四

"开放、激情、雄心"这个六字箴言，已经根植于童趣每一位员工的心灵中，成为我们共同的价值观和最重要的行为准则

关键情节五

"董事会领导下的总经理负责制"这一现代企业治理原则，已经成为中方、外方和童趣管理层推崇的信条之一，充分体现在童趣经营管理中的每一个细微之处

四、童趣是谁？第三眼看童趣

（一）海飞：中国版协副主席、少读工委主任

国际化——童趣自从成立那天起，由于其中外合资的双重身份，便立足较高，具有国际化视野，成为中国出版业独特的存在。

现代化——18年前的童趣便是按现代企业制度设立和运作的，较之当时的事业体制下的出版单位，她的企业属性和现代化特征都极其明显，从而让她的经营管理更符合市场规律。

市场化——我研究过童趣的产品，也关注过童趣的市场动作，更接触过童趣的团队，从童趣的整体模式来看，用高度的市场化来概括童趣绝不为过。

（二）赫曼：国际版协前主席

我到过许多国家，会见过许多业内人士，也访问过中国并与多家出版单位座谈，童趣是给我留下最深印象的一家出版单位。毫不夸张地说，我们之间的共同语言非常多，沟通无障碍，她是一家具有真正意义的国际化公司。

（三）迪士尼

18年的战略合作，从宏观到微观，事无巨细，处处可见童趣公司的标准与规范，童趣团队的创新与活力。如果说童趣彰显了多元文化的特质，倒不如说她是更具有国际化视野、按国际惯例行事的一家公司。

五、童趣是谁？国际化人才之我见

加盟童趣已经有数年了，期间与我的团队风雨同舟，同甘共苦，经历过许许多多难忘的事情，但是最终留在我脑海里最清晰的影像，依然是人，童趣的员工和团队。

我不想对他们进行抽象化的概括与描述，更不敢武断地说他们就是国际化人才，但是凭借我多年在业内不同机构的从业经历，我可以肯定地讲他们确实是一支鲜见的独特的团队。

他们的"开放、激情、雄心"给见到的人留下极深的印象；

他们的"执著、专业、信心"让合作者赞许有加；

他们的"创意与行动"，"努力与付出"，托举着童趣走过了18年的发展历程，成就了童趣在业内以及在家长和孩子们的世界中的品牌价值。

对于这支团队，我曾有过如下的赞叹：

历史的和声渐行渐远，今日的欢歌笑语又在小楼中响起。一群秉持着"故事是我们对世界的庄严承诺"这一理念的男孩女孩们，正在倾心上演着"爱丽丝漫游记"，正在合力演奏着一曲别致的"英雄交响曲"。

小楼依然默默无语地注视着此时此刻发生的一切，不过似乎多了些许的陶醉与些许的敬意。"人非草木，孰能无情"，此话不假；大千世界，万事万物均有感知与灵性，此话亦真。精灵般的别致的小楼，影响着精灵般别致的少男少女，魅力无限的少男少女们，也让小楼更加神秘而别致。

工作在小楼中的人们，都有一颗别致的心。

他们渴望：像小公主一样完美，像芭比一样时尚，像唐老鸭一样幽默，像小熊维尼一样憨态可掬，像喜羊羊一样智慧，像灰太狼一样顽强……

他们究竟是怎样的人？

感叹终究代替不了理性的分析。他们到底具有何种国际化人才的主要特质？这个问题绝对无法回避，那么请允许我理理自己的思绪：

激情四射，充满活力，但永远不失理性的辨识能力，此其一；

创新不断，点子频出，但总是谨慎评估，测试在先，绝不盲目出击，此其二；

快乐生活，快乐工作，但从不物我两相忘，二者分得极其清楚，此其三；

在规则与变通之间，永远站在规则一边，此其四；

看重规范，推崇公平，不为小把戏所惑，此其五；

敢于直抒胸臆，追求人格平等，不为斗米折腰，此其六；

他们究竟是怎样的人？

行为举止，自立自强，此其七；

业务运作，独立自主，此其八；

化繁为简，直入主题，注重效率，此其九；

把握过程，追求结果，此其十。

每一个特质后面，都有着一个或数个鲜活的故事。限于篇幅，无法一一道白。

六、童趣的平台：国际化人才的养成

培养——更多的是主观的、外力的、目标明确的推动。

养成——更多的是自动自发，如同春雨润物，于无声处，行云流水。

我们说：人是环境的产物。所以，有什么样的土壤、阳光与水分，就有什么样的植物与果实。

童趣，天生一个中外合资出版机构，对国际化理念与国际化运营模式的确立与运用，是发于内而形于外的自然而然的事情。因此，站在这个平台上翩翩起舞的人，一定会被周遭的环境与整体氛围感染，从而伴随着优美的音乐走出国际化的舞步。

（一）国际创新意识

创新是童趣永恒的主题。从产品、营销到渠道，童趣18年来创新不断，由此才成就了童趣独特的品牌。

在童趣和艾阁萌内部，把创新作为一个常规项目，并有网上创新信箱，同时设立了相关的创新激励机制和创新评审委员会，每年艾阁萌都有年度创新大奖。

（二）国际化知识

童趣的双重身份让童趣具有了双重优势。它既是中方的一员，又是外方大家庭的一分子。艾阁萌在世界各地有30多家出版公司，各个公司之间可以毫无保留地交流经验，互通有无，资源共享，而且每年总部都组织各种专题训练营，提升参训者的国际化专业知识水平和综合管理素质。

（三）国际惯例

具有一百多年历史的艾阁萌传媒集团是欧洲乃至世界知名的品牌公司。多年来他们与世界各大品牌公司进行战略合作，形成了一整套具有权威性的国际合作规范和国际惯例。童趣自成立那天起，便严格按国际惯例办事，并把相应的规范和惯例纳入自己的业务运营之中。

（四）国际沟通能力

人类走到了今天，地球真正变成了一个小小的村落，沟通显得更加重要，那种"鸡犬之声相闻，老死不相往来"的时代已经不再。童趣与艾阁萌内部成员之间的沟通，童趣与各大国际知名品牌之间的沟通，早已成了日常业务的一部分。每一个人在这种天长日久的沟通中都练就了一套各自的沟通方式，但是讲究原则，看重标准，遵守规范，是这支团队在沟通中拥有的共性。

（五）国际活动能力

谁的业务谁负责，责权利一体化，是童趣多年来努力实践的经营管理模式之一，由此铸就了这支团队独立的运作能力，以及独立的国际活动能力。在各种国际展会上，以及各种涉外活动中，都有童趣人的身影，都有童趣人的风采。他们与各大品牌公司的授权者，不仅仅是博弈者、合作者，更是情感交融的朋友，为了双方的共赢，而寻找最佳的合作点与合作模式。

（六）多元文化的冲击

我们处于一个交融的时代，多元文化几乎在每一个人身上都会有所体现。

童趣在业务的运作中深深地感受到了多元文化的冲击、作用与反作用以及相互间的交融。

艾阁萌是个国际公司，迪士尼的团队更是来自四面八方，童趣人在与他们的交往中，有所学有所得，有所历练，自然也有所坚持。18年前是这样，18年之后更是如此。在这样一种环境中，童趣团队在不经意间养成了面对多元文化冲击的应对方式与方法，由此能够让自己在这种冲击与交融中游刃有余。

七、结语

国际化人才的培养或养成，是一项极其重要的工程。

培养，离开了环境，无从谈起，而且往往事倍功半。

养成，如同种子放在土壤里，人员放在实战的第一线，浑然天成，事半功倍。

开放的中国，交融的时代，小小的地球村，中国出版业要"走出去"，已成大势所趋；而国际化人才在大风大浪中拼搏并成为勇敢的弄潮儿，时日已经不远了。

　　我坚信，在这样一种情势下，中国出版业国际化人才纷纷涌现，绝不仅是一种梦想，定能梦想成真！让我们共同拭目以待！

如何培养国际化出版人才

中国建筑工业出版社社长兼总编辑　沈元勤

我国新闻出版业"十二五"时期发展规划提出大力实施"走出去"战略，为提升我国新闻出版业的国际竞争力、传播力和影响力，新闻出版总署2012年1月9日颁发了"一号文件"——《关于加快我国新闻出版业走出去的若干意见》，提出"十二五"末，版权输出数量突破7000项，引进与输出比例降至2∶1，力争持平；数字出版产品和服务出口金额突破10亿美元，年均增长30%以上；实物出口数量突破1150万册（份、盒、张）。要全面落实，关键靠人才，到2015年，国际化新闻出版人才总量要达到10万人。需要我们出版社和出版人共同努力，采取切实可行的措施，才能实现这一目标。

一、目前我国国际出版人才的状况

随着改革开放，我国出版业从1992年7月30日正式加入《世界版权公约》后才开始大量对外交流，起初主要以引进为主，实际上是国外出版"走进来"，翻译出版国外先进技术和管理的图书，对我国社会、经济、文化、科技起到了很大的促进作用，但同时也增强了国外对我国的影响力。正如有论者所言：近些年，美国主要做了三件事，"一是钱装进自己的袋子，二是思想装进你的脑子，三是扔炸弹拓空间"。一个民族要有自己的主流文化，同时自己的优秀文化也要走出去影响世界。多年来，我国锻炼成长了一大批引进的出版人才，主要是版权贸易和翻译人才，翻译主要是外文译成中文的人才。以中国建筑工业出版社为例，从20世纪90年代初成立了专门的国际合作部门，目前有10人专职从事引进输出工作，20多年累计引进图书1000多种，近几年加大了输出的力度，累计输出共200多种。从事外版工作的主要是版权贸易经理和翻译编辑，他们大多有英语、日语专业背景，也有学建筑专业又精通英语的，翻译主要是依靠高校、科研院所的专家，外版编辑主要做审稿、加工、校核工作。其他出版社有专门设置国际合作部门的，也有设在总编室的，大多设置了版权经理，编辑则由相关专业的编辑负责。各社的产品和市场情况不一样，都是根据本社的引进输出目标来设置的。近些年，在图书"走出去"方面，"中国图书对外推广计划"工作小组35家出版单位加大了输出的力度，我社作为成员单位之一，增加了输出工作的编辑及国外市场推广的人员。

二、出版"走出去"需要什么样的人才

出版"走出去"是什么走出去？主要是内容走出去，是产品和服务走出去。产品可以是图书、期刊，也可以是电子出版物等数字产品；输出的方式可以是实物销售、版权贸易，也可以同国外出版社共同研发、共同销售。因此，"走出去"需要编辑、版权经理和市场经营三类人才。

第一类人才是编辑。编辑决定内容，什么样的内容是国外需要的，适合其口味的，决定在国外是否有市场。我社近几年向国外输出的《中国的世界遗产》、《2008奥运建筑丛书》、《2010上海世博会建筑》均翻译成几种文本，颇受欢迎，主要是编辑了解到国外出版社和读者对中国文化遗产、中国的新建筑、新技术感兴趣。有了选题还不够，还要同国外出版商沟通写法，写成什么样子。内容和写法确定后，翻译也很重要，我们尽可能选择有国外学习或工作经验，外语又好，又懂专业，这样翻译的文字才能做到适合国外读者的阅读习惯。即便如此，有时外商还觉得不理想，他们自己再重新加工、润色。因此，"走出去"的编辑应专业化：第一，外语要好，做专业图书的编辑，专业英语还要好；第二，能了解国外市场的需求；第三，能把握输出内容，包括政治的、技术的、版权等方面的问题；第四，能建立合适的专家队伍作为输出选题的作者或译者，能按时完成高质量的出版物。好的出版物是成功"走出去"的前提。

第二类人才是版权经理。以前我们的版权经理主要是做引进工作，在德国、英国、美国、日本等国际书展中，大家都去争着找好书，现在拿着我们自己的书目和样书去一家一家展台推销的越来越多了，但做成功的难度较大。实际上版权经理下的工夫更多在展场外，首先是外语要好，尤其是口语好，且有很强的沟通能力；第二，要深入了解国外出版社的出版方向、出版动态、市场走势以及他们关注的热点和兴趣所在；第三，要同国外出版商建立密切的联系和良好的合作关系，相互信任，经常通气，能及时得到需求信息。这样到展场才能有针对性、高效地沟通；第四，对本社以及国内的某类出版物要有全面深入的了解，能把握国内最好的出版物并推向国外，这一点要求同国内编辑要有很好的沟通。

第三类人才是市场经营人才。这一类人才目前国内出版社比较少，在国外开书店、办公司的出版社多一些，国外出版社在我国倒是越来越多，如施普林格科学与商业媒体集团、剑桥大学出版社、励德·爱思维尔集团等在我国都有办事机构，有专门的市场推广部门，有专门的市场推广人员。随着信息技术和互联网技术的快速发展，需要国内出版社建立外文网站实现数字化输出。我社从2006年开始建立英文网站，在网上发布了800多种出版物的信息，对国外的宣传起到了一定的作用。建议国内出版社可以联合或在国务院新闻办和新闻出版总署的领导下，搭建一个大的数字化平台，各社的外文出版物或输出信息在这个大的平台上发布。数字化输出需要数字出版经营人才。市场经营人员的主要职责和要求：第一，做市场调查与营销宣传推广，本社已有出版物哪些适合国外的需求，通过调查和推广的过程得到反馈信息，开发适合的新产品；第二，做市场销售，向国外的出版商或终端客户如大学、图书馆等推销自己的产品；第三，要了解国外出版市场的有关法律规定，掌握运用WTO等国际经济规则，提升我国出版企业国际化经营水平；第四，这类人才要求外语好、口语好，且大多时间在国外工作。

三、培养国际化出版人才的途径

如何培养国际化出版人才，应根据本社的条件和出版的特点，通过专业化、人才走出去、企业办出去、开展学术活动和组织培训等加以培养。

1. 专业化主要是从事引进输出工作的编辑专业化

在招聘或新安排此岗位时，要求具备外语和专业两个背景，在专业方面既要有扎实的专业学习背景，又要通过培训有良好的编辑出版知识和技能。可以经常安排他们参加各种国际书展，参加相关的国际学术活动。要求经常看外文资料、上外文网站。

2. 人才走出去主要是从事引进输出工作的出版人能较长时间在国外工作

在国外办公司的人员走出去条件较好，没条件办公司的可将人员送出国外培训，最好的方式是通过重大出版项目合作，与国外出版社建立战略合作伙伴关系，通过项目的合作派编辑到国外出版社工作、学习和锻炼。2012年，我社同德古意特出版社签订了战略合作关系，就艺术、建筑等方面开展一系列合作，并计划派人到德国工作、学习。中国在海外有5000多万侨胞和华人，可以从中发掘人才，发挥他们长期在国外学习、工作和生活的优势，同时对中华文化又比较了解，对打开局面比较有利。找专业的伙伴合作，做专业领域的营销。针对国外某个特定市场，选择该市场的领袖（专家）合作，共同推广。营销人员实行本土化效果会更好，可以利用外国人为我们工作，但工资成本可能比较高，为了更快地进入国外市场，用外国人有时是必要的。

3. 将企业办到国外去

新闻出版总署和商务部等六部委共同认定的2011-2012年度国家文化出口重点企业和2011-2012年度国家文化出口重点项目，鼓励中国的出版社到国外办公司，如北京语言大学出版社北美分社、安徽出版集团有限责任公司与波兰合作的时代—马萨雷克出版社及东欧（波兰）文化产业分拨中心等，还有科学出版社在美国、日本设立了分支机构，中国青年出版社在英国设立了分支机构。人民卫生出版社在美国设立分公司，采取"借船出海"的方式，效果就很好。目前国内出版社在国外设立出版分支机构的还不太多。国有出版社到国外设立分支机构或合作办公司，审批手续复杂，难度大，也存在投资风险，有的还会受到质疑，因此，需要得到主管部门的支持，需要加强有关协会的工作，帮助"走出去"企业更好地开展国际化经营。企业办出去，人才也就容易出去，产品也容易出去，更重要的是可以深入到国际市场，国际化人才也就有了成长的土壤。有企业在国外，可以更好地整合国内和国际两个市场资源，更利于交流与合作。

4. 参与或举办国际学术研讨会

随着经济的全球化和市场化，国外、国内举办的国际展览和学术会议越来越多，给编辑学习和出版走出去提供了很好的机会。以前编辑和版权经理主要参加国际书展，其实今后一部分编辑可以多参加国际学术活动，有条件的出版社也可以自己或联合其他机构举办国际学术活动，我社曾举办过建造师国际论坛等，联系了一批国外作者。通过国际学术会议出版中英文会议文集或外文书籍，即可借机宣传及输出有关出版物。2012年8月27日，由国务院新闻办公室和新闻出版总署主办,"中国图书对外推广计划"工作小组办公室、中国建筑工业出版社和施普林格科学与商业媒体集团承办的"中国图书对外推广计划"外国专家座谈会在北京举行。本次座谈会主题是:科技出版的数字化。承办这次会议,对我社从事国际合作的有关人员是一次难得的学习和锻炼的机会。

5. 到国外举办专题学术考察活动

从2009年底开始,我社《建筑师》杂志利用自己在业界的影响力,策划了"走向新建筑——西方现代主义建筑系列考察"活动,结合《建筑师》杂志作者群和读者群的特点,以建筑成就最突出的欧洲国家以及相关考察制定主题,每次由编辑带领20位左右青年建筑师及建筑专业的学生安排一系列相关交流活动,如参观各个国家的建筑大师事务所,与国外建筑大师面对面研讨,介绍中国古代建筑文化等等。目前,"走向新建筑"已经发展成一个在业界既有文化意义又有市场前景的品牌活动。三年来,《建筑师》杂志在这一品牌影响下,已经赴意大利、法国、芬兰、西班牙、瑞士等成功开展了多次专题学术交流与考察活动。带队的编辑得到了很好的锻炼,提高了外语能力,开拓了国际视野,结识了国外著名专家学者并直接向其组稿,同时推广我社的出版物。杂志的国际影响力已经凸显,《建筑师》杂志已经被蓬皮杜艺术中心文献部等著名馆藏机构收藏。

6. 组织到国外学习培训、参加国际书展

由新闻出版总署或中国出版协会、中国编辑学会,或有关培训机构,或大型出版集团组织各社出版人员到国外学习培训,考察国外出版社的运行机制、经营管理和出版物市场,请国外的出版专家讲授有关课程。2006年,我社自己组团,总编带队带一行6人到瑞士博克豪斯出版社培训了一周,由出版社的总裁、编辑主管、市场主管等讲授课程,介绍国外的出版理念、业务流程、管理经验等,颇有收获。要有更好的效果,培训时间可以更长一些。通过参加国际书展可以锻炼版权经理和有关编辑人员,可以直观、全面地了解国际出版市场的现状和发展走势,可以学习国外版权贸易的经验做法,认识新人,增进了解,促进交流与合作。

培养国际化出版人才,尤其是培养一批既懂编辑业务又熟悉版权贸易和市场营销的复合型人才,在考核机制上要有鼓励政策。引进图书,版权费和翻译费一般是国内组稿出版的稿费的两倍多,结算的利润相对要少。输出的图书，中文译成外文翻译费一般要每千字 200 元以上，有的专业难度大的费用更高，而且好的译者难寻，有时校译还要花一笔费用，结算利润相对更低。做版权贸易和市场营销的，经常要出国或长期在国外工作，很辛苦，有的不能完全用经济效益来考核。因此，做引进输出版图书的有关人员在效益考核上要综合考虑引进输出项目的社会效益和经济效益，考虑近期效益和长远效益，考虑出版社的利益和国家发展战略，给予一定的鼓励政策，对列入国家重点规划出版项目和各种基金资助的输出项目给予奖励，对出版"走出去"作出突出贡献的人员给予表彰和奖励。更重要的是领导要高度重视，在发展规划和重点输出项目上下工夫，围绕项目开展业务和活动，以项目来锻炼和培养人才，以人才推动项目的实现。

紧贴行业　多元开拓
大力实施"走出去"人才培养战略
——上海新闻出版教育培训中心国际培训交流

上海新闻出版职业技术学校校长　上海新闻出版培训中心主任　贾丽进

本世纪初，我国政府已确立了新闻出版业"走出去"战略，明确提出，"走出去"，将中华文化推向世界，是新世纪我国新闻出版业的一个新目标。可以这样说，在当前世界，要感知一种文化的影响力与竞争力，一个重要方面，就是看其能否走出本土、走出国门，能否在国际各种思想文化相互激荡的环境中处于主动并有所作为。

但是，要走出本土、走出国门，参与国际出版市场竞争，主要的障碍不是资金问题，而是人才问题。这样的人才，可以称之为"国际出版人才"。国际出版人才，至少要具备这样几个条件：精通外语；熟知国际出版规则；善于开拓国际合作出版项目；能和国际出版机构建立起较为密切的沟通渠道，等等。

入世后，人才"国际竞争国内化，国内竞争国际化"的趋势日益凸显，迫使我们必须深入思考新闻出版业人才队伍的国际化问题。近年来，上海新闻出版教育培训中心受上海市新闻出版局委托，着力瞄准国际新闻出版的发展前沿，以培养上海出版系统紧缺人才为重点，探索与国外培训机构合作，从2001年开始每年在出版系统展开人才培训的国际化合作，大力实施"走出去"战略，积极发展以提高创新能力和实践能力为目标的培训教育，搭建多渠道、多视角、多层次的人才培训平台，在促进人才队伍整体素质提高的同时，初步形成了人才培养的规范体系。

一、"走出去"人才培训概况

（一）"走出去"人才队伍的介绍

2001年至今，上海新闻出版教育培训中心共组织近35个出国考察、培训团，500余名来自上海出版单位、印刷发行单位的业务骨干、高校专业教师、局机关等相关管理人员出国研修。在这500余名人员中，呈现层次高、学历高的特点，有95%左右的人员为单位业务骨干，近40%为主编、副主编、部门经理，30%为社领导、企业高层管理人员；本科学位占90%，其中拥有博士学位的学员占10%，硕士学位占60%。

在35个考察、培训团中，参加中短期培训的学员超300人次，随团出国考察的近120人次，有60名左右的学员参加了我中心组织的斯特灵一年硕士培训项目。

（二）"走出去"人才培训项目简介

2001至今，上海新闻出版教育培训中心每一年都会组织2-3期的出国培训，包括短期、中期与长期，同时，每年组织1-2次参观国际知名的书展、印刷展览等，以获取行业最前沿的信息。

1. 国际培训项目

自2001年以来，经上海市引进国外智力领导小组办公室审核、市政府批准，上海新闻出版教育培训中心先后与美国纽约大学、英国斯特灵大学、瑞典乌普萨拉大学、澳大利亚悉尼科技大学、加拿大西蒙·弗雷泽大学、德国斯图加特大学等合作实施了近20期的国际培训，培训对象主要是出版单位、印刷发行单位的业务骨干；培训人数已超300人；从所有参加出国培训学员的感受来看，他们在中外出版的比较中既看到了差距，学到了知识，也看到了中国出版业的发展方向，获得了动力和灵感。

2006年起，新闻出版国际培训增加了中长期的培训项目，有新闻出版局资助50%培训费用的加拿大西蒙·弗雷泽大学3个月的培训，有英国斯特灵大学"国际出版管理"硕士一年制的培训，学员在英国修完所有的学分并完成论文后可获该大学颁发的国际出版管理专业的硕士学位。该项目从2006年第一届开始每年一个班，至今已有近60多人学成归国，并取得了硕士学位。

2. 国际考察项目

中心每年定期组织1-2期国际考察交流团，重点参加国际书展、印刷展,如有"出版界奥林匹克"美誉的法兰克福国际书展、美国文具展、布拉格国际图书展、俄罗斯国际书展、西班牙国际书展,被誉为"印刷界奥林匹克"的德国杜塞尔多夫印刷展等。自 2006 年至今已组织了 6 次书展考察活动,4 次印刷考察活动。

在每一次的出国考察中,除参加国际书展、印刷展外,我中心都会安排与行业知名新闻出版集团、企业、协会的访问交流活动。2012 年的德国杜塞尔多夫印刷展之行,除了参观数字印刷、绿色印刷等先进的印刷技术与设备,考察团还与参展商惠普公司、德国机械制造联合会等做深入交流与业务洽谈;在 2012 年的西班牙国际书展考察期间,成员们考察了世界最大的西班牙语出版集团,对西班牙语出版有了全新的认识并获取了第一手资料,也对未来上海开展西班牙语出版物的版权贸易有了全新的思考。

这些考察项目的开展,一方面通过国际展会取得了目前全球行业发展状况的最新资料,同时对未来行业的发展有了切实的认识与把握,并与目前国际处于技术领先的企业形成了良好的关系。另一方面,考察团也借观展之机,与相关学校、协会探讨人才培训的具体模式,为中心国外培训的开展积累了宝贵经验、拓宽了合作渠道。

二、人才培训项目实施特点

(一)宣传到位,规范管理

在开始国际培训之初,上海的出版社对于出国培训还处于陌生阶段。我中心加大宣传力度,积极联系出版社社长、企业负责人,得到了大家的理解与支持。自 2005 年以来,每一期的出国培训、考察报名人员都会超过国家规定的名额上限。

在管理方面,我中心的出国培训项目也得到了上海市新闻出版局的高度重视,这也使得中心的出国项目实现了规范化开展。主管单位除了每年拨出一定的经费作为出国培训费用的补贴,还对出国人员的选拔制定了具体的标准,对课程设计、教师选择、教学方式的安排如何更适应出版国际化人才的培养提出了具体的要求。每一期的国际培训班都严格按照国内预培训、国外培训、总结交流三个阶段进行。

(二)总结交流,分享成果

在学员结束国外培训归国后,我中心都会组织学员进行总结交流,同时，选择学习体会深、理论联系实际好的论文，汇编成册予以出版。值得指出的是，我们的总结交流会，除了学员内部的总结，更面向上海市出版行业人员，让出国学员将国外所学、所见向同行汇报，分享成果，这也是一种间接的授课、开拓同行思维、传授国外行业发展理念与经验。

（三）培训内容紧贴行业发展，实现三个结合

1. 实现三个结合

在培训内容设置上，我中心始终做到三个结合：国内与国外的结合、理论与实践的结合、课堂与考察的结合。国内与国外的结合，是指每一期国际培训班在出国培训前，中心都开展国内预培训，主要是进行英语及相关知识的培训，使学员对于如何参加国外培训，需要学习什么，如何去学习有了充分的准备。在各期的国外培训课程中，培训的内容既有系统、严谨的理论知识，又有实际的案例分析，既有大学的课堂教学，又有出版单位、书店的考察交流，内容丰富、形式多样。

2. 培训内容紧贴行业发展

在近年出版社转企改制以及数字出版迅猛发展的大背景下，出版业的人才需求也在发生着变化，不仅对传统编辑等人才的要求更高，懂出版、懂市场又熟悉计算机网络技术的复合型人才更是备受青睐，难以寻觅。能否为我国的数字出版提供有力的人才保证，对我们提出了严峻挑战。

对此，我中心加大了对数字出版人才队伍的培养力度，自 2005 年起，已开展了 5 期以数字出版为主的专题培训，对于数字出版课程的设置，结合国际出版动态与国内出版实际现状，不断深化。2005 年在加拿大西蒙·弗雷泽大学进行的数字出版培训可能是一种介绍性、发散思维性的上课体验，但是在随后的 4 期数字出版专题培训，更是一种深化与扩展。如 2012 年在澳大利亚悉尼科技大学正进行的数字出版与编辑技术培训，则将编辑技术作为一个特定的主题来进行授课，引入国际最新的编辑技术与编辑理念，同时引入了数字出版时代整个的出版商业策划，这又是对于数字出版营销的深化。

综上所述，我中心国际培训内容，紧密联系行业发展，把握国外行业的最新动态与未来发展趋势，结合国内的行业发展现状，即是开阔眼界、提升国际视野的体悟式培训，也是经验借鉴、解决问题的吸取式培训。

2012 中国数字出版年会发布的《2011－2012 中国数字出版产业年度报告》显示，尽管数字出版产业增速有所放缓，但 2011 年，我国数字出版产

业仍保持了31%的增长幅度,全年营收达1377.88亿元,收入规模位居新闻出版行业第三。有理由相信,在未来的数字出版中,数字人才队伍将会不断扩大,而培养一批富有国际视野的复合型数字出版人才队伍,将是我们继续努力"走出去"的动力。

三、国际培训项目对行业的影响

(一)为行业培养年轻人才,构建中、高层领导队伍

在参加我中心组织的出国培训团组中,多为出版、印刷、发行行业的中青年骨干,如在最近两期的出国培训学员中,有20%的学员是"80后"一代,这20%学员目前已经是各自单位的部门负责人。我们相信,假以时日,他们将紧随前辈的脚步,更上层楼,因为他们的前辈,那批早期参加出国培训的学员,在当时也和他们年龄相仿,目前在各自的出版单位已担任重要领导职务,近30%的学员已成为单位的主要领导,近30%从原来的编辑到现在的副总编、总编。

把年轻人送出国门培训,并不意味着用十天或者一个月的培训,让学员满载知识而归,或者是回国之后马上就成为了一名国际型人才。我中心的"走出去"培训,更多的是为年轻人提供一个平台去接触新事物、跳出惯常的工作范畴去认识全球的行业态势,去了解国外的同行,他们在做什么、在想什么。学员在和国际最先进的出版企业、出版专家、出版同业面对面的学习交流中,开阔了视野,尤其是不同的出版理念和观念碰撞带来的强烈冲击,给学员以很大启发。正如上海世纪出版集团易文网副总经理张国强所说,他在2003年参加我中心组织的美国出版专业高级研修班。在一次授课中,老师讲解了一种企业管理模式,而这种模式在当时的国内还较为陌生,并且认为在国内具体实施是不可思议的。但是回国后,张国强做了些许研究后才真正理解了这种模式,并部分地在日常工作中做了实践。这就是"走出去"带给业内人员的一种大脑革命。

(二)提升出版者国际眼光

如前所述,学成归国的行业骨干,目前已成为各自单位里的领导或者是中层干部,他们在出版管理岗位上也更加具有世界眼光,带动了各自单位的国际人才培养。

如从2001年开始,华东师范大学出版社就每年派骨干管理人员和骨干

编辑参加由新闻出版总署、上海市新闻出版局、上海新闻出版教育培训中心等组团的各类国际书展和出国培训项目，迄今为止，华师大出版社已派出共200余人次参加国际培训和考察交流。现任出版社总支书记、副总编朱文秋，曾脱产一年参加英国斯特灵大学出版管理专业的学习。学成归来后，朱文秋将学成的理论和掌握的技能运用到华师大出版社的数字出版发展实践中，取得了显著的成果，使华师大出版社的数字出版在上海出版界占据领先地位。

现任副社长的龚海燕是华师大出版社在国际化人才培养中的另一典型事例，为使刚走上工作岗位的龚海燕尽早熟悉版权贸易的规则，华师大出版社力排众议，年年派她参加相关国际书展，独立与国外出版商进行版贸谈判，使她迅速成长为优秀的版贸专家。华师大出版社的版权贸易工作多次在全国及上海市被评为优秀，引进出版的图书获得多种各级各类的奖项，特别是引进出版的教育心理类图书成为该社常销不衰的品牌。

目前，华师大出版社在"十二五"规划中，确定了"国际化"的发展战略，并将"国际化"与人才发展战略相结合，举办了针对青年人的"新智慧"训练营，把青年人的"国际化视野"作为培训的具体要求。在训练营中涉及许多介绍国际出版最新趋势及潮流的课程，同时，在社会考察环节，安排这批年轻人参加香港书展，并同时考察四家香港的出版机构，取得了非常好的效果。而这样的人才培养理念将贯穿该社整个"十二五"期间。

现任《新民周刊》社长、主编的丁曦林曾参加了我中心组织的德国《明镜》期刊集团考察以及澳大利亚悉尼科技大学进修。他表示，在这两次出国考察培训中所掌握的东西，始终成为他领军《新民周刊》开拓创新的坐标和动力，使他能够培养练就一种国际眼光，去把握《新民周刊》前行的方向。

（三）提高出版社国际业务水平

国际培训的开展，不仅是为出版社构建一支国际人才队伍，同时对出版社国际业务水平的提高也是大有帮助，如开展国际合作出版、版权贸易等，都需要国际性人才队伍的支撑。

在上海，上海科学技术文献出版社的国际版权贸易发展良好，这离不开该社对国际化人才培训的重视度。社里积极选派人员参与我中心组织的中、短期培训团，每一期选派1-2人，并且也送学员参观各个国际书展。同时，自2006年我中心开展斯特灵大学长期培训项目以来，科技文献出版社已选派了4名中青年骨干参加培训,这4名社员学成归国后,目前分别担任版权部、总编办、编辑部主任等中层领导职务。这样大力度地培养国际人才,让出版社在积极构筑出版社的国际版权业务时有了一支专业性的国际人才队伍,使得国际版权飞速发展,在出版社每年出版的300多种书中,平均每年有40多种版权书,最高的达到80多种。与英国、韩国、美国、日本等国际的版权代理机构保持长期版权引进关系,与美国一家代理机构合作引进的《没有我们的世界》一书,已出售4万多册。同时,科技文献出版社也积极与美国、台湾等国家与地区的出版代理机构展开版权输出,输出到台湾的医学方面的书籍已经达101种。

四、结语:"走出去"人才培养战略的意义所在

2012年年初,新闻出版总署为加快"走出去"步伐,发布"一号文件",专门把加大人才培养力度作为10条主要措施之一,采取多种方式,在人才国际化、体系化、专业化上下工夫,"到2015年,国际化新闻出版人才总量将达到10万人"这样一条措施令业界为之振奋。

在上海,目前有很多出版单位的领导已经看到了这一点,拿出专门资金培养这方面的人才;有一些青年编辑也意识到进入国际出版市场是今后的一个发展方向,自费参加了国际出版培训。应当说,培养"走出去"的专门人才工作,上海出版界已有了一个比较好的开始,而这也将是上海出版业实施"走出去"战略的坚实基础。

当下的世界已经进入数字化信息时代。人的思想、行为、感受越来越趋同。在世界历史上,19世纪是英国引领,20世纪是美国称霸,21世纪中国能否真正崛起而强大,不仅仅依靠GDP总量,还要靠文化的输出和价值观引领。应该承认,欧美的媒体长期掌握着世界舆论的走势,中国媒体要走出国门,走向世界,取得国际舆论话语权,需要组织更多的传媒人走出去,对其个人,是培养和树立世界眼光、提升专业水平、扩展发展空间,对出版行业,是加强出版国际合作、开拓国际出版市场,而于国家而言,则是为提高国家软实力作贡献。这正是我们"走出去"的意义所在,是我们走出国门、培养国际化人才的意义所在。

民营出版发展与人才培养专题

"民营出版发展与人才培养"汇编材料

韬奋基金会理事 雅昌企业（集团）有限公司董事长 万 捷

近年来，我国新闻出版产业继续发挥文化产业主力军的作用，实现了健康快速发展，2011年我国新闻出版行业总产出超过1.5万亿元。同时，随着新闻出版体制改革不断取得新突破，民营出版成为新的增长亮点，尤其在数字出版领域的影响力持续发挥，已经逐步形成从内容提供、平台建设到终端服务较为完整的产业链条和运营模式。民营数字出版领域的人才发展和培养也呈现出新的特色。

一、人才构成现状

1. 从业人员年轻化

目前从事数字出版的从业人员中26－30岁的人员最多，占43.3%；20－25岁的占17.8%。总体看来，30岁以下的从业者占全部从业人数的六成多。

2. 从业人员学历水平整体较高

拥有本科学历的占54.26%，拥有硕士学位或者双学士学位的占26.36%，拥有博士学位的占0.78%，拥有大专学历的占16.28%，拥有中专学历的占2.32%。总体看来，拥有本科及以上学历的占81.4%，其中4.65%有留学背景。

3. 复合型人才最受欢迎

数字出版行业具有文化性、技术性和商业性，因此数字出版产业的人才也应该是融合型、复合型的人才，应该拥有多学科知识、多方面技能，在数字出版的不同领域具有相应的能力。

二、人才需求与未来发展

目前，民营数字出版行业急缺的人才主要体现在以下三个方面：

1. 数字内容的基本加工和创意策划人员

主要负责内容的加工提炼与数字化、文案策划、出版工艺数字化等。

2. 数字出版的管理人员

主要负责数字出版物的网络管理、营销推广、经济核算、出版物流通的数字化等。

3. 数字出版的相关技术人员

主要负责数字阅读、数字消费过程的执行、管理、维护等技术性工作，甚至技术开发。

据统计，面对出版业转型，能足够应付数字化挑战的人仅占13.4%。为此，数字出版人才建设和储备不足令业界堪忧。专家预测，未来三五年内，中国新媒体人才的缺口在60万至80万人之间。目前除了常见的社会培养模式外，高校培养数字出版人才是一个重要途径，然而数字出版教育明显跟不上数字出版业发展的飞快步伐。人才短缺，培养滞后是不争的事实，甚至与业界不同步，与数字出版产业严重脱节，造成人才和行业的落差、错位和断层。

三、人才培养的经验与模式

1. "文化艺术 + IT 技术 + 数字出版"模式

雅昌自1993年成立以来，一直以"通过'为人民艺术服务'实现'艺术为人民服务'"为宗旨，以"让艺术走进每个人的生活"为使命，定位为艺术服务机构。雅昌现拥有中国乃至世界最大的中国艺术品数据库，拥有60000余名艺术家、2000多万件艺术品珍贵的图文资料，这是雅昌数字出版的核心优势。为了顺应全球阅读数字化趋势，雅昌利用中国艺术品数据库资源，通过IT技术、网络、手机等多种电子阅读技术，经过授权体系和知识产权保护体系，自主研发艺术数字出版产品，用更加便捷的方式传播给终端客户，使其产生最大的价值。所以，对于雅昌来说，"文化艺术 + IT 技术 +

数字出版"的特色模式决定了所需人才不仅需要有专业的艺术教育背景，并对艺术抱有崇敬和热爱之情，更要热衷于以 IT 的方式呈现丰富多彩的艺术魅力。

2. "专业化+复合型"的人才培养

为了能培养造就一批精通专业技能、具备艺术素养，同时善于管理、通晓数字出版的专业化和复合型人才，雅昌实施"走出去"和"请进来"战略，对后备人才实施科学、先进的培训。2011 年和 2012 年，雅昌先后分梯队陆续参加国家人保部、北京新闻出版局、中国新闻出版研究院等多家机构组织的数字出版高研班的研修，以及针对 iPad、iPhone、Android、Windows Phone 等系统的 APP 应用软件的开发培训。与此同时，雅昌也邀请业内专家来授课，进一步拓展培养方式。利用丰富的出版资源和产业优势，雅昌还聘请国际知名出版专家作指导，进一步带动和培养后备人才，在出版资源和出版方法上不断探求和完善，打造符合数字出版要求、引领行业发展趋势的新风范。

3. "产学研"相结合

为了培养数字出版领域的后备人才，同时加速研发成果的转化速度，雅昌采取与政府部门、知名 IT 企业和重点高校建立"产学研"全面合作的人才培养模式。雅昌先后与文化部、惠普公司、北京大学、中央美术学院、北京印刷学院等部委、企业和高校达成涵盖人才培养、科技研发、成果转化等多个领域的全面战略合作，为未来的人才发展奠定了坚实的基础。

民营出版企业的人才竞争策略

北京时代华语图书股份有限公司董事长　朱大平

民营出版企业之间的竞争，分两条战线，一条明线，一条暗线。明线是产品竞争，通过产品特色化、差异化，最大限度地抢占市场份额；暗线是人力资源的竞争，通过"筑巢引凤"和创新化的用人机制，抢占行业内为数不多的高端出版人才。"得一人者，得天下。"这句话尽管夸张，但在民营出版领域，的确存在这样一个事实：80%的业绩是由20%的人创造的。民营出版企业相互争夺的，就是这个20%的核心群体，谁丢掉了这个群体，谁就丢掉了业绩增量。

民营出版企业需要的是三类人才：第一类是图书策划人才，既有选题资源，又有选题策划能力；第二类是营销人才，既懂渠道发行，又精通市场推广；第三类是运营和管理人才，既能看方向，又能解决实操层面的问题。上了规模的民营出版企业，这三类人才都不可缺少，企业规模越大，越需要系统化、专业化的运营和管理模式，因此运营和管理人才将发挥更大的作用。

出版人才大致有三种流向：一种是跨体制流动，人才在国有出版和民营机构之间双向对流；一种是跨公司流动，人才在民营公司之间相互跳槽；另一种是跨行业流动，目前传统出版业缺乏吸引行业外人才的市场驱动力，流失的多，流入的少。影响人才流向的因素很多，其中"品牌号召力"、"薪酬绩效"、"事业共同体"是决定人才流向的三个关键因素。人才是企业的"命根子"，大家都捂得很紧，如果平台不够大气，如果不能及时兑现短期绩效，如果不能跟核心人才共享远期利益和事业成果，极有可能导致人才逆向流动。

一个很麻烦的问题是，人才聚合到一起，会产生排异反应。磨合得好，给团队带来"聚变"效应；若磨合不好，不仅没有正面效应，反而让原有的团队四分五裂。单个的人才，几乎都是有缺陷的，只能将他们纳入"团队进行整合，才会人尽其才，物尽其用。

时代华语在如何识别人才、如何引进人才、如何让人才发展等方面进行了几年的探索，已积累了一些经验。

一、人才，是一种战略资产

人才引进的成本一般都很高。引进人才之前，事先无法判断其贡献率，但要承诺高额薪酬和激励政策，还要谈"利益共同体"和"事业共同体"，用人风险全部由企业承担。所以，引进人才应该定位为一种战略投资，既然是战略投资，短期内不能测算其投入产出比，人才的引进价值，要看三年、五年甚至更长。投资人才，就像投资一个项目，要允许有一个亏损期，急功近利，可能会丢掉长远收益。

人才规划，是公司战略的一部分。战略先行，人才在后。如果一个公司的发展战略都没有确定下来，就盲目引进人才，这些人进来之后，将不会成为公司的战略资产，而是演变成为一种破坏性力量，为企业带来极大风险。

二、不要幻想"全才"，有一技之长即可

每个人都有局限性，越是人才，个性缺陷往往越明显。既然人才的优点和缺点是一个统一体，就要求企业领导人具备超乎寻常的包容心。在物色人才的时候，舍弃"全能冠军"，更多地物色"单项冠军"，是一种明智之举。把人用对，并防范其缺点爆发，是用人者唯一的责任。

真正的人才，他具备自我学习和自我检讨的能力，他知道自己的优势在什么地方，缺陷在什么地方，具备天生的自我修复意识。但我们必须清醒地认识到，同一个人，很难同时具备多种超出常人的才能。通常强调，业务型主管要往管理上靠，管理型主管要往业务上靠，其实要完成这种转变非常艰难。通行的解决办法是，分清楚每个人的"长板"和"短板"，组建个性和能力互补的团队，借助团队成员在能力结构上的差异，把每个人的短板补齐。

三、员工流失率，是业绩兴衰的晴雨表

人心思变，业绩变脸。如果中层以上骨干频繁流失，说明你的公司出了问题，流失的层级越高，意味着问题越大，应该尽快进行战略诊断，并检讨

人力资源政策。一味地向外找原因，责备下属不忠，或者谴责竞争对手不地道，这是无能的表现。人才，作为一种市场要素，其流向由市场决定，流入和流出，完全取决于企业的品牌度、激励机制和人才聚合效应。

凤飞走了，一定是巢出了问题。什么样的巢才能留住人才？第一，拥有清晰的产权结构和公司治理结构；第二，拥有完整的绩效评估体系；第三，拥有高竞争力的利益激励体系；第四，拥有清晰的权责分工和授权体系；第五，拥有规范的财务核算体系和严格的激励兑现纪律。筑巢引凤，是一个系统工程，盲目引进，等于添乱添堵。

再好的企业也有生病的时候，需要经常体检，其中"员工流失率"是一个很重要的病态体征。可以从基层、中层、高层三个维度，每月统计"员工流失率"，设定三条不同的预警线，亮了红灯就要高度关注。因为人才流失，会引发连锁反应，一个核心骨干离开公司，带走的不仅是公司资源，还有另外四大危害：公司口碑恶化、群体性跳槽风险、业绩大起大落、公司战略出现反复。人才并非不可流动，但流动的原因一定要搞清楚，与其将人才送给竞争对手，还不如就地消除其惰性，重新激发其活力。

四、人才也有惰性，所以需要评估和激励

人总有惰性，对付惰性的唯一办法是持续不断地设立新目标，引进鲶鱼激发团队竞争活力，及时评估并兑现激励。其中评估和激励，是消除团队惰性最常用的管理工具。我们的管理经验表明：针对每个岗位、每个员工进行绩效评估，并跟激励政策挂钩，可以持续激发员工的潜能和斗志。没有区分，没有评价，人才会变成庸才，团队内部就会滋生大量的"南郭先生"，公司的薪酬投入将会被大量浪费。"南郭先生"隐藏在团队中，极具破坏力，必须将其揪出来予以辅导，或者清除。

目前时代华语正在进一步完善KPI绩效管理工具，把所有人的绩效目标量化，明确每个岗位的月度指标，并有专门的KPI项目组深入各岗位检查，统计各个维度的指标达成率，然后根据达成率发放绩效。用数据说话，公正评估，坚决兑现，若是真正的人才，非常乐意接受这样的游戏规则，反倒是"南郭先生"如坐针毡。

五、引进高端人才，职业平台须品牌化和国际化

最近 5 年，民营出版企业的规模发生了很大变化。在大众图书出版领域，产值规模最大的已达到 10 个亿，员工规模接近 1000 人。像这种规模的企业，必须优先考虑两件事：公司战略和管理升级。前者解决"方向盘"的问题，方向错了，全盘皆输；后者解决"发动机"的问题，通过管理升级和流程再造，用企业法治替代人治，把公司打造成为真正的职业平台，供人才栖息。

人才和平台，相互反衬和抬升。公司品牌号召力吸引各路精英加盟，同时各路精英聚集，又在抬升公司的品牌度。公司品牌建设，是人才引进和存活的重要前提。时代华语自成立以来，在品牌建设上累计投入数千万，在中央电视台和省级卫视投放广告；针对知名作家发起"股权激励招募行动"；每年员工激励预算高达一千万；在行业内率先推行"全员持股"和即将推行"期权激励计划"等等。可以说，"时代华语"这四个字，字字值千金。长期不懈地坚持品牌投入，在某种程度上把握住了人才流向，收到了较好的效果。

人才聚集，会倒逼企业的扩张速度。公司需要不断筑巢，否则很多人会产生空间压迫感。公司内向型扩张，只能解决部分人才的晋升出路，还要走外向型扩张道路。公司"走出去"、人才"走出去"，可更好地消除人才"天花板"效应。为了增加新的人才孵化通道，时代华语设立了三家子公司，一家做渠道，一家做策划，另一家做文化出口。其中 CN TIMES 是一家设立在美国纽约的子公司，两栖出版，锻炼队伍，实现人才国际化、出版理念国际化、管理国际化。

人才的标准是什么，如何引进人才，如何让人才存活下来，这是民营出版企业都面临的问题，有许多东西还需要继续摸索，希望与同行一起探讨，相互学习。

教辅新政[①]的产业影响和政策建议

山东世纪天鸿书业有限公司董事长　任志鸿

一、教辅新政的落地情况综述

1. 四部委通知下发情况

截至 2012 年 10 月底，除贵州、广东、甘肃、浙江、河北、北京、天津没有出管理规定外，其他 23 个省（自治区、直辖市）都出了管理规定或者组织的评审公告了本省（自治区、直辖市）的目录。从目前情况看，管理规定中只有湖南放宽了条件，允许没有获得教材授权的教辅上目录，其他的省（自治区、直辖市）都和四部委文件基本一致，只是更加具体化了。也有少数省（自治区、直辖市）扩大了教辅评审的范围，比如增加了一年级、二年级教辅图书的评审。有的省（自治区、直辖市）增加了课外读物的评审。

2. 公告目录的情况

30 个省（自治区、直辖市）中，有 19 个省（自治区、直辖市）公告了征订目录，确定了目录，包括辽宁、青海、新疆、重庆、四川、西藏、黑龙江、福建、山西、吉林、云南、河南、广西、宁夏、江西、湖南、安徽、湖北、内蒙古；未转发公告的有山东、贵州、广东、江苏、甘肃、浙江、河北、陕西、北京、天津、海南。

3. 各省的评议、评审情况

只有青海、辽宁等少数几个省份在形式上组织了较为认真的评审。

[①] 2012 年 2 月，教育部、新闻出版总署、国家发展改革委、国务院纠风办联合下发了《关于加强中小学教辅材料使用管理工作的通知》（以下简称《通知》）。《通知》要求省级教育行政部门要会同新闻出版行政部门、价格主管部门加强对教辅材料使用的指导，组织成立教辅材料评议委员会，对进入本省（自治区、直辖市）中小学校的教辅材料进行评议，择优选出若干套进行公告。

4. 关于公告教辅资料应依法取得著作权人授权的情况

除辽宁、湖南外，其他各省（自治区、直辖市）均严格执行了文件关于公告教辅必须获得教材出版社授权的要求。

5. 关于以地市为单位的统一征订情况

在已公告目录的 19 个省（自治区、直辖市）中，四川、福建、云南、重庆、新疆、山西、吉林、安徽、青海等一半的省（自治区、直辖市）按要求进行了征订，另外一半由于文件、公告出台较晚或征订能力弱未达到征订效果。

二、教辅新政对出版产业的影响

1. 对产业规模的影响

只订购一套图书会造成总册数 50% 的下降。

各省（自治区、直辖市）政策出台的迟缓，造成学校放弃订购，估计会造成总册数 20% 左右的下滑。

定价由新政前的 2.8 元/印张变为 1.4 元/印张，会造成营业收入 30% 以上的下滑。

总体估计新政造成教辅的总册数下降了一半以上，营业收入下降了 60% 以上。

2. 对产业生态的影响

由小征订向公告目录征订转移；由民营向国有转移，全国 5000 家教辅出版工作室的 90% 将面临转型或退出。124000 家民营区域分销机构和零售网点中，有 70% 从事教辅业务的将面临转型。

3. 产品形态、产品质量和服务水平的变化

造成过渡期的真空性，使消费者降低了需求总量，进而会影响教辅产业的持续发展，需求总量会发生质的变化。

4. 形成了新的市场垄断，在一定程度上固化了区域封闭

三、政策建议

第一，四部委加大督导、检查力度，促动新政在全国各省（自治区、直辖市）的全面落地：7 个省未下发文件，11 个省未公告目录。

第二，建议四部委针对新政实施中出现的新情况、新问题，在内容质量

要求、评议评审、选用征订等关键环节制订实施细则。

第三，建议教材出版机构积极向优秀教辅品牌授权，升级自主研发教辅的质量。

第四，各省（自治区、直辖市）在保障送审图书质量优质且数量充足的前提下（不低于5套）进行实质性评审。

第五，建议公告教辅应按教材发行一样，站在政治性和行业形象的高度上保障课前到书，改善服务质量。

第六，建议订购权下放到学校和教师，以地市为单位统计上报，以避免垄断和腐败。

教辅新政是维护全国2亿中小学生，4亿家长合法权益的重要政策，是行业规范、产业升级的重大契机，出版发行界的所有从业机构和从业人员应站在行业责任和使命的高度上加以落实和执行，期待政府主管部门，行业协会推动新政的落地和深入，我们相信新政的全面落实会促进产业更加健康的发展。

让信仰引领人才培养

昆明新知集团有限公司董事长　李　勇

韬奋先生早在1932年就创办了"三联书店",作为中国图书出版发行行业的先驱,为中国图书出版发行事业作出了巨大贡献。先生的崇高品德和伟大人格,一直激励着一批又一批的中国出版发行行业的后来者们,承前启后,继往开来。关于出版业的人才问题,个人主要有以下观点:

一、定义人才

观点一:不神话人才,人岗相宜就是人才

以出版发行行业为例,需要配置的各种岗位约50个左右,就受教育程度而言,不是每个岗位学历高才好,都搞成博士、硕士团队反而是对社会人才的浪费。比如搞卫生工作的可以是小学生,甚至是文盲,因为这项工作对人的受教育程度要求不高,大学生往往也不乐意去做这项工作。清点打包最合适的是初中生或高中生;门店营业员高中生、中专生、大学生都可以担任;门店经理、出版社编辑、校对、发行员等岗位人员最好有大学本科以上学习背景;编审、社长、总编辑、书城总经理、董事长最好是硕士、博士或博士后出站人才。因此,岗位不同,对人才的受教育程度、能力和阅历需求就不同。所谓人才就是要让每一个团队成员在与之相匹配的岗位上各得其所,这是让他们司好其职的前提条件,并以适用、高效为原则。有的企业一方面缺少人才,另一方面因安排不当又在大量浪费人才。简言之,人岗相宜就是人才。

观点二:有才无德不是才

我们始终坚持把道德标准作为衡量人才的第一标准,这是首要条件。我们常听人这么问:某某人怎么样?通常指的是人的道德水平和为人处事等方面怎么样。一旦人的道德有问题,这样的人员制造的麻烦及带来的负效益和负效率，有可能会超出其所带来的正效益和正效率，正所谓有才无德不是才。

观点三：一个会做事的小学生和一个不会做事的大学生，我们选择小学生

人才要以效益和效率优先为原则，也就是龚自珍先生讲的：我劝天公重抖擞，不拘一格降人才。

二、人才在哪里

企业的管理者们常会发现，企业不发展缺人才，发展了还缺人才，发展快了更缺人才。怎么办？这对所有企业来说，几乎是普遍现象。

人才的来源无外乎两个方面：一方面人才在内部，另一方面人才在外部。

1. 内部人才

对企业所有的工作岗位要有一个准确、清晰、具体的描述，让人力资源部清楚，让每位员工明白，以此来帮助每位员工确定好与之相适应、相匹配的最佳岗位。及时发现人才，用科学的方式和方法培养好契合企业自身实际的人才，要作为企业常抓不懈的一项重要工作。重点是准确定位企业人才需求；难点是培养人才贵在坚持。长期跟随企业工作多年的老员工，往往有企业情结，这样的员工最靠谱，要关注和引导好他们，给他们提供与企业同呼吸、共命运的事业平台是每一个管理者的责任，让他们感受到在企业快乐成长的成就感和幸福感，给他们多一些成长和成功的机会，以激励更多的人长期留在企业工作，这也是构建和谐企业需要做好的基础工作。以本人所在集团为例，每年的"片区管理工作经验交流会"、"书城管理工作经验交流会"和"领班管理工作经验交流会"既是有效的经验交流会，同时也是企业的人才选拔会。企业高管为每位作报告的人进行综合打分评比，最后选拔出一批优秀者来，举办后备经理培训班，通过严格考试，再筛选出最优秀的一批作为企业人才库的后备人才，适时安排挂职锻炼，包括参加筹建新书城，派到书城做经理助理工作等。成熟一名，启用一名。成熟一批，启用一批。2003年，我们新开11座书城，平均33天开1座书城。最集中的一个月新开4座书城，平均7天开1座书城。这就是新知集团在企业高速发展过程中人才得以保证的秘笈。成天抱怨没有人才不管用。毛泽东的伟大之处就在于：把农

民武装缔造成了人民的军队。

2. 外部人才

打广告招聘人才就如大海捞针，盲目性很大，招聘工作量大，还不一定能招到合适的人才。最好是到与企业所需要的人才的培养学校或培训机构及相关群体中去招聘人才，有的放矢才能招到合适的人才。招聘的对象最好是了解和熟悉企业的人，热爱企业的事业，喜欢企业的品牌，这是新人进到企业来做好工作的重要前提，特别是那些对企业或管理层向往已久的人最好。新招聘的人才，愿意从最基层做起的最好。一来就讲很多条件，要求待遇很高的人，有可能是来做生意而不是来共事业的，对此要能分辨清楚。此外，企业可以委托学校与学校签约合作，有目的地在全省范围内招生营业员等需求量大的工作岗位，企业作出待遇承诺，课程设置上要以学习书业相关专业知识为重点，企业相关管理人员也可以轮流到学校讲课，假期就让学生到书城实习，三四年完成学业后直接到企业签约进入岗位工作。

三、怎样留住人才

留住人才可分为三个层面，即待遇留人、事业留人、精神和文化留人。

1. 待遇留人

这是传统的留住人才的基本条件，是为解决员工们的基本需求即物质需求的主要方法、措施和手段。新知集团实施月薪加年薪制度。每月进行严格的业绩和品绩双项考核，每月要对考核结果进行排名并公布。每人月考核百分比乘以各自的标准月工资额度，就是应该拿到的月工资。把12个月的双项考核结果相加，然后除以12后再除以2即得出全年的年平均考核分值。年平均考核分值乘以对应的标准年薪额度，即是员工可以领到的年薪额度。中高层管理人员工作满5年后，公司解决住房，或者给予员工私家车购车补贴等。集团实施优进劣退机制：年末排名在第一名的进一级到更高的管理岗位，最后一名降职到下一级的管理岗位。实施正负激励，营造出排名最后就会被当尾巴剁掉的恐后机制，使大家都不敢懈怠，争先恐后地朝前走。

2. 事业留人

集团明确了新知事业是全体新知人的共同事业。办企业，做出版要的是事业平台，别的利益多考虑一点给大家。"人聚财聚，人散财散，财散人聚"的古训，说的就是类似的道理。

3. 做有信仰、有信念的企业，精神和文化留人

新知集团从创业之初一直讲的就是企业精神和企业文化。如果说有什么样的企业文化成就什么样的企业或事业似乎有点牵强，那么有什么样的企业精神成就什么样的企业或事业，似乎要更准确一些。精神重于文化。一个好的切合于企业自身实际又具有很强的可操作性的企业战略，是企业或事业成功的一半。企业战略解决了企业做什么，不做什么的问题，解决了举什么旗、走什么路以及怎样走好路的问题。

新知集团历来都注重紧扣中央精神和国家意志来发展企业。集团战略可用"三件事、三句话、九个字"概括。云南省委省政府的发展战略定位是"两强一堡"三项内容，即民族文化强省，绿色经济强省和面向东南亚南亚开放的重要桥头堡。集团建设了覆盖云、贵、川、湘四省的56个连锁书城，算是参与了民族文化强省的工作。由新知集团丽江雪桃开发有限公司种植生产的李勇雪桃，带着云南4600万各族儿女的美好祝愿，四度献礼国宴，为云南绿色经济强省的发展战略作出了示范，增加了新的内涵。2011年10月29日，新知柬埔寨金边华文书局开业。2012年3月31日，新知老挝万象华文书局开业，集团已经站在了面向东南亚开放的桥头堡上。新知集团战略与云南省委省政府的战略十分合拍。企业要做对国家、对社会有利的事，要做对老百姓对企业自己有利的事，这样才会得到来自各方各面的支持和帮助，企业有做强、做大、做长远的基础条件，才能够基业常青。新知集团从1991年走到今天，靠的就是清晰而准确的战略定位，靠的就是有精神、有信仰、有信念的人才队伍，靠的就是责任型企业强大的凝聚力、向心力、执行力和战斗力。当刘敏辉总经理调任新知金边华文书局遭到爱人坚决反对时，他坚定地说：离了婚我也要去。2012年1月3日，新知公开选举产生了集团的总经理吴旭东，他年仅30岁，此举可谓不拘一格降人才。新知集团也因此充满朝气与活力。在实体书店一片唱衰声中，新知集团仍然保持了强劲的发展势头。本人常说：如果真有中国实体书店消亡的那么一天，新知也要是最后一家，将书业革命进行到底！如果人真有前生、今生和来生，下辈子我还做图书——这就是我和我们团队的信仰。

产业越界　人才跨界

北京弘文馆出版策划有限公司总编辑　杨文轩

一、产业跨界

随着互联网的发展，整个出版业的边界正在被打开，正朝以下几个趋势发展：

1. 由传统纸本书出版向立体出版发展

纸本书、数字图书、有声图书、多媒体图书，阅读载体形式越来越丰富。传统"书"的边界变得模糊，互联网上的各种"应用"（APP），混合了多种形态。

2. 由出版向大的内容产业方向发展

纸本书市场萎缩，但附属权利越来越丰富，影视改编权、游戏改编权等，价值实现的渠道已经改变。

3. 由内容产业向授权产业发展，走向全版权运营

除了附属权利以外，衍生品开发也将成为重要的价值实现渠道。国外已有成熟的商业模式，譬如迪士尼等。

4. 书业营销和渠道模式正在发生巨大的变化

自媒体＋自渠道，一切都将基于互联网重新架构。

5. 书业的运营模式发生变化

产品模式、媒体模式和社区模式三种模式，正在改变书业的整个生态系统。

6. 民营出版产业人才现状

（1）人才储备不足。由于整个产业发展一直不够成熟，进入该产业的人才一直不够。尤其是高素质的人才，很少选择出版行业。

（2）人才素质不够全面。出版业多为编辑人员，以内容编辑加工为主，

缺乏有创意、有商业头脑以及跨产业、跨学科的人才。民营企业也是如此。

（3）人才流失量较大。互联网及其他产业的快速发展，大量从书业吸纳人才。近两三年，许多民营公司有一半人才都流失到互联网相关产业，书业成了一个进入传媒业的培训基地。

二、战略和策略

1. 了解跨界人才需求

通过调查研究，了解整个产业对人才的需求，包括跨互联网和出版业相关人才，充分利用互联网的技术，开发多媒体图书。跨出版和产品设计领域人才，能将内容做成品牌，又能将品牌做成衍生品，打通整个产业链。

2. 加强出版跨界人才的培训

出版人才本身少，跨界人才更是稀缺但并非能够从其他产业挖人，而是需要耐心地培养，一方面要加强企业内部培训，另一方面政府和协会能组织更多相关培训，以满足行业发展的人才需求。

3. 探索跨界人才培养模式

传统出版以编辑为中心，逐渐过渡到以策划人为中心，未来要向产品经理方向发展。

出版机构内容组织结构调整要与跨界人才计划相结合，由原来的"编辑部＋销售部"模式逐渐向"品牌＋平台"模式转变，用合作和股权激励等方式来吸引创意人才。

征文选粹

综合类

从网编大赛[①]管窥出版社中网络编辑的定位与发展

刘 荣[②]

2012年6月8日,第二届全国网络编辑技能竞赛颁奖典礼在北京印刷学院隆重举行,笔者所在的参赛小组提交的"社会科学文献出版社成立27周年成长回顾专题"获得"最佳文本编辑奖"。时至今日,大赛落幕已三月有余,由此引发的"传统出版社中网络编辑的定位与发展"课题却一直在笔者心中萦绕。

一、网编大赛与青年编校大赛规格、参赛人数与规模比较

在中国出版界,全国网络编辑技能竞赛与韬奋杯全国出版社青年编校大赛都是全国性的大赛。从规格上看,两者旗鼓相当:首届全国网络编辑技能竞赛2009年10月启动,由中国编辑学会发起主办[③];第二届全国网络编辑技能竞赛2011年11月启动,由中国出版协会、中国编辑学会、韬奋基金会、中国出版集团公司、北京印刷学院五家单位共同主办。韬奋杯全国出版

[①] 网编大赛,全国网络编辑技能竞赛的简称。
[②] 刘荣,社会科学文献出版社皮书评价研究中心副研究员。
[③] 中华全国新闻工作者协会后期也参与了举办。

社青年编校大赛由中国出版工作者协会①主办,韬奋基金会协办,每两年一届,自2007年起至今已成功举办三届。

然而,客观地说,全国网络编辑技能竞赛(职业组)② 的参赛人数与规模,远远低于全国出版社青年编校大赛。笔者根据人民网、《中国新闻出版报》、中国出版网等权威媒体的报道,以及大赛组委会相关工作人员③提供的信息,对两种大赛的举办时间、参赛人数与规模进行了统计,见表1、表2。

表1 全国出版社青年编校大赛历届参赛人数与规模

大赛名称	举办时间	参赛人数与规模
第一届全国出版社青年编校大赛	2007年9月	全国28个省(自治区、直辖市)及部队组成的80支代表队、282位选手参赛
第二届全国出版社青年编校大赛	2009年10月	全国26个省(自治区、直辖市)及部队组成的88支代表队、300位选手参赛
第三届全国出版社青年编校大赛	2011年11月	全国28个省(自治区、直辖市)及部队组成的94支代表队、324位选手参赛

表2 全国网络编辑技能竞赛(职业组)历届参赛人数与规模

大赛名称	举办时间	参赛人数与规模
首届全国网络编辑技能竞赛(职业组)	2009年10月20日－2010年4月24日	注册单位73家、533人,出版社49人,院校34人,其余450人为网站从业人员;45组提交作品链接
第二届全国网络编辑技能竞赛(职业组)	2011年11月9日－2012年6月8日	吸引了数十家出版社、新媒体机构的网络编辑从业人员参与

---

① 中国出版工作者协会(简称"中国版协")成立于1979年12月,2011年5月更名为"中国出版协会"。

② 全国网络编辑技能竞赛分为"学生组"和"职业组"两个类别。学生组面向全国高校新闻出版相关专业在校专科、本科及研究生;职业组面向从事数字出版、网络编辑岗位的从业人员。因参赛人员身份不同,全国网络编辑技能竞赛(学生组)与全国出版社青年编校大赛不具有可比性,本文观照、对比的是全国网络编辑技能竞赛(职业组)与全国出版社青年编校大赛。

③ 本文撰写过程中,首届全国网络编辑技能竞赛组委会工作人员何志成提供了相关资讯,特此致谢。

细心的读者可以发现，表2中，首届全国网络编辑技能竞赛（职业组）注册参赛单位有73家，实际提交作品只有45组；从人数上看，注册参赛人数为533人，出版社只有49人。按平均每个参赛小组3位成员①来计算，出版社注册参赛单位不到17个。第二届全国网络编辑技能竞赛（职业组）则只笼统报道说吸引了"数十家"单位的网络编辑从业人员参与。

从大赛预设的参赛人员范围上看，全国网络编辑技能竞赛（职业组）面向全国所有从事数字出版、网络编辑岗位的从业人员，并不限于传统出版社，还包括报社、杂志社、院校、企业等单位中从事数字出版与网络编辑岗位的工作人员。全国出版社青年编校大赛面向全国573家出版社②中年龄在35周岁以下的编校工作人员。按理说，前者参赛人数与规模应远远高于后者，为什么反而远远低于后者呢？

依笔者看，大致有这样几种原因③：第一，全国网络编辑技能竞赛比全国出版社青年编校大赛晚两年启动，宣传力度、行业认知度与品牌影响力尚不及后者，尤其是后者还冠以早已深入人心的"韬奋杯"之盛名。第二，全国网络编辑技能竞赛侧重于网站策划、网页制作以及网站推广等综合能力的运用，不是统一命题，而是自由提交基于网站的专题制作及运行推广的参赛作品，参赛作品之间横向可比性不强；全国出版社青年编校大赛试题侧重于文稿加工和校稿工作中应知应会的知识及运用能力，统一命题，试题类型以判断是非、纠谬改错为主，答卷横向可比性强。第三，各地、各单位对两种大赛的重视程度不一样。仅有电子工业出版社、中国出版集团公司等少数出版单位领导重视全国网络编辑技能竞赛，全国出版社青年编校大赛却受到全国各地出版单位的高度重视，纷纷在赛前组织选拔考试、业务培训。赛后，在全国出版社青年编校大赛中获奖的团队与选手，都受到了表扬与嘉奖。比如，吉林省新闻出版局在吉林省人民政府"信息公开专栏"发布《关于表彰第三届"韬奋杯"全国出版社青年编校大赛获奖单位及人员的通报》，省

---

① 网站专题制作及运行推广一般包含栏目策划、页面设计、内容编辑、技术支持、运营推广等方面工作人员，不可或缺的有页面设计、技术支持、文字编辑。

② 黄琳：《做"大蛋糕"，还是造"金刚钻"——改革大背景下部委出版社的战略选择》，《中国出版》2008年第7期。

③ 本文关注探讨的重点是传统出版社中网络编辑的地位，故此处原因从略，详细原因笔者将另行撰文阐述。

新闻出版局、省出版工作者协会决定："对参加本次大赛的所有选手和单位、特别是在大赛上获奖的单位和选手予以通报表彰。并要求全省新闻出版单位和从业人员向获奖单位和个人学习，重视编校质量，积极培养造就优秀编校人才。建议所在单位对获奖者予以表彰和奖励，并将其竞赛成绩作为获奖者评定职称、职级的重要依据。"① 笔者所在社会科学文献出版社的参赛选手在晋升工资之外，还荣获了物质奖励，而全国网络编辑技能竞赛参赛选手却鲜有这种礼遇。出现这种悬殊其实并不奇怪，自建社起，编校能力就是出版社的主抓业务，具有深厚的传统根基，而网络编辑却是在20世纪90年代末才出现的新职业。

二、传统出版社中网络编辑的弱势地位与边缘处境

全国网络编辑技能竞赛远不及全国出版社青年编校大赛那样受出版单位重视，这从一个侧面反映了传统出版社中网络编辑的弱势地位。

事实上，在近几年如火如荼的数字出版建设中，相比电子图书、数据库出版物等数字出版业务，出版社网站建设与运营在时间上更有优势，堪称出版界数字出版的"先行者"。在信息化浪潮下，从20世纪90年代末起，不少出版社就开始涉足互联网领域，现在国内绝大部分出版社都有自己的网站，其中一些出版社还在本单位网站上开辟了网上书城，开展纸质书、电子书等产品的销售业务。

为什么在时间上占据先机的网站建设与运营业务在出版社却没有站住脚？不如传统编校业务那样受单位领导重视？原因大概有很多，但说到底，最根本的原因，是目前真正通过网站获取重大收益的出版社非常少。

总体来看，除人民卫生出版社、外语教学与研究出版社、人民邮电出版社等少数出版单位外，目前国内大多数出版社从本单位网站获取直接收益的部分主要来自于从网上销售纸质书、电子书等带来的销售收入。然而，近几年，随着当当、卓越亚马逊、京东等电子商务网站的兴起，越来越多的读者通过电商渠道从网上购买图书，而且可以享受到比出版社网站更低的价格，这样一来，本身网站点击率、访问量就不及上述几大电商的出版社网站更是

---

① 参见 http://www.jl.gov.cn/xxgkml2011/zfgkml/auto363/auto369/201201/t20120116_78161.html，访问日期2012-9-15。

失去了价格优势，导致出版社网站销售收入在出版社总体销售业务中所占份额不高。以笔者所在单位2010年版皮书销售为例，基于网站销售为主的读者服务部销售金额仅占销售总金额的3%，与此同时，发行部门销售金额却占销售总金额的59%。

没有作为何谈地位？也正因此，大多数传统出版社中，相对于图书编辑，网络编辑处于一种弱势地位与边缘境地。虽然同为编辑，网络编辑与图书编辑的价值与地位却不可同日而语。图书编辑处于一线生产部门，生产图书码洋经过销售部门，直接转化为数量可观的真金白银，网络编辑却只能在本单位网站上爬梳耕耘，目前能带来的直接收益有限。

从人数配置上看，网络编辑人数远远低于图书编辑。以笔者所在单位为例，全社共有社会科学文献出版社外网、中国皮书网、社会科学文献出版社英文网3个社管网站①，职务上明确标明为"网络编辑"的只有外网网络编辑1人，英文网站编辑由国际出版分社版权经理兼任，笔者承担着中国皮书网内容的更新维护工作，职务上却没有"网站"、"编辑"等字样②。与此形成鲜明对比的是，全社5个编辑部门，却有百余名图书编辑及编辑助理。

从人员构成来看，网络编辑构成五花八门，有的是报纸、杂志、电视、电台等传统媒体编辑、记者出身，有的来自IT行业。相对来说，网络编辑的学历、职称普遍低于图书编辑。目前笔者所在单位实际从事网络编辑工作的上述3位工作人员中，仅有笔者一人系硕士学位，持有国家出版专业中级资格证书，其他两位网络编辑均系本科学位，其中一位是计算机专业毕业，二人均无国家出版专业中级资格证书，也无网络编辑职业资格证书。而笔者所在单位一百余名图书编辑及编辑助理中，有10余位博士，6成以上拥有国家出版专业中级资格证书。

从人员管理上看，网络编辑人员较为分散，不如图书编辑那样集中。目前笔者所在单位实际从事网络编辑工作的上述3位工作人员，分属数字资源运营中心、国际出版分社、皮书评价研究中心3个不同的工作部门，缺乏一个统一的、整体的管理机构，不像图书编辑那样由各个编辑部门统一集中

---

① 此外，社会科学文献出版社旗下还辖有独立运营的中国救护网、皮书数据库、古籍线装网等网站。
② 笔者所在部门主业是皮书评价与研究，网站编辑工作只是笔者日常工作的一部分。

管理。

从产业链上看，相对于图书编辑严格的三审三校流程来说，网站编辑工作则经常是内容编辑、发布、审核集于一人，这导致网页内容发布与图书编辑制作相比更及时快捷却少了严谨与审慎。与传统图书选题策划—编辑—宣传—发行完整的产业链相比，网站建设与运营方面缺乏一个整体的策划、制作与营销的链条，经常是几个人就完成了一个专题页面，或者少数几个人支撑着全社网站的建设、更新与维护工作。

不独笔者所在单位如此。从全国范围内看，与图书编辑相比，不少出版社网站编辑都或多或少存在上述尴尬处境。或许各个出版社网络编辑的名目不一、归口不同，比如，有的出版社网络编辑被安排在网络中心、数字出版中心，有的则被安排在总编室、信息技术中心，还有的被安排在营销中心、宣传中心，但目前能整合成为一个强势部门、全面统筹调度全社宣传营销与数字出版业务的并不多见。

三、加强传统出版社中网络编辑能力建设的几点思考

上述人员构成与配置的劣势，使得网络编辑难以在传统出版社占据主流地位。再者，网络编辑本身就是一种新兴的职业①，其职称、职务晋升方面，制度设计尚不及传统图书编辑行业完善，这也导致传统出版社中"网络编辑"这一职位不如传统图书编辑那样有吸引力。各种因素的相互交织、作用与反作用，使得肇始于20世纪90年代末的出版社网站建设与营运一直没能在出版社成为主流业务。

然而，客观地说，出版社网站既是传统出版与数字出版相衔接的重要支点，也是关乎出版社形象的窗口和名片，网站建设与运营不仅关乎社会影响，更关乎传统出版业数字化转型升级。②

从全球范围来看，数字技术、信息技术、网络技术为代表的技术革命正

---

① 2005年3月24日，劳动和社会保障部公示了第三批10种新职业名单，网络编辑员就在其中。是年，网络编辑职业被列入国家职业大典，劳动和社会保障部还发布了《网络编辑员国家职业标准》，并于2006年11月在全国开展网络编辑职业资格统一考试，考试合格者将获得专业技术水平认证证书，从此我国的网络编辑职业资格认证制度正式开始。

② 王扬：《2011全国新闻出版业网站年会在京召开》，中国出版网2011年11月28日，http://www.chuban.cc/yw/201111/t20111128_97410.html，访问日期2012-9-15。

改变着传统出版业,传统出版技术、营销方式、盈利模式等正发生着深刻而广泛的变化,数字出版已成为当今出版业的一大趋势,成为出版业发展最为迅速、最具潜力的领域之一。据统计,2010 年,我国数字出版总产出在新闻出版业总产出中占比近 10%,"十一五"期间,我国数字出版产业营销收入增长迅速,从 2006 年的 213 亿元,增长到 2010 年的 1051 亿元,年均增幅近 50%。①

在国家宏观政策层面,不断传来利好消息。2012 年 8 月 28 日,全国人大常委会副委员长、民进中央主席严隽琪在"2012 北京国际出版论坛"② 上指出,加快传统出版产业结构调整和发展方式转变,大力发展新兴数字出版产业,已成为当前国际出版业的共识。中国政府已经把积极推动传统出版企业向数字出版转型作为当前中国出版业改革的核心任务之一。中国政府将加大政策引导和扶持力度,通过足够的政府投入及相应的优惠政策,支持科技研发与应用项目的开发。③

传统出版社中的网络编辑怎样才能借数字出版的政策东风,摆脱目前困境、实现长足发展?结合国内目前走在前列的出版社网站建设与运营先进经验,笔者以为,网络编辑可以从以下方面着力加强业务能力建设。

第一,加强并完善电子书生产、营销、发行平台。时至今日,对于专业读者而言,电子书的便捷性、易用性、交互性已毋庸赘言,也正因此,目前不少出版社网站都开设有基于本社纸质版图书的电子书销售业务,然而,真正能做到业界标杆的却不多,电子工业出版社旗下的华信数字出版网(http://www.hxpress.com.cn/)当属其中之一。

华信数字出版网是基于电子工业出版社自有资源建设的电子书发行平台。该平台依托 2010 年国家电子信息产业发展基金的支持,采用版式文档联盟标准,提供约 8000 种具有代表性的图书的电子版本,内容涵盖了信息科技的各个专业分支以及工业技术、经济管理、大众生活、少儿科普等领域,是一个集版权保护、在线查阅与下载阅读、多平台分享、POD 按需印

---

① 郝振省:《2010 - 2011 年中国数字出版年度报告(摘要)》,《出版参考》2011 年第 21 期。
② 2012 年 8 月 28 日,由新闻出版总署、国务院新闻办公室和中国民主促进会中央委员会主办,中国图书进出口(集团)总公司承办的 2012 北京国际出版论坛在北京举行。
③ 隋笑飞:《2012 北京国际出版论坛在京举行》,新华网:http://news.xinhuanet.com/local/2012 - 08/28/c_112874236.htm,访问日期 2012 - 9 - 15。

刷、在线支付为一体的全方位数字服务平台。①

优质的内容服务是数字出版的本质和核心。为保证资源的及时有效更新，电子工业出版社组建了专门的服务团队，负责图书内容的加工和发布，利用自身内容优势为广大读者提供周到的服务和良好的阅读感受。华信数字出版网建成至今，不仅在第二届全国网络编辑技能竞赛中荣获二等奖，还取得了可观的经济效益。

第二，结合自身资源优势，创办特色网上增值服务。在这方面，外语教学与研究出版社有限责任公司的悠游网（http://2u4u.com.cn/）、人民卫生出版社的卫人网（http://www.ipmph.com）堪称业界标杆。在第二届全国网络编辑技能竞赛中，卫人网"2012年护士资格考试辅导招生简章专题"只获得了三等奖，可它所产生的经济效益却令人叹服，其独具特色的建设与运营方式也颇值得拥有相关领域、地域优质资源的专业出版社学习、借鉴。

2008年初，为配合医学考试系列图书的出版，人民卫生出版社充分发挥"我国最重要的医学出版基地"的资源优势，推出了远程在线考试培训网站——卫人网，旨在为购书的考生提供优质的远程增值培训，打造国内最权威的医学考试辅导平台。目前，卫人网远程辅导项目包括执业医师资格、卫生专业技术资格和执业药师资格三大类考试，涵盖临床检验、内科中级、外科中级、妇产科中级、儿科中级和执业药师等25种考试类型。网站在提供视频讲座、期刊文献数据库、图表数据库等优质资源的同时，还开设同步练习、模拟考试等模块，帮助考生查缺补漏，第一时间通过考试。此外，网站还设置有专家答疑、资源下载、考生论坛等版块，为考生之间、考生与专家之间搭建交流沟通平台。② 自创建以来，卫人网备受读者、网友欢迎，据知情人士透露，卫人网盈利已达数百万元人民币。

第三，争取在互联网广告方面有所突破。

据统计，2010年，我国数字出版产业营销收入为1051亿元，其中，手机出版、网络游戏出版和互联网广告三项产值均超过300亿元，占数字出版

---

① 参见华信数字出版网：http://www.hxpress.com.cn/Shop/SiteBottomDetail.aspx，访问日期2012-9-15。

② 参见卫人网"关于我们"：http://exam.ipmph.com/dbxx/201110/t20111024_25873.htm，访问日期2012-9-15。

总产值的 90% 以上，成为数字出版产业营销收入的重要支柱①。然而，出版社中靠互联网广告盈利的却极为鲜见，这已成为网站建设与运营业务中的一块高地。虽然全国新闻出版业网站年会已评选过多届"最具商业价值"网站，笔者所在单位的中国皮书网就获得过两次殊荣，但至今依然在向"聚人气"、"汇流量"、"引广告"努力的路上。访问量、浏览量先天不及人民网、新华网、新浪网、搜狐网、凤凰网等大型综合类门户网站的专业出版社，怎样才能做足功课、做好服务，吸引专属读者，从而开展有针对性的、高质量的广告营销，这是一个值得研究的课题。

第四，练好内功，争取纳入相关政策扶持行列。

我国 573 家出版社中，有 220 家为中央级出版社，其中绝大多数是隶属于中央部委、人民团体、行业协会的专业出版社。② 笔者所在社会科学文献出版社隶属于中国社会科学院。根据中国社会科学院积极推进报刊出版馆网库"名优"建设③工作精神，表现突出的网站可以得到相关政策扶持。

从国家层面来看，2011 年 4 月 20 日，新闻出版总署正式发布了《新闻出版业"十二五"时期发展规划》④，其中，《数字出版"十二五"时期发展规划》提出，到 2015 年数字出版总产值要达到新闻出版总产值的 25% 的奋斗目标，并提出加快在数字出版领域组织一批重大工程、实施一批重大项目、研发一批重大技术、开发一批重点产品、培育一批龙头企业、打造一批知名品牌的重点任务。

出版社网站编辑当积极把握上述政策利好因素，从内容架构、文字表达、页面布局、美术设计、用户体验、运营推广等多方面下工夫，力争在数字出版浪潮中冲在前列。

当然，以上只是笔者从业务拓展与着力点角度出发，就加强网站建设与运营的几点粗浅的看法。网络编辑是一个新兴的职业，这一职业的特点要求网络编辑必须终身学习。对于网络编辑来说，第一要务乃是加强业务学习，不断提升传统编校能力与 IT 操作技能。

---

① 郝振省：《2010 – 2011 年中国数字出版年度报告（摘要）》，《出版参考》2011 年第 21 期。
② 黄琳：《做"大蛋糕"，还是造"金刚钻"——改革大背景下部委出版社的战略选择》，《中国出版》2008 年第 7 期。
③ 即名报、名刊、名社、名馆、名网、名库。
④ 参见 2011 年 4 月 21 日《中国新闻出版报》。

值得庆幸的是，在数字出版浪潮下，不少出版单位开始重新审视并日益重视网站建设与运营这一块业务。笔者所在的社会科学文献出版社除了数字资源运营中心外，还成立了数字与信息化领导小组，由社长亲自挂帅主持工作，网站建设与运营工作便是其中业务之一。与此相应，网络编辑的待遇也在原来基础上有了很大提高，目前笔者所在单位网络编辑的收入已高于传统图书编辑。种种迹象表明，不少出版社正在数字化出版浪潮引领下阔步前进，这是网络出版的幸事，也是网络编辑的福音。

弘扬韬奋精神　做好编辑工作

闵 珺[①]

2012年11月5日是邹韬奋先生诞辰117周年的日子,笔者怀着无比敬仰的心情怀念这位出版界的先辈。逝者已逝,但韬奋精神却永远活在我们的心中,从未消失。邹韬奋先生是现代新文化运动的先驱、中国现代新闻记者、政论家和出版家,1926年在上海主编《生活》周刊,毕生从事新闻出版工作。邹家华先生说:"邹韬奋先生的一生是宣扬革命思想、致力于社会进步的一生,他之所以从事新闻出版工作,之所以出版了大量进步书刊,不是简单地搞出版,不是为了出版而出版,而是把出版作为一个平台,是为了实现他的共产主义信念和革命理想,'韬奋精神'起到了匡扶后世的作用。"

什么是韬奋精神?毛泽东同志1944年给韬奋先生的题词作了最好的概括:"热爱人民,真诚地为人民服务,鞠躬尽瘁,死而后已,这就是邹韬奋先生的精神,这就是他之所以感动人的地方。"因此,韬奋精神的本质或核心,就是作为中国共产党的宗旨的"为人民服务"的精神。今天,我们学习和弘扬韬奋精神,就是要学习和弘扬中国共产党的"为人民服务"的精神。虽然时代不同了,但是仍然具有很大的现实意义,他的热爱人民的思想,与今天联系起来,就是爱人民、爱国家,爱国家就要珍惜国家、爱护国家、保卫国家,对于从事编辑出版的我们具有更加重要的意义。

"韬奋精神"是韬奋先生留给我们民族的宝贵精神遗产,其中关于进步出版事业的实践和论述,对我们出版工作者更有直接的昭示作用。"坚定,虚心,公正,负责,刻苦,耐劳,服务精神,同志爱",被我们牢记和继承;韬奋先生关于正确处理事业性和商业性的教诲和实践,仍是我们出版人坚守的一条准则。

---

① 闵珺,上海科学技术出版社。

韬奋精神是一座富矿，弘扬韬奋精神，具有特殊的时代意义。弘扬韬奋精神，首先要弘扬韬奋先生的奉献精神。作为一个出版人，首先应该是有理想、有信念的爱国者，时刻把出版事业与国家和人民的利益联系在一起，把国家和人民的出版事业放在首位；弘扬韬奋精神，还要弘扬韬奋先生的创新精神。作为一个出版人，应该不满足现状，不断追求，不断创新。韬奋先生办报纸办刊物办书店，都独具匠心，使出版物独具特色。当时，《大众生活》的发行量达20万份，每天有几十、几百甚至上千封的来信，就是因为刊物有个性、有特点、有创新，受到广大读者的热烈欢迎。

如今，随着出版业数字化变革进程的加快，图书市场的竞争日趋激烈，具有创新意识的"策划编辑"，在出版社中已占据很重要的地位。创新，不仅要在选题策划中提出自身的创新设想，更重要的是对选题进行全方位的策划创新，提高创新能力。

一、弘扬韬奋精神，激发创新思维，确立创新内容

编辑的选题策划过程是创新思维的过程，策划本身就意味着创新，没有创新的选题策划就等于没有策划。编辑除了应该保持高度的职业敏感，对图书市场进行信息的搜集、判断和处理，对出版信息及时作出快速、敏捷的反应，同时应该具有编辑自己的创意。目前，图书市场呈现两大特征：一是教育类图书需求旺盛，竞争激烈，重复出版严重。我国每年大约有20多万种图书出版，要使一本图书在浩瀚的图书海洋中立身，并不容易。这就需要编辑在纷繁芜杂的信息中独具慧眼，准确地把握时代脉搏和读者的精神文化需求，及时捕捉有价值的信息，并进行筛选和提取，从而为确立新的选题目标做好准备。在选题策划时，编辑要把自己的思想和意图贯穿进去，形成具体的选题策划方案。这种策划，虽然不是具体的写作，但仍应闪现编辑的思想火花，体现编辑自己的创新思维。

二、弘扬韬奋精神，策划优良作品，创新经营过程

编辑最重要的素质，不在于策划选题，不在于怎样指挥作者进行创作，而在于及时了解市场信息，了解作者，敏锐地发现作者用生命、心血和情感自发地创作出符合市场需求的作品，再进入策划阶段。笔者曾经策划的《新教材物理辅导与训练丛书》，就是根据学生对教辅读物的需求，有针对性地

确定该丛书的内容和定位，使该丛书在市场有上佳的表现，成为了一个品牌，受到了学生的青睐。这套丛书之前虽然经过前两次改版，但已不适应上海的二期课改和新课程标准的要求。为了使这套丛书更加适应新教材的变化，体现新教材的特色，笔者积极联系教材主编和多位教材编写组成员，以及教育专家、各区教研员和一线资深教师，召开座谈会，多次讨论这套教辅的修订方案，确定编写体例，使这套丛书更有特色，更切合当前的实际，栏目设置更加合理，辅导与点评更加精到，在保持与教材内容紧密配合的同时，能确保充分体现上海二期课改的理念、目标与评价原则，真正体现这套丛书"辅导有方、训练有素"的特色。

如今的出版业面临市场经济的挑战，市场是连接内容生产者和消费者的桥梁，要把内容即产品带给消费者即读者，就需要经营。图书的编辑出版并不意味着选题策划的结束，要实现选题所追求的目标和利益，必须做好市场的营销和推广，即必须做好经营。经营的模式，也应该有所创新。选题的制作及产品的形成过程对于编辑来说是最清楚的，所以在市场开发中有很大的发言权。作为编辑，面对浩瀚的图书应该加强自己所编图书宣传的针对性，选择怎样的传播媒体及传播形式，会影响图书发行效果。为了推广《新教材物理辅导与训练丛书》，笔者专门与书店联系，联合书店做该丛书的专架设计，做宣传单片和海报，放在书店最显眼的地方，并采取"买书送笔"的推销活动，使丛书的销量有很大提高。

三、弘扬韬奋精神，坚持质量第一

韬奋先生主编《生活》周刊所体现的职业境界和高超编技，堪称出版编辑人员的楷模，成为我们学习的榜样。他曾对《生活》周刊提出"没有一个错字"的要求，为此，他还亲自校对，决不苟且。我们要学习他"把床铺搬到办公室里面去"的全身心编辑投入精神，"取稿凭质不凭名"的严格质量标准，"总是要认真，要负责，否则宁愿不干"的文稿加工态度。毛泽东同志说："世界上怕就怕'认真'二字，共产党就最讲'认真'。"我们应该保证质量，多出精品，杜绝次品。笔者在编辑《新教材物理辅导与训练丛书》时，先请作者写一章样稿，再与作者讨论样稿中的不足，指导作者细致分析典型例题，突出重点、难点，从培养学生分析问题、解决问题的能力着手，配以精选的练习进行科学的训练，使这套丛书真正做到"授人以渔，而非授人以鱼"，从而达到提高学生学习能力和学习水平的目的。在加工时，严格按照编辑加工的要求，逐字逐句地加以修改，核对每一题答案，把差错消灭在发稿之前。丛书出版后，市场反映良好。

四、弘扬韬奋精神，竭诚为读者服务

韬奋先生一生办刊物、办报纸、办书店，他提倡和身体力行的主旨"竭诚为读者服务"，同样值得我们今天的出版人学习，要求编辑心存读者，并且超越商业关系，把读者当朋友。对读者的服务"不是仅求一次的周到，是要求继续不断的周到"，对读者的服务也不限于门市、邮购、复信答疑，而是要求贯穿于出版活动的整个过程，表现为"一点不肯马虎，一点不肯延搁，一点也不怕麻烦"。我们今天"竭诚为读者服务"，就是要摆正位置、端正心态，努力为读者提供更多更好的优秀产品，最大限度满足读者的现实和潜在需要。"竭尽心力"、"诚心恳意"，不断创新服务方式，善于站在读者的角度思考和观察问题，提供细致周到的服务。《新教材物理辅导与训练丛书》出版以后，我们收到许多读者来信，有要求购书的，我们送书上门；有提出疑问的，我们答疑解惑；有指出错误的，我们虚心接受，一一满足读者要求，受到读者好评。

五、弘扬韬奋精神，把社会效益放在首位

在一切市场化的今天，我们必须特别强调事业性和"文化本位"，始终坚持正确的出版导向，以传播社会主义先进文化、引介国外其他民族优秀文化为己任，以社会效益为最高准则，努力实现社会效益与经济效益的统一。笔者从事的是教育类图书的编辑工作，更加应该将弘扬中华民族文化的优秀出版物介绍给青少年读者，严格把关，严格选择精神粮食的内容，决不让损害青少年身心健康的坏书和格调低下的出版物出笼。

六、弘扬韬奋精神，坚持不懈追求真理

韬奋先生在所处的时代中不为强权所动，不为名利所惑，不怕流亡和牺牲，保持了自由精神和独立人格。我们今天虽然所处的时代不同，但出版也面临市场的挤压，出版物也面临利益的诱惑，出版人也面临何去何从的选择。面对市场我们要保持清醒的头脑，保持个性和特色，保持文化品位，摆

正"义"与"利"的关系,才能真正赢得社会和读者的尊重与信任,才能成为一个真正的出版家。

说到底,弘扬韬奋精神,是编辑事业的根本,做编辑就是要具有这种精神。

韬奋先生把一生献给了中国人民的革命事业,"其精神将长在人间,其著作将永垂不朽"。

作为一名21世纪的编辑,"韬奋精神"依然激励、鼓舞着笔者,笔者有传承先生精神之责任,笔者要更加自觉地继承先生的事业,努力弘扬韬奋精神,并继续为之奋斗。

大发展呼唤大编辑

宋 涛[①]

平心而论，大多数编辑在做编辑工作之前，都有过"作家梦"。做了编辑之后，又梦想着成为大编辑家。张元济、邹韬奋、叶圣陶、张静庐、巴金、陈原……这些大编辑家，在出版界、读书界，就像一颗颗璀璨的明星，受到了普遍的认同和尊重，他们也是每个出版人孜孜以求的榜样。如果说成为大编辑家是我们的终极目标，首先成为大编辑就是当前应该努力的方向。

大编辑家受人敬重，固然源于他们的人格魅力和职业精神，同时亦离不开他们所处的战火纷飞、饱经沧桑的年代。大编辑的诞生和成长，也离不开时代的呼唤和契机。2012年的"两会"已将"文化大发展大繁荣"上升到国家战略，我们正在迎来文化事业的辉煌时代。同时，我国经济实力不断提升，为文化领域的发展奠定了坚实的基础，也为大编辑的出现提供了巨大的空间。尤其是数字出版的迅猛发展，为培育大编辑提出了严峻的挑战，也带来了千载难逢的机遇。

何谓大编辑？笔者认为，兼具人文情怀的大境界，学习、学习再学习的大本领，在兼容并蓄中抢占文化制高点的大视野，乃文化大发展大繁荣时代的大编辑。

一、大境界：浓重的人文情怀

（一）确立文化自觉

文化是出版的灵魂。大编辑对文化有着宗教般的虔诚和敬畏。因为虔诚，所以编辑工作已不单纯是份职业，还是他们人生态度的写照。出版业不是高收入行业，也没有热热闹闹的迎来送往。大编辑能守得住清贫，耐得住

[①] 宋涛，中国市场出版社。

寂寞，多是出于对这份职业的热爱和虔诚。这种信仰可以支撑他们抵御外界的喧嚣。张静庐在自传《在出版界二十年》结尾处如此收笔："钱是一切行为的总目标，然而，出版商人似乎还有比钱更重要的意义在上面。"

对文化的敬畏，更是大编辑令人尊重之处。无知者无畏，而大编辑因为内蕴深厚，更知学海无边。因着敬畏，他们愈发敬业；因着敬畏，他们在工作中丝毫不敢懈怠；因着敬畏，他们才不断学习，不断超越自己。

大编辑都是爱书的，他们对书的热爱是与生俱来的。看到书，眼光中融满了爱意，神情很陶醉很幸福。越读书越虚怀若谷，越读书越发现不足，越读书越产生强烈求知欲，这才是真正会读书、有学养的大编辑。

(二) 体现个人价值

在出版过程中，编辑以自己的知识储备、专业技能、独到眼光，经过调研挖掘、策划组稿、编辑加工、创新呈现方式，将作者的精神产品赋予传播价值，为读者和社会创造精神财富。编辑的这种创造过程是艰辛的，但当他们拿到散发着墨香的图书时，获得的快乐和兴奋也是难以形容的。同时，在图书的策划制作过程中，编辑与作者——这个可以称之为"文化界精英"的群体，可以进行面对面的平等对话，甚至因为编辑专业的建议、独到的表现方式而博得他们的尊重，这也使编辑获得了莫大荣耀和满足。

随着编辑职能的扩展，编辑工作已不再囿于稿件加工，愈发像是协调管理全部出版流程的负责人。这就给编辑提出了更高的能力要求，同时也是对其能力的全面培养和锻炼。比如扎实的文字功底、严谨的专业素养、高效的沟通能力、游刃有余的社交能力，以及较强的管理、协作和经商能力。经过不断锤炼，编辑的眼界不断提高，见解日益深刻，专业技能和素质得到极大提升，自我不断完善，个人价值也得到了充分展现。

作为大编辑，推动文化大发展大繁荣责无旁贷。首先要传承历史文化，其次是创造性地传承传统文化。大编辑要传播先进文化，弘扬民族精神。民族精神是民族文化的深层内涵，是一个民族生命力、创造力、凝聚力的集中体现。它既是国民素质的突出表现，也是综合国力的主要内容。同时大编辑还要以提高读者的文化素质为己任。

(三) 不为利润放弃信念

一方面，编辑只有创造足够的经济效益，才能确保有实现其个人价值及社会价值的可能，若抛弃商业价值，生存尚是问题，谈何发展；另一方面，编辑作为精神文化产品的生产者和传播者，必须秉承文化价值的追求，突出体现产品的文化价值和社会价值。因此，编辑要有社会担当，有社会责任感，遵循编辑工作的基本原则，进而规范出版行为。

出版图书是为了满足读者需求，但并不是不加鉴别地一味迎合读者。编辑作为把关人，理应比作者比读者看得远，体现其在传播中的主导价值。叶圣陶先生已经告诉过我们，出版人要有所为有所不为："有所为，就是出书出刊物，一定要考虑如何有益于读者；有所不为，就是明知对读者没有好处甚至有害的东西，我们一定不出。"

而要想具备鉴别能力，编辑就要培养自己的眼光和专业素养，并坚定信仰，抵御商业规则的冲击，守卫文化净土。商务印书馆的大编辑家张元济先生就极力主张"把只想赚钱的人从出版队伍中开除出去"。我们决不能为了一利一得拿原则做交易，丧失应有的人格和职业道德。

二、大本领：学习、学习再学习

（一）做孜孜不倦的好学者

基本的理论修养、扎实的专业训练、开阔的视野、深厚的文字功底、良好的思维、广泛的阅读兴趣、科学的学习方法，以及对相关现代科学知识的了解和一定的现代技术的操作能力，都是一名大编辑需要具备的。

对大编辑来说，专业知识是首要素养。我们首先应该是某个领域的"专家"，这样才能与真正的专家对话，才能在这个领域有很好的判断力，成为发现专家的专家，发掘出更多的优秀作者。只有具备深厚、扎实的专业知识，了解临近学科和交叉学科，掌握科研动态，及时更新知识，才能正确鉴别、加工稿件，向读者推出高质量、高水平的出版物。

要有过硬的理论功底。大编辑要重视理论学习，不断提高政治水平。编选稿件时，应特别注意思想性，坚持正确的舆论导向。而要想把握正确的舆论导向，就必须有相当的政策水平、认识水平和判断能力。

文字修养是大编辑的基本功。大编辑要有坚实的文字基础，掌握古代汉语、现代汉语、语法修辞、标点符号、文学作品的各种体裁等知识。一个作者，无论他在自己的领域取得了多么大的建树，其作品难免会有笔误。这就需要编辑进行修改加工，直至语句通顺，表意清楚。"没有不需要加工的书稿"，图书质量高低，很大程度取决于编辑的水平。

要有驾驭文字的能力。有人认为编辑工作不过是改改稿子而已,这说明他们不了解编辑工作的复杂性。其实,单单是改稿子也并非易事。对文章的修改加工,既有文字方面的,又有内容方面的。要想修改得合适、准确、让作者佩服读者满意,编辑不仅要具备丰富的知识、较强的鉴别力,还要具备驾驭文字的能力,即写作能力。也就是说,改文章的人,首先要会写文章。

大编辑还要是"杂家",是各领域中"外行中的内行,内行中的外行"。不但在业务上有主攻方向,还要广泛涉猎,拥有尽可能宽的知识面。一部书稿往往涉及多方面的知识,编辑只有知识广博,才能驾驭书稿,挑出更多的错误。在实行市场经济、推进信息化和扩大对外开放的今天,大编辑还要具备市场营销能力、电脑网络技术和外语技能。

大编辑必定多学习,多实践。知识经济时代,自我学习是获得知识的重要途径。比如大量阅读;通过互联网择选出有用的信息;通过专业媒体如《中国新闻出版报》、《中国图书商报》、《中国编辑》、《编辑之友》等掌握业界动态。另外还可通过参加各种培训、学术会议等进行学习。还有一些学习方式是隐性的,只要形成了学习的习惯,潜移默化中就会不断提升自己。比如在与作者、读者及同行的交往中学习提高。在通过各种途径学习新知识、吸收借鉴他人长处的同时,还要及时地对已有知识进行归纳总结。为了适应新形式,我们还应时刻葆有好奇心,新鲜感,勇于尝试不曾体验过的新鲜事物,做到向未来学习,向新鲜经验、其他行业者学习。

(二)做与时俱进的策划者

图书策划是指在编辑出版活动中,从选题、组稿、编辑加工到装帧、印制、营销等各阶段的整体谋划。没有策划就没有精品图书。目前编辑策划模式多以"读者—编辑—作者"为主。编辑首先从读者需求出发,策划选题,挑选作者,进行图书制作。

传统的编辑主要承担编辑加工的职责,"为他人做嫁衣",把作者的观点传递给读者。随着时代的发展,出版业发生了巨大的变化,编辑的职能也融入自身价值评价,向以策划为主体转型。从根据读者需求确定选题、遴选作者、加工书稿、创新图书呈现方式到市场营销,每一步都离不开编辑的精心策划。

策划决定成败。精彩策划的关键是编辑要有"见于未萌"的慧眼,及时发现图书市场及读者的需求变化,据此层层谋划,时时掌握主动权。

（三）做打造精品的创新者

当今时代，创新已成为驱动经济发展与社会进步的主流方式。出版界应以创新求生存，以创新提高实力。创新包括内容和形式、传播手段、商业模式等多方面。比如以创新的方式发现作者和作品，挖掘新的读者群，捕捉新的社会热点，尝试新的编辑手段，不断提高策划及加工能力，不断提升为读者和作者服务的水平。

传统的编辑工作，看似是拾遗补漏、修修补补的文字加工，无需创新。实则不然，尤其是在市场经济条件下，创新能力更是编辑不可或缺的本领。图书出版，无创新就得跟风，"吃别人嚼过的馍"。要想让自己的图书在汪洋书海中脱颖而出，唯一的办法就是在各环节加入创新的元素。只有创新才能打造高品位的精品图书，才能创造有价值的精神财富。大编辑总是不安于现状，不因循守旧，力求工作富于创造性，出版物具有特色。有特色的图书不断积累，就会形成品牌。

编辑应以出版创新型精品为己任。党的十七届六中全会指出，文化繁荣发展的重要标志是"创作生产更多无愧于历史、无愧于时代、无愧于人民的优秀作品"。编辑必须充分发挥主观能动性，甄别大量信息，捕捉新动向，在选题开发、审读加工、呈现方式、营销策划等方面进行个性化的创造活动。其中呈现方式就是将图书的内容与形式相结合的方式。大编辑都是善于创新呈现形式的高手，他们往往能够引领新的出版潮流，创造骄人的出版业绩。

三、大视野：在兼容并蓄中抢占文化制高点

数字化的迅猛发展，致使传统出版业受到严重冲击甚至部分被取代，但绝不会导致传统出版业迅速枯竭和消亡。数字化程度越高，信息量越大，信息垃圾越多，就越需要专业人士去筛选和把关。

在知识和信息的传播过程中，作为文化产品内容的选择者、策划者、加工者和推荐者，编辑对文化传承的继续和中止、对传播的方向和质量起着决定性的作用。网络的异军突起，强化了个体性和互动性，加大了把关和筛选的难度。编辑职能由控制信息更多地变为解读信息，把握并挖掘事物本质，引领读者。

发展数字出版、改造传统出版是大势所趋。首先，大编辑应积极发展跨

媒体出版。面对新媒体，转变理念，认识到新兴媒体给出版界带来的巨大改变，以开放的心态去观察它接纳它，充分利用新兴媒体的优势弥补传统出版的不足，实现社会效益与经济效益的双赢。这也要求大编辑具备复合能力，即兼具传统编辑和新媒体编辑的功能。多媒体复合型的编辑成为编辑行业发展的新趋势。

其次，探寻传统出版业新的发展路径、生存空间和存在价值。在时刻关注出版潮流变化、不断通过技术创新提高文化竞争力的同时，决不能妄自菲薄，认为数字化最终会全面取代纸质出版。纸质出版存在了上千年，已经成为人类文明不可割裂的一部分。我们要做的是，努力探索传统出版业新的优势和立足点。比如，适当放慢编辑工作的节奏，深耕内容加工，争取出版物有较强的生命力。不为网络的海量信息所蒙蔽，不受市场的喧嚣声势所影响，本着对历史对文化负责的原则，沉下心来制定选题规划，创建图书品牌。下决心让篇幅、装帧等形式实实在在地为内容服务，做到内容言之有物，言之有理，言之有情，打造传世的经典。

总之，面对数字出版的冲击，传统出版业正处于关键性的转型期。这不禁让笔者想到了电影院的发展历程。在我们儿时，电影院就像医院、火车站一样，是公共场所的一部分，设施简陋，票价便宜。学生包场、工会活动、日常消闲，电影院从不为售票犯愁。曾几何时，随着电视机、录像机、VCD、DVD的普及，尤其是盗版光盘的泛滥，电影院渐渐门可罗雀，甚至像如今的实体书店一样，次第消失了。就在人们即将把"电影院"载入史册留作古董时，"忽如一夜春风来"，电影院华丽转身，以豪华院线的身姿重新走进人们的生活：高额票价，专业器材，软座，包厢，时尚休闲小吃，身临其境的非凡体验。最重要的是，通过院线的演练，打造了世界级名导张艺谋、陈凯歌等，好莱坞影星巩俐、章子怡等。

时势造英雄，当今出版业，正是打造大编辑的好时机。我们应潜心练好内功，努力提高品位和素养，以商人的手段，文化人的情怀，使传统出版占领文化精品甚至是奢侈品的制高点。如此，传统出版编辑就会由阵痛走向新生，由蜕变走向发展。最终化茧成蝶，成为大编辑家。

论编辑的可持续发展

马明辉[①]

编辑，在出版物的制作、出版和发行过程中发挥着不可替代的重要作用。编辑必须对出版物的内容严格把关，并与作者商讨问题、与作者一起提高出版物的内容质量；必须对出版物的形式进行缜密的设计，使其既符合出版物的内容特点，又符合读者群的特点；必须对各个环节的成本严加控制，在保证质量的前提下将成本控制在最低点；必须对整个出版流程了如指掌，灵活处理整个流程中出现的所有问题；必须对出版物的发行有全盘、深入的思考，给发行人员提供切实可行的意见和建议，促进出版物宣传和推广工作的展开。编辑的作用如此重要，编辑唯有不断提高自身素质，实现可持续地发展，才能不辱使命，推进出版物质量的提高，进而促进出版业的繁荣与发展。

一、什么是编辑的可持续发展

可持续发展，顾名思义，包含"发展"和"可持续"两层含义。编辑既要发展，又要可持续地发展。

（一）编辑的发展

编辑的发展，是指编辑立足本职工作、全方位地发展，主要包括以下几个方面：第一，逐步提高对出版物的审读能力，能精准地分析和判断出版物的优缺点及存在的主要问题，能针对问题提出具体的解决方案或建议。第二，熟悉出版流程，能掌控出版全过程。第三，能调动各种积极因素，推进出版物的出版、发行等工作的全面展开。第四，善于协调各种关系，如与各环节的关系、与作者的关系、与市场的关系等。

[①] 马明辉，教育科学出版社。

（二）编辑发展的可持续性

编辑发展的可持续性，是指编辑的发展要有后劲，要有充足的续航动力，主要包括以下几个方面：第一，具有更新知识结构、能力结构的意识，能在实际工作中应用新知识、新能力解决新问题、应对新情况。第二，对编辑工作充满热情，能经受住各种压力，在纷繁复杂的工作中游刃有余，而非疲于应付。第三，自信心日益增强，由被动接受工作任务转为主动控制工作局面，创造性地迎接各种挑战。第四，在某一领域有所专长，获得与作者平等的话语权，进而成长为专家型、学者型编辑。

二、为什么要促进编辑的可持续发展

编辑的可持续发展，对于编辑个人、出版单位乃至整个出版业的可持续发展，都是必不可少的。

（一）于编辑个人

首先，编辑自身的可持续发展，有利于其职业生涯的可持续发展。编辑将产生对本职业的认同感，充分认识编辑这一社会角色所应承担的社会责任，从而恪尽职守，并增强工作的自主性、积极性和创造性。其次，编辑自身的可持续发展，有利于其人格魅力的形成。编辑的人格魅力，来源于品行修养、工作能力、专业特长等方面。只有在可持续发展过程中，编辑的品行修养才能得以提高，工作能力才能得到锻炼，专业特长才能发挥到极致。

（二）于出版单位

首先，编辑的可持续发展，可使出版物的制作、出版、发行等过程更加顺畅。编辑将以积极的态度、渊博的学识、高超的能力，与各环节沟通交流，高效解决各种问题。其次，编辑的可持续发展，可形成连动效应，促使出版单位整体发展。编辑个体的可持续发展，必将带动编辑整体的可持续发展，带动编辑部门的可持续发展，进而带动出版、校对等部门的可持续发展，最终实现出版单位的整体发展。

（三）于出版业

首先，编辑的可持续发展，必将促进出版物整体水平的提高，促进大量优秀出版物的出现，有助于我国出版业"走出去"战略①的实施。其次，在编辑可持续发展过程中，必将不断涌现大量精通业务、品行端正、有所专长的优秀的编辑人才，从而促进我国出版业的可持续发展。

三、如何促进编辑的可持续发展

编辑的可持续发展并不是一蹴而就的，也并不是只靠编辑个人的力量就能实现的，它需要出版单位甚至整个出版业对编辑的认可、关注和培养。

（一）增强编辑的职业认同感

编辑只有对自己的职业有很强的认同感，才能喜爱、热爱自己的职业，才能主动寻求自身的发展。编辑的职业认同感源自其龙头作用的发挥和出版单位对编辑的培养。

1. 充分发挥编辑的龙头作用

编辑在整个出版过程中处于中心地位，我们必须使编辑充分发挥其龙头作用，统领出版全过程。如果编辑只关注案头工作，对出版流程中的其他各环节漠不关心或知之甚少，那么就会造成编辑"只见树木，不见森林"的工作状态，使编辑仅仅成为流水线上的一环，龙头作用无从谈起，职业认同感更是谈不上。因此，我们应采取积极措施促进编辑龙头作用的发挥。首先，以项目负责制为依托，促使编辑熟悉项目的整个运作过程，了解各环节的工作性质，优化工作流程。其次，给编辑一定的职权范围，使编辑可根据实际情况自主控制各环节工作进度，并可采取一定的奖惩措施以保障工作的顺利完成。

2. 加大对编辑的培养力度

要想使编辑更好地开展工作，更加认同自己的职业，固然需要编辑个人的努力，但出版单位对编辑的培养亦不可少，这主要包括以下三方面。第一，职前培训。对即将入职或新入职的编辑进行培训，包括业务范围、工作性质和特点、工作流程、各环节注意事项、职业操守等方面。第二，边工作边培养。对入职后步入工作正轨的编辑进行全方位培养，通过座谈、讲座、实战等多种方式，分设编辑、设计、营销等多种主题对编辑进行培训，解决

---

① 中华人民共和国新闻出版总署：《新闻出版业"十二五"时期发展规划》，http：//www.gapp.gov.cn/cms/html/21/508/201104/715451.html，访问日期2011－4－20。

编辑的实际问题，切实提高编辑的工作能力。第三，鼓励、支持编辑在某一专业领域的发展，如参加各种学术会议、进行学术创作，参加编辑出版类会议、比赛、评奖、课题研究等活动，提升编辑的学术能力和编辑出版能力。

（二）减弱编辑的职业倦怠感

编辑的职业倦怠感主要来自于工作任务、工作压力等方面，因此我们应从这两方面着手，减弱编辑的职业倦怠感，增强编辑的职业幸福感。

1. 根据编辑特点安排工作任务

越是优秀的编辑，承担的工作任务越繁重，越易产生职业倦怠。因此，我们应适当减轻这些优秀编辑的常规工作任务，增加他们对一般编辑的带动和帮助任务。首先，有所侧重地、根据编辑的特长、合理地分配工作任务。其次，加强对一般编辑的培养，将一些处理难度大的稿子，适当放手交由一般编辑处理，既可使其得到锻炼，逐步向优秀编辑的方向发展，又可适当减轻优秀编辑的任务，实现编辑任务量和发展度的双均衡。最后，建立一定的机制，保障优秀编辑充分发挥其"传、帮、带"的作用，使一般编辑在优秀编辑的指导下更快成长，优秀编辑在对一般编辑的指导和帮助中更快发展，最终实现编辑的整体发展。

2. 减小编辑的工作压力

编辑的工作压力，大多来源于责权范围的不匹配，编辑所承担的责任远远大于其享有的权利。各种无法预见的、不可控的问题的出现，其责任最终都将归于编辑，长此以往，编辑所承受的压力便越来越大。因此，如何使编辑的责权范围相匹配，便成为减小编辑工作压力的首要任务。一方面，应建立一定的保障机制，确保需要编辑负责的，编辑就有权利去过问、去处理、去控制；另一方面，加强对各环节的管理，任何环节出现问题，直接责任人都要负起相应的责任，强化其责任意识和效率意识。

（三）促进编辑的专业化发展

现代出版业，需要的不再是"万金油"似的编辑，而是在某一领域有所专长、有所建树的专业化编辑。只有深入掌握领域知识，才能站在该领域的学术前沿，开发有价值的新选题，才能根据领域发展的现状和趋势，寻找到既有选题的新的生长点。编辑的专业化发展，是一种个体性与群体性相结合的发展，是一种学术能力与编辑出版能力相结合的发展。我们应从以下几方面促进编辑的专业化发展。第一，建立编辑参与理论学习和科学研究的鼓励机制①，支持编辑加强专业学习，拓宽专业知识，提升专业能力。第二，支持编辑与相关领域专家多沟通多交流，并与之建立良好的关系。第三，创造条件使编辑尽可能多地参加学术活动，进行学术交流，提高学术影响力。第四，定期组织编辑进行各领域、专业间的沟通与交流，互通有无，取长补短。

编辑的可持续发展对于编辑个人、出版单位和出版业的发展，都起着至关重要的作用。我们只有增强编辑的职业认同感，减弱编辑的职业倦怠感，促进编辑的专业化发展，才能使编辑获得全方位、可持续的发展，才能使出版单位获得长足的发展，才能实现出版业的繁荣与发展。

---

① 李东：《编辑专业化发展的实践模式探讨》，《中国出版》2010年第8期。

全面实施人才强企战略
夯实出版企业发展基础[①]

陈贤义　宋秀全　孙　伟[②]

当前,出版企业在国家大力推动社会主义文化大发展大繁荣和完成转企改制工作的大背景下,企业面临着良好的发展机遇,如何抓住机遇,加快发展,将企业做强、做大、做好、做实,是国内出版企业当前面临的重要课题。而要实现企业又好又快发展,推动企业建立现代企业制度,提升企业经营管理水平,实现企业社会效益和经济效益的最大化,关键是人才,关键是企业是否真正重视并全面实施人才强企战略,夯实企业发展基础。人才是出版企业的第一资源,是出版企业改革和发展的基础和核心,只有具备了一流人才队伍的出版企业才会真正拥有核心竞争力和持续发展能力。本文将结合人民卫生出版社有限公司(简称人卫社)近年来在实施人才强企战略方面的成功经验和做法,从出版企业实施人才强企战略的重要意义,出版企业人才队伍组成和建设重点,建立和完善出版企业人才工作体制和机制三个方面阐述。

一、出版企业实施人才强企战略的重要意义

人才是人力资源中具有较高学识和综合素质,具有创新精神、取得突出实绩的人员,优秀人才是企业先进生产力和先进文化的创造者,也是一个企业得以持续发展的关键。管理大师彼得·德鲁克指出:企业只有一种真正的资源——人,管理就是充分开发人力资源以做好工作。出版企业本身属于文

[①] 本论文主要内容由人民卫生出版社有限公司董事长、党委书记陈贤义在首届韬奋出版人才高端论坛主论坛上讲演。
[②] 陈贤义、宋秀全、孙伟,人民卫生出版社有限公司。

化创意产业和知识密集性产业的特性，决定了出版企业相对于其他劳动密集性和资金密集型企业，人才在企业价值创造方面占有更大的比重。随着出版单位由以前事业性质向企业性质的转轨转型，出版企业必须以市场主体身份参与国内国际竞争，努力策划出版更多更好符合社会需要、满足读者需求的精品图书和相关产品，而精品图书的打造始终离不开优秀的作家和编辑出版团队。出版企业人才队伍的状况决定了它的核心竞争力强弱，任何一个出版企业欲树立优秀出版品牌，赢得持续性的竞争优势，都必须把人才队伍建设放在企业发展的首位，坚持实施人才强企战略，在人力资源开发与管理争夺战中争取主动地位，建设符合企业竞争和发展的人才队伍，通过一流的人才队伍策划出版一流的出版产品，通过一流的出版产品打造企业品牌、实现企业效益和社会价值。

—出版企业实施人才强企战略的核心内容和内在要求是把人才作为推进企业发展的关键因素，通过人才的吸引、培养、使用和管理，建设一支规模适度、结构合理、素质较高、战斗力强的人才队伍。充分发挥各类人才的积极性、主动性、创造性，开创人才辈出、人尽其才、才尽其用的局面，最大限度地把企业现有的人力资源转化为人才资源，提升企业核心竞争力，实现企业持续、快速、健康发展。

二、出版企业人才队伍组成和建设重点

出版企业的人才队伍主要由外部人才队伍和内部人才队伍两个方面组成，外部人才队伍主要由作家队伍和营销渠道队伍两支人才队伍组成，内部人才队伍主要由编辑策划、生产印制、市场营销、经营管理四支人才队伍组成。出版企业实施人才强企战略，就是要内外兼修，打造符合企业发展战略和目标的，由六方面人才队伍组成的高水平、高素质的综合人才队伍体系。出版企业要根据企业发展实际，重视人才数量的增长和人才素质的提高，大力加强各类人才资源的能力建设。

在企业内部，应在其现有人才的基础上，一方面通过各种有效方式，加大外部优秀业务和管理人才引进力度，不断补充优质新鲜血液；另一方面要更加侧重对现有人力资源的培训教育，提高员工素质能力和工作水平，使现有人力资源最大限度地转化为人才资源，在提高全体员工的思想道德素质的基础上，重点加强员工的实践能力和创新能力的培养，着力提高员工的创新能力和工作质量水平。企业要根据自身发展战略和重点工程需要,高度重视并努力加强企业中高层管理人员、企业核心专业技术人才队伍建设,以核心人才队伍建设带动整个人才队伍建设,通过培养造就高层次人才,带动整个人才队伍建设,形成素质优良、结构合理、新老衔接的人才队伍,满足企业战略实施过程中对人才的需求。

在企业外部人才队伍建设方面,作家队伍建设十分重要。作家是出版企业优质产品的诞生之源泉,发展之根基,出版企业要高度重视优秀作家的发现、选择、团结、服务工作,充分依靠专家、服务专家,构建大规模、高水平、老中青相结合的作家队伍,建设好作家资源库,并不断补充和更新。在建设作家队伍的同时,出版企业要十分重视产品营销渠道人才的建设,要努力在全国建立起高效、便捷、可控的销售渠道和高素质的外部营销人才队伍。在人才建设方面,企业也要充分考虑人才成本问题,如企业内部人力成本较高,就要考虑可以进行社会化的工种,如审稿编辑、校对人员、美术编辑等,多使用外部公司和人员,尽量使社会上的专业人才为企业所用。

三、建立和完善出版企业人才工作体制和机制

企业人才工作的成效如何,取决于企业人才工作的体制和机制的好坏。人才工作体制和机制好坏,对实施人才强企战略带有根本性、全局性和长期性的作用。因此,企业要实施人才强企战略,首先必须制定完善一系列先进的、符合出版企业特点和企业自身发展实际相适应的人才管理制度,积极探索人才工作的新思路、新方法,促进企业各类人才的培养、评价、选拔、使用、配置和激励的规范化、制度化,建立健全人才培养机制、人才评价机制、人才选拔机制、人才激励机制和人才建设长效机制五方面构成的人才工作体制和机制。

(一)构建切实有效的人才培养机制

出版行业文化产业和文化事业的特点决定了一个优秀的出版企业必须是一个学习型的企业,要真正做好人才培养培训工作,企业就必须有相应的机构、有相应的人员、有相应的职工培训管理制度和相应的经费投入。人卫社在转企后,公司领导更加重视人才的培养和培训工作,人力资源部作为企业人力资源管理总的管理协调部门,出台了相关的职工培训管理规定,依据国家及行业主管部门对各岗位人员的要求,结合公司内各部门和职工对培训的要求，每年制定培训计划并组织实施。在培训内容方面，坚持将企业的发展目标和职工的职业生涯规划有机结合，在培训项目设计和内容选择上充分把握不同职业生涯发展阶段职工的特点和培训需求来确定，如岗位入职培训主要侧重于向公司新职工介绍公司的基本情况、规章制度、工作性质、企业文化和员工素质要求等方面内容，让员工快速适应并融入企业；岗位技能培训是针对已具有一定工作经验，处于成长期的公司职工，以提高专业技能和业务水平为主要目的的职业培训，公司按照有关政府部门对行业人员进行继续教育的要求，每年统一组织编辑出版职业资格和会计、审计等人员的继续教育，职工培训费用由单位支付。同时，公司也重视杰出骨干人才培养，对公司业务骨干，实施专项进修和培训，促进优秀人才、领军人才脱颖而出。在培训方式上，人卫社建立了"每月一讲"制度，师带徒制度，会议培训（中层干部会议、编辑工作会议、生产工作会议、销售工作会议等），部门内业务内训，案例研究讨论，网络培训，派职工外出参加各种社会培训和出国进修等各种有效培训形式，为职工培训和成才创造各种机会。在做好培训工作的同时，企业也十分注重培训效果的意见反馈和评估工作，以便不断完善培训内容和形式，全面提升人员培训质量。

（二）构建公开择优的人才选拔机制

出版单位应建立科学、规范的公开招聘、竞聘上岗和考试录用制度，创立一种能者上、庸者下的竞争氛围，变"相马"为"赛马"，采取公开招聘、竞争上岗等方式，形成有利于优秀人才脱颖而出的选拔机制，通过公平竞争来识别人才、发现人才，为优秀人才特别是年轻的创新型专业人才施展才干提供更多机会，做到人尽其才，才尽其用。人卫社竞聘上岗制度已实行多年，坚持逢进必考、逢升必考，并不断完善中层管理人员选拔任用管理规定和任用上岗工作实施办法，明确了干部选用的五项原则：党管干部原则和董事会依法选择经营管理者相结合；任人唯贤、德才兼备；群众公认，注重实绩；公开、平等、竞争、择优；注重"四化"，民主集中制。在干部选拔任用中始终坚持全面考察干部的德、能、勤、绩、廉，主要缺点和不足，注重考察工作实绩和能力。对干部实行严格管理，在企业内推行业绩、质量、安全、保密、廉洁五方面工作一票否决。在主要业务人才的晋升选拔方面，依据策划编辑竞聘上岗实施办法、销售经理竞聘上岗实施办法，实行了多轮的策划编辑和销售经理竞聘上岗，选拔出一大批优秀的业务骨干人才，为近年来人卫社的快速发展和竞争力的提升发挥了重要作用，取得了良好的效果。目前，人卫社正不断完善人才选拔机制，在中层管理人员、策划编辑和销售经理竞聘上岗的基础上，把竞聘上岗制度拓展到公司领导层面，并逐步推进全员竞聘上岗，以开创人才选拔录用的新机制，充分调动广大干部职工的积极性、主动性和创造性。

（三）构建科学合理的人才评价体制

坚持以岗位职责为基础，以能力、业绩为导向，遵循全覆盖、可量化、可追溯原则，建立以业绩为重点，定量考核和定性评价相结合，由品德、知识、能力等要素构成的人才评价体系。其中，管理人才以管理业绩、管理创新和管理效益为评价的核心内容，重在企业经营管理水平和效益效率提升；专业技术人才以编辑出版优秀产品数量和质量为评价的核心内容，重在出版效益；技能人才以技能熟练程度、完成生产任务的数量、质量以及技能鉴定结果为评价的核心内容，重在实际操作和岗位实绩。

（四）创新绩效管理体系、健全人才激励机制

出版企业应本着对岗位责任、风险、利益相统一和效益优先、兼顾公平的原则，劳动技术和管理的生产要素按贡献参与分配，向关键岗位、优秀人才倾斜，合理拉开收入层次，积极探索和创新符合各类人才需求的分配方式，将人才的收入与岗位职责、工作业绩、实际贡献以及成果转化产生的经济效益直接挂钩，用合理、适当的收入分配制度激励人才、吸引人才，使一流人才享受一流待遇、一流贡献获得一流报酬。制定科学的岗位工资与绩效工资相结合的工资制度，并根据工作实际，不断完善、调整薪酬制度，确保对外具有竞争力，对内具有公正性和激励性。建立编辑、生产、销售、管理等各类岗位的绩效考核指标，制定科学的绩效考核制度，重实绩、重贡献，优绩优酬。

（五）探索务实高效的人才建设长效机制

为了从根本上建立人才建设和管理的长效机制，出版企业可以参照一些大型优秀企业的成功做法，在企业中探索实行职业生涯管理模式，引导人力资源管理走向更高阶段和水平，实现企业人力资源管理工作从传统的以"事"为主、单向选择向以"人"为主、双向互动转变。因为员工对企业的需求是由工资福利待遇，能力培养提高、职业发展通道、工作环境氛围等因素构成的综合多元体系，不同的职工，职工的不同发展阶段，职工对企业的

需求会有不同的侧重。企业是否能够赢得员工的持续动力和忠诚的一个关键因素在于其能否为员工创造条件，使他们有机会获得有成就感和自我价值实现的职业生涯和发展通道。企业应积极探索，科学有效地把企业发展目标与员工个人的职业发展目标结合起来，对不同的员工，尤其是管理和业务骨干人才进行职业生涯设计和管理，努力为员工确立有所依循的、可感知的、充满成就感的职业发展通道，通过企业和员工的有效互动，全面促进了企业人才培养水平的提升和核心竞争力的增强，实现两者的共同发展。

总之，出版企业要实现健康、持续、快速发展，就必须高度重视人才建设，在人才建设和管理中始终坚持"以人为本"的观念，坚持把更多的注意力放到激发员工的积极性和创造性上，用先进的管理理念来指导和推进人才工作机制的创新，把人才配置到最能发挥优势和作用的岗位，使人才的知识、智力、活力竞相迸发，实现人才的最大效用。通过不断完善人才建设的管理体制和机制，形成"尊重劳动、尊重知识、尊重人才、尊重创造"的良好风尚，积极开创人才辈出、人尽其才的人才队伍建设工作新局面。

三句话影响编辑一辈子

陈信男[①]

"我只有一个理想。""不要忘记你的读者。""最重要的是要有创造的精神。"这三句话,分别代表了邹韬奋编辑思想的价值观、读者观和创造观,它们不仅指导着邹韬奋的出版工作,而且照耀着后来者,它们睿智的光芒必将影响编辑们一辈子。

一、我只有一个理想

1936年,邹韬奋在《<生活日报>的创办经过和发展计划》一文中坦言:"我不想做资本家,不想做大官,更不想做报界大王。我只有一个理想,就是要创办一种为大众所爱读,为大众作喉舌的刊物……"

邹韬奋是这么说的,也是这么做的,他将自己的一生都奉献给了自己喜爱的出版事业。为办报刊,他呕心沥血,坚韧不拔,艰苦奋斗。《生活》周刊创刊初期,稿源不多,他只好在每期用不同的笔名同时为几个专栏撰文。如"传记"栏用某笔名,"修养"栏用另一笔名,"小品"栏又换一个笔名,"讨论"栏、"健康"栏再另起笔名,可见其工作量之大,其勤奋力之深。他在香港办《生活日报》时,朋友胡愈之竟在他办公室发现一条大蜈蚣,惊呼"危险"。原来邹韬奋先生因经济窘迫,交不起贵房租,只得在贫民窟的地方办公。一间坐东朝西的办公室,摆了三张办公桌,面临太阳西晒,又不敢常开窗,对面小铁铺的煤烟直往屋里窜。他就在这样艰苦的环境中创办了《生活日报》,实在是中国报刊史上的奇迹。

在艰苦的环境中,邹韬奋心无杂念,只为着心中的那一个理想而奋斗,在中国出版史的价值观上写下了浓墨重彩的一笔。这样的境界影响了一代又

[①] 陈信男,江西科学技术出版社《知识窗》杂志社编辑部主任。

一代出版人，催生了一位又一位出版大家，比如《读者》主编彭长城先生。他所说的"人的一生可能只做一件事"，他对《读者》的精雕细琢和用心浸润，与邹韬奋先生的"我只有一个理想"有着异曲同工之妙。

人们常说，要经得起诱惑，耐得住寂寞。出版工作者，尤其是编辑们，更应如此。因为，出版业传承的是人类不朽的文明，发扬的是人类优秀的传统，它既是崇高伟大的，又是朴素无华的。它需要编辑们静心思考，殚精竭虑。人生的道路坎坷不平，而成功亦有多种含义，像邹韬奋一样把自己的精力投入到自己喜爱的生活方式中去，投入到一份有意义的事业当中去，就足矣。作为编辑，把自己的本职工作做好，做到臻于完美，这就是"正道"。

唯有理想最贵。当前出版业的发展环境和邹韬奋那时相比，已经发生了翻天覆地的变化，不知道好了多少倍。所以，我们还犹豫、抱怨什么呢？无限荣耀在等着我们，从事这样一个高贵的事业，我们要做的就是接过邹韬奋手中的旗帜，在理想的指引下，带着愉快的心情，把编辑工作做到迷恋的程度，不但"好之"，而且"乐之"。

二、不要忘记你的读者

在邹韬奋办刊之前，黄炎培曾叫他编译《职业智能测验》。当时，他没有考虑中国读者的阅读口味，只是依照英文原著内容和顺序进行翻译。黄炎培对此很不满意，教导邹韬奋要有读者观，要考虑到读者的理解力、心理和需要。黄炎培的这番教诲对邹韬奋的震动很大。他说："黄先生给我的这个教训，却很益于我以后的著作和方法，很有助于我以后办刊物的技术。"从此以后，"不要忘记你的读者"，成了邹韬奋办刊的原则。

（一）以读者利益为中心

以读者利益为中心，首先表现在邹韬奋所办刊物的内容和文风上。他在办刊实践中，要求报刊"在内容上是讲人民大众想讲的话"，文字要短小，"要使两三千字短文所包含的精义，敌得过别人两三万字的作品"。在文风上，"力避'佶屈聱牙'的贵族式文字，采用'明显畅快'的平民式文字"。"这样的文章给予读者的益处是很大的，作者替读者省下了许多探讨和研究的时间，省下了许多看长文的费脑筋的时间，而得到某问题或某部门重要精神的精髓。"至于他本人，则身体力行，注意用最生动、最经济的笔法写文章，力求短小精悍、生动感人。

以读者利益为中心，其次表现在邹韬奋所办刊物低廉的价格和灵活多样的发行方式上。为了使大多数人都能看到刊物，"售价要定得非常低廉，尽可能使一切识字的同胞都可以订阅一份"。对订阅其刊物的读者实行多种优惠，如刊物不因增加页码、插页或纸张提价而零售涨价，已交订费的读者不涨价，同时特约多家银行免费汇款订购，并减价优惠。通过设立门市部、办理邮购、代办发行、订刊赠书或购书赠刊、预约订购和流动供应等多种方式，使生活书店发行的刊物，不仅在交通比较便利的城市可以随处见到，而且在内地乡村僻壤之处也可以见到。有趣的是不但许多热心读者自动介绍订户，而且订户还有传代的。

现实是，我们很多人都在工作中谋划着怎样从读者那里谋取更大的经济利益，有时甚至以牺牲读者的利益为代价。也许有人会说，有那个闲工夫去考虑读者的利益，不如去策划一本新书还更有生产力。可是如果不考虑读者的利益，我们编辑的出版物生命还能长久吗？编辑要对作者尽心尽力，编辑不也应该这样对待读者吗？现在要求编辑的是多为读者设想，这也是出版界整体需要的态度，现今情势不正是到了这个地步吗？

（二）使读者看一篇得一篇的益处

为了使读者看一篇得一篇的益处，邹韬奋首先在取稿上"凭质不凭名"。邹韬奋对于稿件的取舍标准兼顾了内容和形式两个方面。邹韬奋认为即使内容有价值，但表达方式不易为广大读者所喜欢的稿件，也只有忍痛割爱。在内容方面，考虑的是"有趣味、有价值"。他说："我对于选择文稿，不管是老前辈来的，或是幼后辈来的，不管是名人来的，或是'无名英雄'来的，只须好的我都竭诚欢迎，不好的我也不顾一切地不用。在这方面，我只知道周刊的内容应该怎样有精彩，不知道什么叫做情面，不知道什么叫做恩怨，不知道其他的一切。"[①]

其次，为了编辑出读者满意的刊物，邹韬奋也提出了编辑应具备的四个条件：第一，"大公无私"。邹韬奋认为这是最最重要的一点，编辑的动机要绝对的纯洁，绝对不肯夹杂私的爱憎私的利害在里面，绝对能秉着自己的良知说话，不受任何私人或团体的指使威吓利诱，或迁就私人的情面而作违心的言论。第二，"锐敏的观察与卓越的识见"。编辑遇着一件事或是一个问

---

① 唐森树：《邹韬奋的期刊编辑改革创新精神》，《改革与战略》2005年第5期。

题，不要人云亦云，总要运用自己的脑子深入地思考一下。第三，"文笔畅达"。编辑不仅要能改稿，还要能写稿，心中想的东西能在笔下表达出来。第四，"至少须精通一种外国文"。编辑要注意"搜集材料，贮蓄思想"，这需要在平时多阅读中外书报，所以要求至少精通一种外国文。

再次，为了给读者提供优质的稿件，邹韬奋还十分注重为作者服务，从而获得如茅盾、郑振铎、金仲华、张明养、胡仲持、陈望道等一大批优秀作家的支持和撰稿。邹韬奋对作者的关心体贴十分周到，如对国内外特约通讯员生活上有困难的，按月寄送议定稿酬，尽最大能力从生活和工作上关心帮助作者。

对稿件质量严把关，不断提高编辑自身素养，善于抓住优秀的作者，目的就是为了给读者提供更多的精品力作。这些不仅在当时是正确有益的，时至今日，不也是编辑应该努力而且必须做到的吗？党的十七届六中全会把创作生产更多优秀作品，推出更多精品力作，提到了十分重要的位置。出版产业本质是内容产业，无论是传统出版还是数字出版都要以内容做支撑，出版物的内容是出版产业的内核，是出版产业发展的根基。从这个意义来讲，没有阅读价值的作品，即使有再好的载体形式也吸引不了读者，出版产业也就不能有长久、大的发展。新时代的编辑，必须牢牢把握出版产业的内容和内核，不仅要充分利用现代高科技手段，更要把出版物内容做强、做优，不断推出精品力作，这样才能满足人民群众精神文化需求的迫切需要，才能更快地推动出版产业的发展，真正占领文化产业、出版产业的制高点。

（三）做编辑最快乐的一件事就是看读者来信，尽自己的心力，替读者解决或商讨种种问题

邹韬奋真诚地为读者服务，对读者负责，突出体现在他对待读者来信的态度上。他从接办《生活》的第2卷开始，就开辟了"信箱"专栏，为读者解答各种疑难问题，提供各种服务，使刊物销量大增，从起初的2800份上升到155000份，风行海内外。对于读者的来信，他最初是"自己拆信，自己看信，自己起草复信，自己誊写复信（因为存稿）"。后来，由于读者来信日益增多，才增加了五六个同事来协助他处理读者来信。但复信也要经过他的审阅，认为满意了才发出。这常常占用他大半天的工作时间。虽然"忙得不可开交，但也忙得不亦乐乎"。因为他认为："做编辑最快乐的一件事就是看读者来信，尽自己的心力，替读者解决或商讨种种问题。"为了尽

可能地把读者来信回答得准确，令读者满意，邹韬奋还多方奔走，专门邀请许多知名人士和专家来做《生活》周刊的顾问，真正做到了为读者"竭我智能，尽忠代谋"。

当然随着环境的变化，如今要完全像邹韬奋那样事无巨细地想读者所想、忧读者所忧，不是一件容易的事情，但这仍有值得编辑学习借鉴的必要性。今天是"受众本位"的时代，坚持受众本位理应成为出版工作的理念。读者是出版存在和发展的基础，如何保证相当数量的读者以及如何挖掘潜在的读者群是关键。编辑倾听读者的声音，加强与读者的沟通，不仅可以了解读者的需求，及时获得信息反馈，从而改善自身的编辑工作，同时还可以从读者那里了解到许多有出版价值的线索，提高出版质量。

三、最重要的是要有创造的精神

谈到刊物的特色和发展，邹韬奋说："最重要的是有要创造的精神。刊物的内容如果只是'人云亦云'，格式如果只是'亦步亦趋'，便无所谓个性和特色。没有个性和特色的刊物，生存已成问题，发展更没有希望了。要造成刊物的个性或者特色，非有创造的精神不可。"在创造精神的指导下，他主张对刊物从内容到形式上都做创新和改革。

在内容定位上，邹韬奋要求刊物要"与时俱进"。在主编《生活》周刊时，他根据当时社会的实际情况将周刊内容定位为"暗示职业修养，帮助青年择业、安业、乐业"。但随着时局的发展，到办《大众生活》时，其内容定位就变为"努力促进民族解放，积极推广大众文化"。当有读者来信说希望《大众生活》恢复《生活》周刊的内容定位时，邹韬奋的答复是"时代巨轮是向前进的，《大众生活》产生的时代和《生活》所处的时代已经不同，我们不但希望它能避免《生活》的缺点，保留其优点，倘若有一些的话，而且要比《生活》前进。"而在1936年6月21日《生活日报星期增刊》上，他再次强调"报纸不能和社会环境脱离"。

在刊物的编排上，邹韬奋注意编制的研究化（帮助读者了解新闻背景和前因后果）、思想的统一性（言论、新闻和副刊采取一致的思想态度）和内容的广泛性（反映民众多方面的生活）。邹韬奋还力求照片和插图的醒目。这些办刊思路，都受到了读者的赞许，一些刊物因此对《生活》竞相模仿。"有一种刊物的'主人翁'竟跑到印《生活》的那家印刷所，说所印的格式要和《生活》一色一样！"邹韬奋认为这种"肉麻的模仿"不可取，希望所有办刊物的人都开动脑筋，"不苟同，不盲从"，使读者从各种刊物上都能获益。

加入WTO后，我国出版业呈现出了空前繁荣的景象，但也存在着出版物同质化严重和出版资源浪费巨大的现象。站在时代前列的出版业，应该具有与时俱进的创新精神。俗话说：铁打的营盘，流水的兵。这话放在出版物与读者的关系上有点相似。出版物不断推陈出新，但读者是流动的。要想吸引住读者，编辑就要富有创造精神，把出版物做得像磁石一样，就像邹韬奋所说的那样，"更竭尽心力，想出更新颖的格式来"。

四、结语

出版业的大繁荣离不开编辑人才的培养，邹韬奋的这三句话，既是他编辑思想的集中体现，也是我国编辑工作的指导方法和编辑人才培养的核心要求。它所蕴含的非常宝贵的经验和深刻的见解，不仅成就了《生活》周刊的千古美名，更是为WTO形势下的我国编辑人才的培养指明了方向，对编辑自我提升素养有着积极的启发意义。邹韬奋所处的时代已经过去，但他对编辑事业的执著追求和奉献精神将永远激励着后人。

文化繁荣创新与编辑执行力

时世平①

创新,成为中华民族实力提升的重要促动力,也成为我国文化软实力竞争力提高的重要手段。文化要大发展大繁荣,首先必须推重文化创新。《中华人民共和国国民经济和社会发展第十二个五年规划纲要》,首次把"实施哲学社会科学创新工程,繁荣发展哲学社会科学"列入规划纲要。转企已经完成的出版业,作为创新工程的重要一环,也应顺时而动,以创新实现社会效益与经济效益的双提高,在社会效益上,满足人民群众日益增长的精神文化需求、提高民族素质;在经济效益上,增强出版实力,做大做强出版产业,提高出版竞争力。要实现这一具有划时代意义的转变,提高编辑执行力就成为了当务之急。值得可喜的是,第18届北京国际图书博览会上,版权引进与输出之比为1:1.3,实现了"十二五"开局之年版权输出的开门红②。

"执行力"是管理学上的一个概念,在新世纪初年,开始成为一个热门词语,拉里·博西迪和拉姆·查兰在《执行》一书中这样界定:执行是目标与结果之间缺失的一环,是企业没有实现预定目标的主要原因,是企业领导希望达到的目标和实现目标的系统的流程。执行是战略的一部分,是一年365天里最基本的状态。而所谓的执行力,就是企业或个人完成任务的能力③。出版业是一个具有同质性竞争的行业,同一行业中很多选题策划、竞争战略都大致相同,但是,为何有的出版社可以脱颖而出,"双效"显著,有的却只能默默无闻,甚至挣扎在生死线上!相同的生存环境,却有着迥然不同的最终结果,其关键就在于编辑执行力的强弱不同。执行就是行动,就

---

① 时世平,天津社会科学杂志社副编审。
② 袁国女:《踏上新的发展征途——第18届北京国际图书博览会侧记》,《中国出版》2011年第17期。
③ 拉里·博西迪、拉姆·查兰:《执行:如何完成任务的学问》,机械工业出版社2003年版。

是用最快的速度，最便捷的方法，最省时省力节约地达到最大效能。从这一点上说，出版从业人员在确定战略目标后，就应全心全意、开动脑筋主动行动，这就是优秀的执行力；如果不痛不痒，消极拖延，那就是低下的执行力。"没有执行力，就没有达成力"，这种执行力的高低之别，就决定了出版企业的竞争实力。因而，没有优秀的编辑执行力，出版竞争力就成为妄谈，更遑论文化创新。

一

编辑执行力的发挥，首先在于编辑的工作态度。态度产生动力，动力促进工作。叶圣陶先生有句诗，写出了编辑工作的真谛："选题订稿校雠三，唯审唯精为指南。能在胸中存读众，孜孜矻矻味弥甘。"这首诗的升华点在"胸中存读众"，要想对得起"读众"，就一定要在选题、订稿、校雠工作中以审慎、精品意识作为工作的要求，即使是这样，能真心地为读众服务，编辑再苦再累也甘之如饴。这是什么情怀？这是一种事事认真，决不敷衍的工作态度，一种对得起读众，提升中华文化软实力的负责任态度。有了这种态度，即使编辑工作再繁琐细碎，也可以谨慎为之。邹韬奋先生在办《生活》周刊时就曾决绝地指出："与其敷衍，不如不办；如其要办，决不敷衍；我在职一日，必努力一日，宁愿卷铺盖，决不肯昧着天良敷衍。""决不肯昧着天良敷衍"，如此认真的承诺与期冀，没有一定要将期刊办好的决心，根本不可想象。同时，邹韬奋先生强调编辑工作应以自己的"昭昭"以启读者，反之，如果编辑在工作中自己都"昏昏"，何以能令读者"昭昭"："不愿有一字或一句为我所不懂的，或为我所觉得不称心，就随便付排。""看校样时的聚精会神，就和在写作的时候一样，因为我的目的要使它没有一个错字；一个错字都没有，在实际上也许做不到，但是我总是要以此为鹄的，至少使它的错字极少。"如果没有一种认真负责的精神，怎能达到这种严格的要求！没有这种严格的工作态度，何谈文化大发展大繁荣。

其次，编辑执行力的发挥，在于制定切实可行的执行内容，这也是编辑执行流程的重要阶段。"执行内容"也就是出版选题，是一个出版社经过广泛的市场调研，认真的市场分析，科学的市场定位形成的总体的出版方向。随着出版业的转企，出版市场的竞争越来越激烈，作为市场主体的出版社要自负盈亏，要自谋生存与发展。更为急迫的是，借助于现代科技的力量发展,新媒体以惊人的速度和影响力冲击着传统媒体,网络、手机、数字广播、数字电视、数字电影、数字杂志、数字报纸、桌面视窗,以及时下流行的博客、播客、维客(wiki)都在新媒体之列。这无疑对传统出版业造成极大的冲击。对此惶惶不可终日者只是放大了新旧传媒的差异,平心而论,新旧媒体之间相同的也是最根本的决定性因素却没有发生变化,即出版业作为内容产业,其提供的内容的质与量,是决定其生存与发展的重要因素。从某种意义上说,新媒体只是在传播途径与手段上迥异于传统传媒罢了。当然,这里我们并非有意贬低新媒体的功用,但值得一提的是,巧妇难为无米之炊,没有好的能够产生竞争力的出版内容,传播途径再多样化、再先进、再具优势也难以为继。因此,从文化创新角度上讲,出版社要首先且优先考虑出版内容的生产,也即在出版选题策划上下足工夫,做足文章。

赫伯特·S.贝利曾经说过:"从来没有哪一家出版社是靠管理出名的,读者记住的就是它一个一个的产品,也就是好书。"因此,不管是传统纸媒出版,还是数字出版,过硬的内容产品的生产是做大做强出版产业的根本之道。而要实现这一目的,首先在于编辑的文化创新。文化创新是一个整体概念,对于出版社而言,它可以包括出版内容创新,出版方式创新,出版物市场创新和出版企业制度创新等四个方面。但是,如果将出版视为一个工作流程,出版内容创新首当其冲,"内容决定形式",没有内容的创新,后面的三项都将"巧妇难为无米之炊",一切皆为妄谈。而决定内容创新的关键,就是编辑在选题策划时表现出来的原创性,创新性。可以说,执行内容的原创性,决定了编辑执行力发挥的完善与否。

"要实现文化创新,核心在于提高文化生产的原创性。"[①] 原创性从何而来?一般而言,没有积极的主动性,就没有原创性的存在,原创性是出版主体积极发挥其主动性的结果,是立足时代,前溯古今中外,后启文化创新的结晶。从某种意义上讲,只有做到既有传承又有原创,既有继往又有开来,才能生产出属于我们这个时代的标志性优秀原创作品。这一标志性的原创性的作品的生产,是我们这个时代文化创新的核心,而实现这个核心的必要步骤,就必须要贴近现实,追求内容上的原创性,出版新颖、鲜活、扎实、有生命力的作品。而这,没有编辑执行力的提高,根本就不可能实现。

---

① 聂震宁:《书林漫步》,首都师范大学出版社2009年版,第30页。

就出版执行内容而言，文化创新首在选题策划能力，而策划能力的高下，直接取决于编辑执行力。有学者指出，选题策划的本质要求是"创新"，而其动机则是"求新"，其内在动力则是对一种问题意识的孜孜以求。马克思认为："问题就是时代的口号，是它表现自己精神状态的最实际的呼声。"毛泽东也指出："问题就是事物的矛盾。哪里有没有解决的矛盾，哪里就有问题。"当前，我国正在处于转型阶段，经济转轨、社会转型不可避免地要突现大量矛盾，能否解决处理好这些问题与矛盾，直接关系到我国今后的发展问题。社会是一个集合体，社会转型所关涉的是一种网状问题链。在选题的策划中，要注意问题的网状结构特点。更进一步讲，问题是一个矛盾集合体，而不单单表现为一种矛盾，时时有矛盾，矛盾又有主要与次要之分。一时有一时之主要问题，而这也成为选题策划应该关注的热点。一般而言，选题策划时，要突出矛盾，但又不能希望解决问题"毕其功于一役"。因此，在选题的过程中，就有一个分析问题、解决问题的过程。分析问题，就是分析当今时代所面临的发展困境，分清矛盾的主次，突显问题的轻重缓急；而解决问题，则要理智地分清着力点，对主要矛盾要突显，强化理论思考的迫切性；对于矛盾本身的解决而言，主要矛盾的解决，并不代表矛盾的彻底解决，在选题策划时，要深化思考，也就是要将主要矛盾之外的各种问题通盘考虑进来，全面考量研究，力争在选题时既侧重于针对主要矛盾的选题策划，也要侧重对于该问题链的整体关注与解决。这种选题策划的实施，注意问题的外部拓展与内部深化，现有选题引出新的相关选题，大选题下有小选题，形成一个相互关联且又可独立实施的选题网络。这种选题网络，既可以应对选题实施过程中的各种未料及的变数，同时，又将选题策划深化拓展，形成一个问题集合。试问，像这样的文化创新宣介平台，没有编辑执行力的提高，如何能够形成！

二

编辑执行力就是完成预定出版目标的操作能力，是把策划、规划转化为效益、成果的关键，包括完成任务的心态、责任、能力及任务完成的程度，也就是出版主体通过一定的态度、行为和策略，把一件事做到预期目标。这就要求出版主体把出版事业当作一种神圣的事业，怀着崇高的使命感和创新动力，以自己的生命来诠释已然成为"经国之大业"的文化大发展大繁荣。

出版业之间的竞争，就赢在执行力，没有执行力，就不会有成功力，也就不可能有竞争力。改革开放以来，特别是进入新世纪以来，我国的出版产业有了长足的发展，实力也日渐壮大。但是，就竞争力而言，我国的出版窘境，在于我们虽然是出版大国，生产出大量的出版物，但是原创出版物不足，特别是深刻反映民族和时代精神的标志性的原创出版物太少。现实情况是，一些出版社只是一味感叹读者众口难调，埋怨图书市场变化多端，或是读者的兴趣点难以把握，却没有反思我们在选题策划中所做的投机取巧的种种败笔。现在的出版市场，一味地追求"快餐当道，消闲称王"，越是野狐禅越以为是创新之作，只问目的，不择手段，五花八门的东西很多，但大多是文化泡沫，毫无价值。出版品种的单一化、出版内容的庸俗性、重复性严重伤害了读者的求知欲。看看现在的图书市场，选集复选集，精选又自选，文库接宝库，古籍重印多，长此以往，书无新品、读者厌烦的出版业，将面临着"大崩盘"的危机。

从出版内容上来看，有相当数量的出版从业人员对实际生活关注不够，从而导致文化产品的精神力量和人性光辉缺乏，弘扬核心价值的能力不强。更进一步讲，出版产业越来越漠视读者，甚至离出版精神的主干——文化理想、文化精神、社会责任——渐行渐远。这种种缺乏文化创新的表现，都是编辑执行力不高的表现。因此，在出版业转企后，要尽快实现出版从业人员思想上的转型，改变原来的"等"、"靠"、"要"、"抄"的"维稳"固陋思想，以编辑执行力建设为目标，尽快实现思想上的转型。因为，编辑执行力不是被动完成，而是主动解决，真正的执行力是出版主体发挥自己的潜能和创新，把出版任务完美执行，而非坐着等待命令和吩咐。

要提高出版竞争力，就必须要重视文化创新。文化创新就是追求出版内容的原创性，原创性表现在发现问题、解决问题的过程中。爱因斯坦说过："提出一个问题往往比解决一个问题更重要，因为解决问题也许仅仅是一个数学上或实验上的技能而已。而提出新的问题，新的可能性，从新的角度去看待旧的问题，都需要有创造性的想象力，而且标志着科学的真正进步。"[①] 此处，无论是"提出新问题，新的可能性"的另立新说，还是"从新的角度看待旧的问题"的接续说，与过去相比，都是往昔所未有的，是对过去的

---

① 转引自 L. 莫弗尔德《物理学的进化》，上海科技出版社1962年版，第62页。

一种超越，都具有创新性，原创性。这是由出版既为出版事业又为出版产业的双重性质决定的。作为文化事业，出版必须通过出版物的独特内涵和丰富深刻的内容把握来实现文化传播和积累的目的；作为文化产业，出版必须通过文化产品的独特定位和适销对路来实现经济效益。对这两方面而言，不可替代性是共同的原则。文化创新具有原创性，唯一性，不可替代性，它可以让出版者永远多跨出一步。这一点而言，对于出版社来讲，文化创新是后来者居上的法宝，是弱社置之死地而后生的救心丹，也是强社愈强的助壮剂。

文化创新要求提高编辑执行力。强调原创，把原创提高到文化创新的核心地位来重视和实施，是提高国家文化软实力，推动文化大发展大繁荣的关键。作为内容产业，出版业的文化创新必须体现时代精神，丰富文化内涵，增强创造活力，奉献新的文化产品。对于出版从业人员而言，正视社会转型变化的事实，立足当前，努力贴近当代人新的审美情趣和审美的变化，在活泼的生活中筛择出人民群众喜闻乐见的更多精神产品。因此，出版从业人员要勇于担当"坚守文化领土与文化阵地的社会责任"，"积累文化、创新新知、不断推出更优秀的文明成果，而且还在于按照一定的价值目标对社会现实文化做出评价，通过选择、把关实现社会风气、学术思潮、文化倾向的引导。"[①] 在此意义上，如此重大的创新、宣传、把关重责，不提高编辑执行力如何能够实现？

当今时代，信息技术高度发达，信息的传播媒介层出不穷，但是，人们的阅读兴趣，不会因传统纸媒出版，抑或数字出版的载体的改变而发生变化。因此，内容为王作为出版业的不二法则，内在地要求提高编辑执行力，以适应读者的需求，引导读者进入一个崭新、高尚而又具有丰富文化价值的阅读境界。这一光荣而艰巨任务的实现，要求提高编辑执行力，强化文化创新。

---

① 柳斌杰：《做文化的守望者——〈书林守望丛书总序〉》，载聂震宁《书林漫步》，首都师范大学出版社2009年版。

文化大发展大繁荣与出版人才战略
——从历史典故思考现代出版人才之方略

王玉玲[①]

人才作为一种战略资源，其核心就是培养人、吸引人、使用人、发掘人。古往今来，无数的事例告诉我们，人才是最核心的竞争力，人才就是力量。立意高远的识才用才之道，历朝历代都被视为是治国安邦之方略。古人云，"经世之道，识人为先"，"举贤荐才，为政之要"。为实现经济和社会发展的目标，历朝历代，无不把人才作为一种战略的资源考虑，对人才的培养、吸引以及使用做重大、宏观、全局性的构想与安排。在璀璨辉煌的中国历史中，有关人才的学说精彩纷呈，而使用人才、留住人才的智慧典范更是举不胜举。作为集智慧于大成的中华民族，在古代，有很多经典的案例可以引起我们现代人对人才问题进行思考，这些典故令人拍案叫绝，同时也会给我们很多启示。让我们追随这些历史长河中留下的点滴踪迹，认真地思考我们出版行业怎样才能"固本求新，弘文致远"地发展，在资金、项目、岗位、目标、市场等多种资源的配置与定位中，怎样才能唯才是用，多跑道地引领出版事业的发展，同时给每个有能力的人才创造出更加充分的发展空间。

一、引才纳贤

秦昭王五跪得范雎[②]

引才纳贤是国家强盛的根本，而人才，尤其是高才，并不那么容易引得

---

① 王玉玲，中国对外翻译出版有限公司。
② 本文三处引文出处为《中国最经典的七大人才案例》一文，参见http：//www.mie168.com/human-resource/2008-03/227718.htm。

到，纳得着。遥想当年，秦昭王雄心勃勃，欲一统天下，在引才纳贤方面就显示了非凡的气度。范雎原为隐士，熟知兵法，颇有远略。秦昭王驱车前往拜访范雎，跪而请教："请先生教我？"但范雎支支吾吾，欲言又止。于是，秦昭王"二跪地请教"，且态度上更加恭敬，可范雎仍不语。秦昭王又跪，说："先生卒不幸教寡人邪？"这第三跪打动了范雎，道出自己不愿进言的种种顾虑。秦昭王听后，第四次下跪，说道："先生不要对我怀有疑虑，我是真心向您请教。"范雎还是不放心，就试探道："大王的用计也有失败的时候。"秦昭王对此怪责非但没有发怒，还领悟到范雎可能要进言了，于是第五次跪下，说："我愿意听先生说其详。"言辞更加恳切，态度更加恭敬。这一次范雎深深感动并觉得时机已经成熟，终答应辅佐秦昭王，帮他统一六国并鞠躬尽瘁地帮助秦昭王成就霸业。而秦昭王五跪得范雎的典故，千百年来被人们称誉，成为引才纳贤的楷模。

中国古代有很多对人的评价及荐举、观察的方式。官吏的选拔途径也很多，如先秦的世袭制、秦汉至魏晋南北朝的荐举制以及隋唐至明清的科举制，其中科举制创立了以公开考试、择优选才为特征的制度。科举制创于隋代，衰落于清代，先后绵延了中国1300多年的历史。关于如何引才纳贤，东汉王符就提出过"有号者必称于典，名理者必效于实"，认为"毁誉必参于效验"，可根据官吏从政的实际"业绩"奖赏，这既是考察一个人最直接有效的方法，也是引才纳贤的关键参考。

作为现代出版的竞争，说到底也是人才的竞争。人才是一个优秀企业最宝贵的资源，也是企业最大的财富。出版百年，人才辈出，问天下几多英雄，英雄谱中的人物肯定是数不胜数。但如何能以人为本、广聚更多英才？如何能者授权、功者受禄、以能聘人？在这样一个谁拥有了大批堪当重任的人才，谁就具有了引领事业发展实力的比拼年代，一个人救活、振兴一个产品或者图书品牌的例子屡见不鲜，因此人才资本的经营已成为特别重要的企业文化内容之一。企业管理者必须有"有胆识虎龙，无私辨良才"的慧眼，用才的气魄、爱才的感情、聚才的方法，才能发掘出企业团队中的这些特殊群体，也才能齐聚四海贤士、广纳八方英才谋求出更大的发展。

不拘一格用人才，同样可作为是开拓出版新发展的利剑，一方面我们可推行突破地域的"天罗地网搜才计划"，在全球范围内跨国界、跨疆界、全渠道地寻找认同本单位出版核心价值理念的人才；也可以最大范围、最大程度地根据发展规划多方广纳贤士。以引荐人才为唯一导向的操作可大大提高人员招聘与选拔的效率和成功率；另一方面，打破身份和资历界限，建立灵活的用人制度，每个员工都会有无限的上升空间和提升机会。将不同层面的职位要求转化为不同核心能力模型及竞争力纬度，用慧眼识才这种"以人为本"的人才资本去经营我们的单位，定能吸引大批人才加盟，并使之得以快速成长，脱颖而出。

二、慧眼识才

一双筷子放弃周亚夫

如果说引才，只需要态度足够诚挚就够了，识才却是很神秘的工作。所谓识才并不只是看看谁是人才，谁不是人才这么简单。而要从小的方面推断大的方面，从今天的行为推断以后的行为，得出用人策略。周亚夫是汉景帝的重臣，在平定七国之乱时，立下了赫赫战功，官至丞相，为汉景帝献言献策，忠心耿耿。一天汉景帝宴请周亚夫，给他准备了一块大肉。但没有切开也没有准备筷子。周亚夫很不高兴，就向内侍官员要筷子。汉景帝笑着说："丞相，我赏你这么大块肉吃，你还不满足吗？还向内侍要筷子，很讲究啊！"周亚夫闻言，急忙跪下谢罪。汉景帝说："既然丞相不习惯不用筷子吃肉，也就算了，宴席到此结束。"于是，周亚夫只能告退，但心里很郁闷。这一切汉景帝看在眼里，叹息道："周亚夫连我对他的不礼貌都不能忍受，如何能忍受少主年轻气盛呢。"通过吃肉这件小事，汉景帝试探出周亚夫不适合做太子的辅政大臣。他认为，周亚夫应把赏他的肉，用手拿着吃下去，才是臣子安守本分的品德。汉景帝依此推断，周亚夫如果辅佐太子，肯定会生出非分的要求，趁早放弃了他做太子辅政大臣的打算。

识才的策略与很多传说贯穿着中国五千年的历史，汉景帝只是其中的一个代表。今天我们是否也要向汉景帝学点什么？"得贤人，国无不安，名无不荣；失贤人，国无不危，名无不辱。"人才的关键性和重要性不可辩驳。古代思想家墨子在《墨子·尚贤》中指出，"尚贤为政之本也"，并明确提出了"尚贤事能"，主张任用贤才治理国家。不能任贤，恶者就其位就会导致忠良离散，从而危及国家统治。因此，古人更是把"有贤不知、知而不用、用而不任"作为国家的三种不祥征兆，以此提醒管理者要亲贤臣，远小人。

识才的奥妙深着呢！人才测评在中国古代就被称为"知人"。老子把善于知人看作是智慧的象征，"知人则无乱政矣"。在人才的识别、甄选历史发展过程中，中国古代还创造出了很多的人才测评方法和手段，进行了广泛和卓有成效的实践和建设，积累了丰富的思想和操作经验，这对于我们今天的人才测评活动，仍然极具借鉴意义。白居易说："试玉要烧三日满，辨材须待七年期。"要对人做出真正客观的评价，只有一个方法，就是用时间进行考验。但在实际工作中，这个要求往往难以办到。对人才需要的紧迫性，要求我们要创造出更多的方法，快速地辨别良莠，识别人才。对人才的考察可从德行、功劳和资历三方面展开，要注重从不同的方面对人才进行综合的测量，以免失察；要在实践中通过人的实际表现来鉴别谁是真正的人才。

知人善任，给人才以渊池，给人才以深山，使人才各尽其能，各展其技。相信在任何一家出版单位，都会有几个甚至是一批顶级的员工，他们是企业里面最耀眼的"明星"。这样的明星往往处于最重要的岗位，创造着最卓越的业绩。作为出版管理者，只有让自己的团队不断做得更好，不断激励挖掘他们，才能识别出更多的"明星"。所以对人才的要求除了要保持一贯的高瞻远瞩和敏觉的头脑，还需要有超前的战略眼光和独特的人才识别理念，这样才能励精图治，树立起出版的新地标和企业快速发展的鲜明旗帜。

三、用人之道

神偷请战

用人要善于发现、发掘、发挥属下的一技之长。用人要"考其德行，察其道艺"。用人得当，事半功倍。楚将子发爱结交有一技之长的人，并把他们招揽到麾下。有个人其貌不扬，号称"神偷"，也被子发待为上宾。有一次，齐国进犯楚国，子发率军迎敌。交战三次，楚军三次败北。子发旗下不乏智谋之士、勇悍之将，但在强大的齐军面前，简直无计可施。这时神偷请战，在夜幕的掩护下，他将齐军主帅的睡帐偷了回来。第二天，子发派使者将睡帐送还给齐军主帅，并对他说："我们出去打柴的士兵捡到您的帷帐，特地赶来奉还。"当天晚上，神偷又去将齐军主帅的枕头偷来，再由子发派人送还。第三天晚上，神偷连齐军主帅头上的发簪子都偷来了，子发照样派人送还。齐军上下听说此事，甚为恐惧，主帅惊骇地对幕僚们说："如果再不撤退，恐怕子发要派人来取我的人头了。"于是，齐军不战而退。

  人不可能每一个方面都很出色，但也不可能每一方面都差劲，再逊的人总有一方面较他人为长。所以如何能很清楚地了解每个人的优缺点，不夹杂个人喜好去使用人才呢？也许你今天看不起的某个人，他日正是一个单位转机的干将。人才作为制胜之本，"人才难得亦难知"。庄子说："凡人心险于山川，难于知天。天犹有春秋冬夏旦暮之期，人者厚貌深情。故有貌愿而益，有长若不肖，有顺懁而达，有坚而缦，有缓而钎。"意思就是说，人的心理比山川还要险恶，比苍天还要高深莫测。自然界的春秋冬夏和旦暮的循环往复还有定时，而人却善于掩饰，不显露于外表，把情感深埋在内心深处，故难以测度。而以用人为长的诸葛亮也认为："夫知人之性，莫难察焉；美恶既殊，情貌不一，有温良而为诈者，有外恭而内欺者，有外勇而内怯者，有尽力而不忠者。"人本身就具有复杂性、隐蔽性、善变性的特点，要想对人有一个公正客观的评价并非是一件易事，智谋之士也深感人才难知。由此可知，对人才的评价并非是一劳永逸的事情。

  中国有句俗话说得好："得人心者得天下。"出版业的从业人员一般都有较高的文化水平和专业知识，如何使用激励与分享达到他们最优化的使用，我想我们可以事留人，实行目标化、项目化、知识化的管理；也可以情感人，对作出重大贡献的员工，知人善任，根据个人的特长作相应的工作安排。来自各个地区不同文化背景和理念的人，个性的差异很容易带来文化上的冲突，因此知人善任才显得尤其重要。

  搭建高效的"双赢"互动平台，以充满希望的事业留住人，以优良的机制和待遇吸引人，以优秀的企业文化熏陶人，以企业的发展远景激励人，才能打造出优秀的人才团队。在出版特有的文化大氛围中，应积极倡导并大力推行团队的合作效率中个人价值的体现与事业发展计划的结合。在增进团队合作效率和提升整体竞争力的同时，引导并协助员工逐步实现个人职业生涯规划并不断积累出他们事业必成的信念和物质基础的优厚回报。高品质的项目需要高素质的员工，卓越的企业需要精英的人才，只有构建出高效管理的团队和完善的人才梯队，才能让更多的员工和团队通过系统的锻炼与培养走向卓越。以人为本，以德兴企，将事业与人融为一体，通过人才引进荐举战略、管理提升战略、薪酬福利战略和出版品牌战略等有效的实施，营造好人才职业发展的生态环境，构建企业与员工长期共赢的利益共同体，实现企业与员工的共同成长，真正实现出版文化的大发展大繁荣。

出版的品质与出版人的文化自觉[①]

孙 晶[②]

出版物是文明成果得到积累、文化传统得以流传的重要载体,出版人则是这一工作系统的重要一环。如果没有知识分子的人文精神贯注其中,出版事业便丧失了其内在的文化属性,外化为一种单纯的商业行为;一旦有了知识分子人文精神的贯注,出版则成为民族文化建设、国民精神涵养、人类文明传承的重要渠道。

通观中外有影响的出版人的成功经验,我们可以发现,影响出版品质的因素非常多,而最重要的因素,无疑是从事出版工作的文化人的角色意识,亦即出版人的文化自觉。所谓出版人的文化自觉,概言之就是对自己所从事职业的文化特质的清醒认知和作为文化人角色的自我认同。根据笔者的理解,出版人的文化自觉,主要体现在以下四个方面:

第一,出版人的文化自觉,首先体现在出版人强烈的岗位意识,即对自己所从事职业的高度认可和自我悦纳上。

这是人生理想层次的自觉。出版人具备这一层次的文化自觉,就会乐在其中,视出版事业为自己的使命和人生目标。

分析知识分子在现代转型期的价值取向时,陈思和教授提出了知识分子"岗位意识"这一重要概念。所谓岗位意识,是指知识分子在自己的工作岗位上守持一份学术责任与社会责任,并通过一系列的努力去维系一份文化的精血。这种对岗位的认同和岗位意识的确立,是现代知识分子对自我在社会中的一次准确定位,是知识分子的理性自觉,是对知识分子所承担的历史使命和现实责任的清醒认知。"出版工作是知识分子将其知识价值转化为社会

[①] 本论文由作者在首届韬奋出版人才高端论坛专题论坛上讲演。
[②] 孙晶,复旦大学出版社常务副总编。

动力,并实现其自身价值的主要渠道"①;而出版恰与研究、教育一样,成为现代知识分子的安身立命之所。

实际上,现代出版机构创立之初,均与编辑出版教科书有关,叶圣陶曾说过:"就广义说,出版工作也是教育工作。"张元济投身商务印书馆前曾任南洋公学监督,是明确怀着"昌明教育生平愿,故向书林努力来"之宗旨来主持出版工作的。入股商务之后,张元济继续坚守"吾辈当以扶助教育为己任"的理念,聘请具有新思想、新学识的专家编制小学用最新教科书,将中西文化知识融入其中,一改传统蒙学读物的内容和格局,从而使商务版所编新式教科书一经问世即焕然一新,开创了现代教育新纪元。

从出版的历史长河来看,许许多多的出版人身上都体现出这样一种强烈的岗位意识,从他们的编辑事业中,我们能够深深地感受到这一切。搞出版、办教育、著书立说都是知识分子对社会的一种贡献,是他们自我人格成全的一种方式。这其中尤其是搞出版,更是知识分子在以自己的实际行动,通过为人做嫁衣的方式进行文化精神的传衍。许多真正的出版人绝不是为了金钱利益才搞出版,而是出于一种理想的支持,要为时代留下文明的火种,刻下艺术的印痕,为人生为社会为读者做些事情。

巴金曾说过这么一段话:"我们工作,只是为了替我们国家、我们民族作一点文化积累的事情。这不是我自我吹嘘,十几年中间经过我的手送到印刷局去的几百种书稿中,至少有一部分真实地反映了当时我国人民的生活。它们作为一个时代的记录,作为一个民族发展文化、追求理想的奋斗的文献,是要存在下去的,是谁也抹煞不了的。这说明即使像我这样不够格的编辑,只要去掉私心,也可以做出好事。那么即使终生默默无闻,坚守着编辑的岗位认真地工作,有一天也会看到个人生命的开花结果。"② 事实也的确如此,巴金等一批出版人恰恰是在文化大萧条、图书出版陷入低谷之际走上这个岗位的。他们并没有要做文坛霸主或出版巨子的心,而是以自己的努力踏踏实实地为文学事业作贡献,以其文化人强烈的责任意识,积极投身文化出版工作,干预生活,教育民众,出版了一大批影响了几代人的经典之作。

第二,出版人的文化自觉,还体现在对出版物思想品质的自觉提升上,

---

① 陈思和:《试论现代出版与知识分子的人文精神》,《复旦学报》1993 年第 3 期。
② 巴金:《上海文艺出版社三十年》,巴金《随想录》,北京三联书店 1982 年版,第 489 页。

即把出版物的思想品质视作出版物的本质特征，并以提升其品质为己任。

这是哲学思辨层次的自觉。优秀的出版人都极端重视出版物的思想含量，追求原创精品，倡导思想启蒙和智慧启迪。

正如贺圣遂、姜华两位主编在《出版的品质》一书弁言中所云，一位优秀的出版人应该是这样的："从某种程度上讲，他们是拥有理想和浪漫情怀的文化人，是真正的文化至上主义者，文化和理想在其心中永远是第一位的。他们还有自觉承担启迪时代精神的社会责任感，有将文化的圣火通过自身的出版活动播撒到更广大的民众中去的雄心与抱负。"的确，一位优秀出版人往往凭借良好的修养，对文化和出版的热爱与钟情，催生出有价值的真理和思想，并使其广为传播，推动社会发展。

在描述岩波茂雄对于日本文化的贡献时，李长声写到："作为知识青年，茂雄属于这样的一群，而且是一个典型：对国家或社会不显示任何积极性、行动性，自顾自郁闷，一味地煽动个性的无力叛逆，模模糊糊地怀疑而彷徨。正是这一群人的佼佼者后来从知性与感性造成了日本知识层的近代性格，其实也就是岩波文化的实质。"[①] 岩波茂雄认为，当时的日本思想界处于混乱时代，而这种混乱的根源在于哲学的贫困，出版哲学丛书的目的则是为了向大众普及哲学的一般知识。《哲学丛书》给了广大读者以巨大影响，造成了哲学书以及哲学在日本的流行，岩波书店也以此赢得哲学书肆之称，奠定了出版的基本特色。

"二战"后的德国不仅面临家园破碎、百业凋敝的境况，更可怕的是人们在思想和认识方面出现的困惑危机。而随着经济的复苏，又有不少人遁匿于经济奇迹带来的享乐之中。这种情况下，一道图书构成的彩虹出现在德国的上空。这就是翁泽尔德精心策划的"苏尔坎普版图书系列"，又称"彩虹系列"。"在'彩虹系列'作为展示德国文学新成就平台，推出新作家的处女作和老作家的新作的同时，翁泽尔德还致力于出版哲学、社会学、政治学和社会心理学等社科方面的力作，比如阿多诺、本雅明、维特根斯坦、马尔库塞、福柯、哈贝马斯和布卢门贝格等人阐述新思想、新认识和新精神的

---

① 李长声：《岩波茂雄和他的岩波书店》，载贺圣遂、姜华主编《出版的品质》，复旦大学出版社2012年版，第32页。

著作。"①

  显而易见，作为一个充满文化自觉、倡导思想启蒙的出版人，翁泽尔德凭借对时代精神的敏感把握和快速反应，把德国以及世界文学界、思想界的精英集中在一起，为渴望知识的人提供精神的滋养。其实，每一个有追求的出版人都可能成为一种出版思潮或学术思潮的推动者，一个创意、一种努力、一套书甚至一本书，就可以推动出版向一个新的方向发展，进而改变风潮，影响世界。

  第三，出版人的文化自觉，也体现在对人文精神的自觉呵护上，即关怀人生百态，关心弱势群体，对世间万物保有一颗宽容怜悯之心。

  这是人文关怀层次的自觉。优秀的出版人往往是仁慈而和善的，他们总是自觉地将出版物当作弘扬真善美、鞭笞假恶丑，拯救人间苦难的思想武器。

  "每个时代都有这样一批知识分子，他们深切地感受到自己所面临的困境与问题，总觉得这些问题与困境需要他予以关注、思考与批判，不这样做他就会觉得于心不安。创办中华书局的陆费逵就是一个这样的人。"② 陆费逵需要出版这样一个平台来施展他的抱负，将出版作为职业与职志。陆费逵的职业是出版，而他思考的着眼点是教育和社会，其背后所隐藏的则是匡时济世、关怀人生的悲悯情怀。

  陆费逵对于当时教育政策的变化与教育改革的动向有分析，有判断，同时极为熟悉课程的设置及教学情况。有了对教育的整体出版理念后，他以出版办教育，以教育促出版，带领中华书局去推动教育革新，进而影响文化市场，推动文化发展。在他的主持下，中华书局出版大宗国语教科书，学生研读国语教材一时蔚为大观。

  绥青同样如此。在与列夫·托尔斯泰、契诃夫、高尔基等作家的交往中，绥青渐渐懂得"出版不仅关乎'生意'，而且关乎'文化'；书铺不仅是为'读者'服务，而且主要是为'平民'服务——'读者'是现成的，

---

  ① 马文韬：《翁泽尔德：世纪出版家》，载贺圣遂、姜华主编《出版的品质》，复旦大学出版社2012年版，第78页。

  ② 王建辉：《陆费逵：以出版为终身事业》，载贺圣遂、姜华主编《出版的品质》，复旦大学出版社2012年版，第147页。

'平民'却需要出版人去造就成"读者"。"① 绥青发现，对农民而言，历书和年历几乎是他们唯一的读物，他们多从历书里汲取知识作为生活的指导。而旧时的历书内容陈旧、枯燥，甚至有害，绥青便决心编辑出版新的历书和年历，注入各种各样的新文化、新知识。经过一次次修订，绥青版的历书内容越来越丰富，越来越实用，成为实至名归、包罗万象的百科全书。与此同时，绥青还改革儿童读物，将普希金、茹科夫斯基的童话配以精彩的插图出版，将世界公认的经典童话引进到俄国，低价销售，使许多穷人的孩子也买得起。

在策划"文学丛刊"时，巴金也是通过一切办法（包括降低成本等）来使普通大众都能拥抱精神世界的美好。他说："在定价方面，我们也力求低廉，使贫寒的读者都可以购买。我们不谈文化，我们也不想赚钱，然而我们的《文学丛刊》却也有四大特色：编选谨严，内容充实，印刷精良，价格低廉。"可以说，他们以自己的努力确实做到了这一点，以自己的实际行动在出版史、文明史上镌刻下了自己的名字。

作为一个真正的出版人，陆费逵、巴金、绥青他们能够创造文化思潮，甚至扭转文化潮流；他们更善于为读者着想，妥善地处理好文化属性与商品属性的关系。正因为如此，出版活动的意义，便在他们的人生轨迹中得以显现；而他们作为知识分子所坚守的守先待后、薪尽火传的文化使命则在他们所创造的出版物中得到长久的传承与留存。

第四，出版人的文化自觉，还体现在对出版物艺术品位的自觉追求上，即将出版物视作实现其审美理想的载体。

这是美学追求层次的自觉。"言之无文，行而不远。"优秀的出版人总是自觉追求出版物形式与内容的完美统一，力求将每部作品打造成一件件雅俗共赏的艺术品。

陈思和教授曾经指出："很难设想，如果没有文生社，我们的现代文学史将会是怎样一种写法。"② 由于巴金将他的政治信仰转化为工作精神，使他主持的编辑出版工作超越了一般职业编辑的意义，形成了中国文坛一股虎虎

---

① 汪家明：《绥青：为书籍的一生》，载贺圣遂、姜华主编《出版的品质》，复旦大学出版社2012年版，第7页。
② 陈思和：《理想与希望之孕》，载《牛后文录》，大象出版社2000年版，第177页。

有生气的新生力量。巴金主编的大型丛书"文学丛刊",是20世纪30年代至40年代一套极其重要的文学丛书,在战争的磨难和文化萧条的岁月里,它几乎独立支撑了纯文学的创作,推出了一大批优秀作家的作品,甚至可以说,缘于这套丛书,才使许多中国作家在文学史上留下名字。巴金为这套丛书定下的编辑宗旨是"这丛刊里面没有一本使读者读了一遍就不要再读的书"。这样的自信恰恰来自他对艺术的自信以及为之做出的努力。

法国有一家叫做伽利玛的出版社,"虽然不是最大,也不是最富,但它对法国文学所作出的贡献是法国任何一家出版社都望尘莫及的。它是法国出版界的一面旗帜,一个象征。"① 从这个出版社创办到加斯东·伽利玛1975年去世计算,法国获得的11个诺贝尔文学奖中有6个是伽利玛的作者荣获的。此外,伽利玛出版的书还获得了27次龚古尔奖、18次法兰西学院小说大奖、12次联合奖、7次美第奇奖、10次勒诺多奖、17次菲米娜奖……正如美国一本杂志评论说,"伽利玛是法国文学的同义词"。加斯东·伽利玛的成功在于他对于好书有着天生的敏感,作为一个天才出版家,他堪称作者的知心人,塞利纳、西默农、加缪、普鲁斯特、米切尔,一位又一位作者的大著就这样被他收入旗下。

除了一流的内容之外,好书还得有好的形象、好的包装,出版大家们都深谙此道。在推出"苏尔坎普版图书系列"时,翁泽尔德就与图书装帧家弗莱克豪斯决定,封面分别采用赤橙黄绿青蓝紫七种颜色,不同颜色的书排列在书架上就组成一道彩虹,因此人们称这个系列为"彩虹系列"。又如巴金,他所主持编辑的"文学丛刊"的封面、装帧别有新意。该丛书32开本,纯白色带勒口的封面,外加褐色护封。封面印上书名、作者、丛刊名称,字体、颜色不同,显得醒目、大方。"译文丛书"则设计为25开本,版式大而略带方形,封面有作者画像和内容介绍,这一有特色的设计出版后广受好评。翻译家李文俊回忆说:"'译文丛书'开本短而宽,而且往往是厚厚的一大册,像个脾气和蔼的矮胖子,给人一种敦实可靠的感觉。"② 范用也曾说:"我想起巴金先生的文化生活出版社,他印的书,《'译文丛书'魂灵》

---

① 胡小跃:《加斯东·伽利玛:半个世纪的出版传奇》,载贺圣遂、姜华主编《出版的品质》,复旦大学出版社2012年版,第15页。
② 李文俊:《纵浪大化集》,九州图书出版社1997年版,第73页。

的封面就只有黑颜色三个字。'文学丛刊'，曹禺的《雷雨》、《日出》，封面简简单单，除了书名、作者名，没有更多的东西，一直到现在，也还觉得非常好。"①

今天，我们面对的是一个处于历史转型期的社会，此时从事人文事业可以说是一件颇有点困扰与寂寞的事。但是，当今知识分子虽然有着诸多困扰，然而生存境遇实已有了很大变化。从某种意义上说，危机不来自物质而来自精神，不来自外界而来自自身。在这样的时代，作为一个出版人，更应守持一份理想，内心保有强大的自信。这种自信是对民族文化乃至全人类文化繁荣发展的自信，是对自己敢于担当文化传承职责的自信。这种自信绝不只是一种空泛的言说，而应在具体的工作中展示出来，让理想与追求在平实的岗位得到自觉贯彻，让人类文明的精华通过出版人的努力而广为流播。

---

① 范用：《谈文学书籍装帧和插图》，《出版史料》2002年第4期。

试论编辑的文化担当

刘 翎[①]

党的十七届六中全会提出了要"发展面向现代化、面向世界、面向未来的,民族的科学的大众的社会主义文化,培养高度的文化自觉和文化自信,提高全民族文明素质,增强国家文化软实力,弘扬中华文化,努力建设社会主义文化强国"[②] 的目标和要求,出版业作为社会主义文化的一个不可或缺的组成部分,在传播一切有益于经济和社会发展的思想理论、科学技术和文化知识,满足人民的精神文化需要,提高全民族的思想道德素质和科学文化素质,形成文明高尚的社会风尚等方面,都有着直接而重要的作用。编辑的工作任重而道远,他们不仅是社会主义文化的传播者,还是文化的建设者,在推动社会主义文化大发展大繁荣的过程中,编辑有着无可推卸的文化担当。

一、坚守与创新并举,培养良好的文化自觉

对于编辑工作的认识,人们常存在一种误区,觉得就是挑挑错字、改改标点,把一部书稿印成书,向广大读者发一发,在社会文化建设中也就是一个被动承担者的角色。其实不然,在社会主义文化大发展大繁荣的今天,出版工作者通过对社会文化成果进行评价、选择、优化、推荐和策划、催化,实现其为社会文化建设的服务功能。这一定位决定了编辑已成为社会主义先进文化当仁不让的建设者和传播者,编辑要由被动的承担责任转为主动自觉的文化担当。

[①] 刘翎,解放军出版社星火燎原编辑部主任,副编审。
[②] 《中共中央关于深化文化体制改革推动社会主义文化大发展大繁荣若干重大问题的决定》,人民出版社 2011 年版。

著名学者费孝通先生指出,"文化自觉"是指"生活在一定文化中的人对其文化有'自知之明',明白它的来历、形成的过程,它所具有的特色和它的发展趋向","自知之明是为了加强文化转型的自主能力,取得决定适应新环境、新时代文化选择的自主地位"。① 从这个意义上说,文化自觉就是要有坚守和创新文化的主动意识。

中华民族有着悠久的文化历史和文化传统,在中国5000多年的文明发展历程中,各族人民紧密团结、自强不息,共同创造出源远流长、博大精深的中华文化,也给我们留下了丰富的出版资源。挖掘、整理中华民族最珍贵的文化遗产,使之不因战火的硝烟或时光的流逝而湮灭,这是作为一名编辑对文化的最好坚守。

1932年1月28日,中日军队在上海闸北交战,商务印书馆宝山路总厂被投掷的燃烧弹化为灰烬,由商务印书馆出资兴办、远东最大的公共图书馆——东方图书馆也被日军放火烧毁。该馆的全部藏书,包括善本古籍3700多种,3.5万册,以及全国最为齐备的各地方志2600多种,2.5万册,悉数被毁。这让商务印书馆董事长张元济先生痛不欲生,但他很快振作起来,又从头开始校勘《百衲本二十四史》。经过4年多的夜以继日,《百衲本二十四史》终于出版了。这时,张元济已整整70岁。解放军出版社原顾问、军队获得韬奋出版奖第一人的黄涛同志,也是这样一位怀有强烈文化担当的编辑。几十年来,他主持编纂了人民军队的第一部英雄传、第一部烈士传、第一部中国古代和近代军事史、中国第一部大型革命回忆录,并领导创办了第一本革命回忆录杂志。为编纂《星火燎原》这部中国第一部大型革命回忆录,他26年来矢志不渝,在十年动乱的时候,冒着危险将我们党我军的这些珍贵文稿和资料妥善地保存了下来。正是在这批珍藏下来的手稿基础上,荣获国家出版最高奖——中国出版政府奖图书奖的《星火燎原全集》才得以完整出版。

文化是不断流动和发展的,创新文化也是编辑文化自觉的一个重要方面。编辑工作虽不能代替作者创新思想和创造知识,但是编辑可以发现和选择有创新能力的作者、催生思想,甚至可以根据社会文化发展的需要进行有针对性的编纂。

---

① 费宗惠、张荣华:《费孝通论文化自觉》,内蒙古人民出版社2009年版。

针对经济发展之后人们的文化形象、文化素养亟待提高的社会现实，特别是在社会文化生活中，有很多名人、公众人物在公共场合下用错文史常识，用错成语，读错字音等现象，中国书籍出版社编辑出版了一套《文化纠错丛书》，涵盖了《中国人最易误解的文史常识》、《中国人最易读错的字》等图书，对这一社会现象进行了有针对性的纠错。坚守中华语言文化的纯洁，又在出版内容上进行创新，这套书的出版其实就是编者文化自觉的最好表现。

二、独具一双发现的慧眼，形成准确的文化判断

作为编辑，首要的是善于把握时代脉搏，发现代表时代精神走向的新思想、新文化。在浩如烟海的文字海洋中，不是所有的文字内容都具有出版价值，它需要我们编辑有识别优秀作品的能力，独具一双沙里淘金的慧眼。法国雕塑艺术家奥古斯特·罗丹曾经说过："生活中不是缺少美，而是缺少发现美的眼睛。"眼光对一个编辑而言，不仅是一种业务素质的体现，某种程度上还会关系到一部图书的最终命运。

2006年底，解放军出版社在策划建军80周年的选题时，有人提出将一直存放在资料室中的《星火燎原》未刊稿，再拿出来重新编辑整理出版。一堆尘封50年的弃稿，在今天的图书市场上还能有出版价值吗？经过激烈的讨论，最终大家达成一致看法，即这些稿件虽为未刊稿，但其文化价值巨大：一是尘封50年，史料价值愈显珍贵；二是《星火燎原》的风靡，奠定了未刊稿的社会价值；三是未能出版，更具文化创新价值。更重要的是，所谓的未刊稿是因为当年的历史原因和客观条件所致，并不是稿件本身有什么质量问题，而这，将是图书整体质量的重要基础，是对该文稿的文化价值进行再挖掘、再创新的基础。"未刊稿"三字的出版价值最终在市场上获得了充分的证明，在2007年的国内图书市场上，《星火燎原·未刊稿》刮起一股红色经典的旋风，成为该年度全国图书市场上影响最大、销量最多、最受读者喜爱的革命历史读物。时至今日，在《星火燎原全集》也已出版的情况下，许多读者还对"未刊稿"念念不忘。

可以想见，如果没有解放军出版社的编辑们当年的决断，这堆手稿今天还依然静静地躺在档案室的角落里，经受岁月和霉菌的侵蚀，不为世人所知，它们所能昭示给世人的革命精神、能带给世人的精神震撼和给予今人的文化滋养，也永远只能尘封在历史的尘埃里，当然，它们的文化价值也与一堆废纸无二样。

出版能广泛地影响人们的心灵、信念和行为选择。一本好书的出版，一种文化理想的树立，可能会影响一个时代。编辑，你的眼光也许会影响一代人、一个时代！

三、内容与形式相得益彰，着力精当的文化表达

着力将好的内容以最恰如其分的形式精心呈现给读者，让优秀的思想文化内容与精美的装帧、印制相得益彰，让读者爱不释手，甚至乐于收藏，使文化得以传世，这本是编辑传统意义上的责任，因此也更是编辑的文化担当所在。

精当的文化表达，可以是文字内容上的。像《星火燎原·未刊稿》，除在选题策划上，充分发挥《星火燎原》已有的社会价值，对其进行深入挖掘外，还有一个重要的成功因素就在于，在已有的历史纪实文稿基础上，又添加了极具当代文化品质的图书编辑元素，以作者简介、相关链接、编辑部档案和历史图片等形式，不仅有效拓展读者的阅读视野，也使版式设计极具时代审美特质，有效地拉近了历史与现代人的文化距离，让50年前的红色经典重新焕发新时代的光彩，成为有《星火燎原》情结的老读者和对人民军队史不甚了解的年轻读者皆能接受的精品图书。

精当的文化表达，也可体现于图书的装帧设计中。对于形式，人们一般认为它是为内容服务的，但对一本图书来说，它不仅是图书内容的一部分，某种程度上来说，它还是决定一本图书最终命运的重要因素。著名出版人金丽红就有一个"五分钟效应"理论。她认为，读者在书店选书首先要看书名，然后是作者、封面设计，再后是内容简介和目录，最后是封底和定价，总共不超过5分钟。这5分钟就决定读者是否会买这本书。有购书体验的人，可能都会有这样的体会，在浩如烟海的图书中，一本书吸引你的第一眼其实就是它的总体装帧，它的色调，然后才是"定睛一看"的书名。从这个意义上说，图书的装帧设计关乎着一本图书的最终命运，而这命运恰恰就掌握在咱们编辑手中。

图书的装帧设计，不仅指封面设计，更涵盖了开本、版式、字号字体等元素，有时，它们中的一个小小的突破，都可能带来图书销售意想不到的结

果。比如，一般认为，精装本由于出版成本高，导致定价高，从而会影响到图书的总体销售，而且精装本比较重，并不适合阅读。但从另一个方面来讲，精装本由于长期以来多用在公认的学术经典著作中，在读者中形成了高规格、精品书，有文化分量的印象。余秋雨的《文化苦旅》曾在中国大地风靡一时，该书在出版时，责任编辑就打破常规，给这本散文类书以高规格的出版礼遇，用不常见的精装本形式进行包装，这不但是体现对作者的尊重，放在书架上也更显得端庄、有文化内涵，较好地突出了该书文化散文的特质。这，就是图书形态带来的文化效果。

解放军出版社出版的《星火燎原》系列连环画，在装帧设计上就有意打破了人们对连环画的固有观念。不再是传统样式上的 64 开横开本、封面采用整幅彩色图画作底、上面缀以书名的连环画"经典形象"，而是采用 32 开异型开本，版式设计疏密有间，封面设计更是摈弃了传统的花花绿绿，在大片的白地上，截取最富有代表性的画面，缀以同色系的各种图文元素。而用红、蓝、绿三种色调分别代表土地革命、抗日战争和解放战争三个历史时期，则体现出统一中又有变化的设计理念，源自传统却又时代气息浓厚。凡是第一眼看到《星火燎原》连环画的人，无不为其简洁大气、充满时尚元素的装帧设计所吸引。

四、多渠道全媒体出击，进行得力的文化传播

图书的诞生，改变了人类对以往知识的传播和文化的传承，以人为载体、以口口相授为手段的脆弱传承方式，使人类社会从此在言传身教的传承方式以外有了另一种重要管道，这就是寿比人长、无远弗届的图书文化的生命传承系统。图书作为一种比报纸、广播电视和网络等传播媒体出现得更早的传播媒介，在广大受众心目中有着更重的分量，有人甚至将在列车上是看报还是看书、玩手机，当作判断一个人修养和品味的重要指标。的确，图书在文化传播的系统性、全面性和深刻性上，有着其他媒介无法比拟的优势。

随着许多传播速度更快、更便捷的传播媒介的出现，尤其在信息技术高度发展的今天，图书作为一种传统的纸质传媒，所迎接的挑战来自多方面。有来自不同传播方式媒体，像广播电视、网络的挑战，有来自图书本身不同载体，像电子图书的挑战。在这多方面的"围攻"之下，许多人发出了"读书的人越来越少"，"书越来越不好卖"的惊叹。但挑战即机遇。在一个全媒体高度发展的社会，图书作为传统的纸质传媒，可以借助电子图书的优势，克服原来存在的体积较大、较重、携带不便的不足，让更多优秀的图书走进每一个爱书的人身边。图书在营销上，更是可以突破传统的报纸杂志、广播电视等有限的传播渠道，可以将图书的相关信息通过网络，以网店营销、微博营销等方式，随时随地为人们所知晓。

  事实上，在人们的信息需求面前，没有哪一种媒介能满足所有受众。图书的发展要想获得有力的文化传播，必须要走多媒体的路子，让纸质书与电子书齐飞。而在图书的宣传营销上，则又必须全媒体出击，综合运用各种表现形式，全方位、立体化地展示图书所承载的文化内容。这是截然不同于任何时代的文化职责，是新时代赋予编辑们的文化担当，作为一个全媒体时代的编辑，你，必须勇敢地承担起这份责任！

文化大发展大繁荣呼唤研究型编辑

殷 欢[①]

中国共产党第十七届六中全会认真总结了我国文化改革发展的丰富实践和宝贵经验,对深化文化体制改革,推动社会主义文化大发展大繁荣作了全面部署。当今世界正处在大发展大变革大调整时期,文化在综合国力竞争中的地位和作用更加凸显,增强国家文化软实力、中华文化国际影响力要求更加紧迫。文化越来越成为民族凝聚力和创造力的重要源泉、越来越成为综合国力竞争的重要因素、越来越成为经济社会发展的重要支撑,丰富精神文化生活越来越成为我国人民的热切愿望。[②]

文化的发展离不开出版业的繁荣。"国家没有高山,没有丘陵,怎么看世界?要站在书上。"——这是 2011 年北京第 18 届国际图书博览会期间新闻出版总署署长柳斌杰向我们介绍的主宾国荷兰。站在书上,思想的高度决定了视野的广度。一本本书的累积,能丰富人们的精神世界,使我们站得更高看得更远。书对于人类的作用不言而喻。

出版业的繁荣离不开人才的支持。在与文化息息相关的工作者中,编辑有着举足轻重的作用。他们在读者和作者之间架起一座座沟通的桥梁,使文化间的交往更加繁荣、顺畅;他们将作者的呕心沥血之作以带有淡雅墨香的图书固化和保存下来,完成知识的继承和传播;他们在引领读者阅读、提升作品水平、营造读书氛围、弘扬优秀文化之间不停穿梭,为促进文化大发展大繁荣添砖加瓦。编辑水平和能力的高低将决定能否慧眼识珠发现好的作品,能否妙手回春加工出好的作品,能否敏锐抓住读者内心、触动读者心灵,让作品为读者所喜爱、丰富读者的精神生活,使一批批出版物适应并引

[①] 殷欢,教育科学出版社。
[②] 来自党的十七届六中全会报告。

领中国文化的发展。出版和文化的繁荣呼唤高质量编辑队伍的出现。

一、文化大发展大繁荣呼唤研究型编辑

作为精神文化的传承者，编辑在发现优秀作品、打造优秀作品、传播优秀作品，了解读者阅读需求、引领读者阅读水平上责无旁贷。文化的大发展大繁荣要求有更多优秀力作出现，要求能不断引领读者迈向更高层次的阅读水平，要求能继续传承和发展我国的优秀文化精髓，要求能大踏步走出去向全世界宣扬真正的中国，要求彻底祛除那些内容低俗、不科学、不健康的精神毒瘤。而这一切都有赖于编辑队伍的壮大和素质提升，不仅要脚踏实地在字里行间辛勤耕耘，更要懂得领悟国家政策、了解图书市场、洞悉读者需求、熟知专业知识。可以想象，一个只埋头于修改书稿而不具有文化担当和服务大众、不具有创新精神和研究意识的编辑是难以担此重任的。

传统意义上的编辑若辛苦于为他人做嫁衣和简单的文字加工而忽略了自身专业发展和自主创造性发挥、不走出去广交朋友了解市场而封闭在办公桌前、不研究自己的专业知识而无法对书稿进行专业的评判，都将难以适应文化发展对出版人才的要求。文化大发展大繁荣呼唤新的编辑培养方式和新的编辑人才队伍——研究型编辑。研究型编辑强调在研究中编辑，在编辑中研究，以研助编，以研促编，用研究的态度领悟国家政策和文化导向，用研究的思维分析读者需求和图书市场，用研究的视角处理日常的图书加工，在研究中促进自身专业发展，具备更广阔的视野和更强的工作能力，更善于发掘好的作品、满足和引领读者需求，以促进整个出版行业更好更快地发展。出版人才的强大，必能繁荣和壮大整个文化市场。

二、研究型编辑的内涵

什么是"研究"？研究是主动寻求根本性原因与更高可靠性依据，利用有计划与有系统的资料收集、分析和解释的方法，获得解决问题的过程。研究的目的是提高工作的可靠性和稳健性。什么是"研究型编辑"？研究型编辑不同于学术期刊编辑对学术科研能力的要求和广大科研工作者利用科学的实验步骤和严谨的工具测试对某一问题进行深入而长远的分析，它强调的是能认识"研究"对于"编辑"工作的重要性，懂得在工作中应用"研究"的方法解决问题，具有"研究意识"，掌握"研究能力"，拥有"研究的思

维方式"。

编辑要研究什么？一位出版前辈曾提到，编辑必须做到以下几点：常常参加书展、会议；阅读学术期刊、与出版相关的专业杂志，或是全国性的大报；和作家经纪人保持来往；注意别家出版社的出版目录；详读书评；参加文学"活动"；常到大专院校走动；和业务员多到书店看看；和专业组织维持往来。

要成为一名研究型编辑，仅仅"参加、阅读、走动、看看"还不够，想必这位前辈心中的好编辑也并不局限于此。重要的是在参加完书展、会议后，能总结出近一段时间的出版方向，能把握住作者们目前的研究动向；能在详读完书评后归纳出好的书评是如何挖掘图书的精彩亮点并打动读者的；能在书店和业务员沟通后，分析得出某些图书的销售情况，找出影响图书销售的关键因素，并以此反馈给下一阶段的编辑工作。

综上所述，研究型编辑在日常工作中应该做到：研究时代背景；研究国家政策；研究出版和学科专业的相关知识；研究作者创作；研究兄弟出版单位的出版计划；研究图书排行榜中蕴涵的学问；研究图书宣传材料中的亮点；研究读者群体的需求；研究营销策略的关键点，等等。并以此来综合分析、全盘考虑如何在促进文化发展、传播作者的优秀作品、满足和引领读者需求方面做到合三为一，让更多精品力作面世。

相对于一般编辑，研究型编辑具有哪些特质呢？

（一）能用研究的科学方法解决工作中的问题

不拍脑门随便决定新的选题，不仅凭网上搜索资料足不出户就分析得出市场需求，不凭空捏造读者心态，不凭主观意识随便删减修改作者书稿。面对新的选题时，认真严谨地进行市场调研：与读者交流探讨对于图书的需求和设想，去书店分析总结同类书的优势和不足之处，与书店业务员沟通影响图书销售的因素、哪些书近来深受读者欢迎，向专家学者学习了解书中介绍哪些内容最为合适、如何以恰当的方式呈现能够更有利于读者阅读；面对书稿中的疑惑，不厌其烦与作者互动以求解答，不辞辛苦翻阅工具书以求补充，不怕麻烦与同事或朋友交流让他们充当第一读者，询问这样的书喜不喜欢阅读，哪些地方值得改进。这种种表现，都是用研究的方法对待编辑工作。项目繁多但不浮躁，细心而不刻板，只为让图书作品日臻完美，更受读者喜爱。

（二）能更好地服务广大读者

做一名研究型编辑，其根本目的是更好地服务读者，丰富读者的精神文化生活。新时期的编辑，不能只是"出书匠"，更应该承担"服务商"的角色，在提供图书产品的同时，奉上更多优质的、读者需要的产品外服务。研究型编辑在日积月累的调查研究中更能了解图书市场走向，更能准确洞悉读者需求，更能精准把握成功的营销策略，从而清晰定位服务对象、服务策略。因此，具有研究意识和研究能力的编辑能以更好的服务回报读者，使他们在图书之外享受更多的知识供给和文化熏染。

（三）能更有利于自身专业化发展

文化大发展大繁荣离不开编辑队伍的壮大和专业提升。编辑如何促进自身专业化发展？做一名研究型编辑是一个有效的途径。做一名研究型编辑，在参加书展中、在逛书店中、在阅读书评中、在与专家学者沟通中、在调研分析读者需求中，通过总结分析不断提升自己的专业水准和对问题的掌控能力，不断丰富自己的专业视野，提高捕捉市场信息的敏锐度，深层次领悟国家政策、洞悉读者需求、充分挖掘优秀图书的特点、总结归纳适合的宣传营销方式，这些积累都会在一定程度上促进编辑的专业化发展。

（四）能促进形成出版品牌，提升竞争力

做一名研究型编辑，坚持对某一学科领域的知识加以研究，持续关注其发展动态和热点问题，及时更新和丰富自己的知识结构，使自己具备对书稿长久而专业的认识和把控能力，并能在日积月累的持续关注中寻找新的选题机会；也可以是对某一出版领域的研究，如研究中等职业教育英语教材的编写，能从英语学科特点、中职学生学习特点、中职教育环境、企业和社会对人才要求等角度评价已有教材的优劣，在此基础上策划如何做一本深受中职师生喜爱、能真正帮助他们的英语教材。这种研究的积累让编辑在评价已有书稿、策划新选题时更有发言权，更能在以后的组稿改稿和与作者的沟通中提出专业化的建议，从而有效提升图书质量。这样的研究型编辑，能在作者圈中形成一定的威望，策划的图书深受读者喜欢，在业界形成属于自己的品牌效应，提升自身乃至整个出版单位的竞争力。可见，研究型编辑也能同产品、集团、企业等一样成为出版品牌之一。

三、研究型编辑的培养机制

研究型编辑的培养离不开自上而下的重视和相应政策、平台、氛围的支持。从国家出版管理部门到每一个编辑自身都要充分意识到编辑素质水平和业务能力的提升对出版繁荣和文化发展的重要意义；领会编辑人才发展对提高出版单位竞争力的价值；以人为本，因材施"助"，促进每一个编辑实现专业化成长。

（一）研究型编辑的培养，前提是编辑自身的成长自觉和发展自信

热爱这份职业，并希望、有信心在编辑岗位上通过努力获得成长是成为一名研究型编辑的前提。因此，编辑首先要增强职业荣誉感和成就感，深刻体会编辑对于服务读者、传承精品、繁荣文化的关键作用，认识到只有自身获得提升，才能组织策划出读者喜爱的高质量作品，从而影响读者、引导读者，满足其对精神文化产品的需要。其次，制订适合自身的成长计划，坚定不移地贯彻执行。如跟踪科研课题，充分参与其中，提升研究能力和专业认识水平；积极逛书店、写书评、想选题，做一个对生活、工作有心之人。不浮躁、不懈怠，不时检验自己的阶段成果，在工作中反思，在反思中前行，大胆、勇敢地朝着实现研究型编辑的目标努力。

（二）研究型编辑的培养，关键是出版单位的平台和鼓励

要培养一名研究型编辑，领导在工作中既要交给任务，又要教给方法；既要大胆放手，又要小心扶持；既要热情鼓励，又要严格要求；既要在培养中使用，又要在使用中培养；既要在思想上引起重视，又要制订恰当的编辑人才培养计划，如我社的"新编辑导师制"，确定了细致的辅导内容和考核标准。可以是组织定期的读书活动，让编辑总结交流近段时间来阅读的好书，一方面提高其学识素养，一方面挖掘好书中值得我们编辑工作借鉴的地方；可以是开展不定期选题策划活动，通过讨论交流，结合当下国家政策、时代热点和出版方向，确定一个具有一定可行性的选题，或交给一名编辑独立完成，或组成合作小组分工协作，一起论证选题的可行性；可以是分析对比一段时间来的图书排行榜，天天看，持续观察，从细微的变化中读出读者的阅读心理，这中间需要编辑自己剔除出版商背后炒作的部分，得出真实的信息；可以是中带青、领导带领员工、业务员和编辑一起到书店，观察读者的购买特点，探讨影响图书销售的关键因素，在实地观察和讨论总结中找出

提高图书竞争力的着力点；可以是创设激励机制，鼓励编辑撰写研究论文，使其达到一定程度的"术业有专攻"，等等。总之，研究型编辑的培养，离不开出版单位创设的平台和给予的鼓励，这其中，领导要本着帮助一名员工成长、促进整个单位发展的原则，在帮助他人成长的同时也实现自身的进步。

（三）研究型编辑的培养，根本是主管单位的政策导向

从思想到行动，从政策到指导，我们需要激励出版人才，培养出版人才，挖掘出版人才，培养新时代具有"韬奋精神"的出版人才，紧抓出版人才队伍建设。从上到下，关注广大编辑的工作和思想动态，及时了解编辑工作中的重点、难点，据此完善编辑人才培养机制。除了定期组织编辑技能培训，还可举办"我身边的出版家"等活动，大力宣扬我国优秀出版人才的光辉业绩和奋斗历程，组织年轻编辑向上一辈出版家学习，让榜样的力量继续在年轻编辑队伍中绽放光芒；为促进互相学习，也可组织全国或地方性的编辑思想交流活动，使创造力和智慧的火花在碰撞中变成编辑工作的源泉；也可组织管理人员和一线编辑一起探讨新时期"韬奋精神"的内涵，思考每一名编辑在工作中应如何践行；此外，还应加强编辑的业务学习，向广大编辑推荐精品好书，组织开展全国编辑读书活动，提升编辑的文化素养、思想境界和审美情趣，感受文化、图书给人带来的美好，让他们在学习美、欣赏美的同时，更能创造美，并引领更多的人追求美。

润物无声　滴水穿石
——做国际汉语出版创新型人才

周　芳①

一、引言

中国共产党第十七届六中全会通过的《中共中央关于深化文化体制改革推动社会主义文化大发展大繁荣若干重大问题的决定》指出，要"推动中国文化走向世界"，要"开展多渠道多形式多层次对外文化交流，广泛参与世界文明对话，促进文化相互借鉴，增强中华文化在世界上的感召力和影响力，共同维护文化多样性"。

在北京语言大学校长崔希亮看来：中国文化能否走出去是衡量国家文化竞争能力的标准，但是中国文化要想走出去，有一个重要的环节必须重视，即中国文化的载体——中文，离开语言，文化是走不远的。②

中国政府富有前瞻性地预见到语言教学的重要性。2004年11月21日，全球第一所孔子学院在韩国首尔揭牌。其后，在多方的共同努力下，孔子学院逐渐成为中外教育文化交流的综合平台。目前，在世界范围内已经建立了387所孔子学院和509所中小学孔子课堂，覆盖108个国家和地区。2011年，孔子学院和孔子课堂开设各种层次汉语课程2.4万班次，注册学员达50万人，超过700万人参加了上万场次的文化交流活动。③

语言教学离不开出版。出版是语言教学和文化传播的主要载体，也是一个国家文化实力的重要体现之一。要想实现"中国文化走出去"，就必须同

---

① 周芳，博士，高等教育出版社副编审、分社长、首席编辑。
② 崔希亮：《汉语国际教育与中国文化走出去》，《语言文字应用》2012年第2期。
③ 吴兢：《孔子学院：中国文化拥抱世界》，《人民日报》2012年8月10日。

时使出版"走出去"。新闻出版总署署长柳斌杰指出，我们要积极推动中国文化走出去，推动包括出版传媒产品和服务在内的中国文化产品和服务出口，扩大包括出版传媒企业在内的中国文化企业对外投资和跨国经营，这是中国政府实施的一项十分重要的对外文化贸易促进政策。

由此可见，中国文化走出去、中国文化企业发展、国际汉语教学、国际汉语出版这四者之间有着环环相扣、密不可分的关系，本文将以国际汉语出版为主线，以其他三者为依托，阐述何为国际汉语出版创新型人才。

二、国际汉语出版的现状与未来

上个世纪，汉语作为外语教学以来华留学生为主，因此被习惯地称为"对外汉语教学"，即针对外国人的汉语教学。这个时期的对外汉语教材以在中国这个目的语环境中学习汉语为背景，内容具有鲜明的中国本土化特色。进入21世纪，国外开设汉语课的学校，特别是中小学校越来越多，"对外汉语教学"已不能准确概括这种世界范围内的汉语教学，"国际汉语教学"这一概念应运而生，国际汉语教材出版也从原有的两三家出版社迅速扩展到上百家。

新闻出版总署副署长邬书林指出，语言教育出版在促进国际文化交流方面始终发挥着重要的基础性作用，是国际文化交流的重要组成部分。在对外汉语教材领域，中国有120余家出版社出版国际汉语教材及文化辅助读物。2005年到2009年，出版品种从1500多种增加到6000多种，累计销售、赠送达1200多万册，供全球136个国家和地区的4万多所大学和主流中小学500多万人使用。在面向海外学习者的国际汉语教材中，比较有代表性的是国家汉办/孔子学院总部立项编写的系列教材《汉语乐园》（小学），《快乐汉语》（初中），《跟我学汉语》（高中），《当代中文》（大学）。

由于看到中国政府对国际汉语的重视以及国际汉语带来的巨大影响，众多出版社蜂拥而上，在短时间出版了一大批对外汉语教材和国际汉语教材。应该说，这是一种表象繁荣，离"中国文化走出去"的目标还有很大距离，但是从另一个角度看，这也是国际汉语出版的一个必经阶段。大浪淘沙，近两年，很多出版社开始思考国际汉语出版的未来发展，并及时转变思路，结合自身的情况进行调整和转型。

国际汉语出版经历了"一哄而上"到表象繁荣，如今正在一步一步地走向成熟。当前，国际汉语出版还有如下问题需要面对和解决：

一是要面对国际出版市场的挑战。由于地理差距和文化差异等，使得国内出版社很难及时了解国外外语教育政策以及国际教材市场的变化并及时作出反应，而国内出版社的视野、理念和能力等也有待提高。

二是教材品种和质量问题。国内出版的国际汉语教材重复编写现象严重，教材有趋同化倾向，品种单一，创新性不够，实用性不强，整体质量不高，因此很难得到海外学习者的认可。这与编写者的水平有关，但跟出版社的策划也有直接关系。

三是市场运作问题。由于国际汉语处于推广期，国家一直给予强有力的支持，这些年国际汉语教材和配套资源的推广模式主要是免费赠送、政府买单。在这个特殊阶段，政府支持对推广汉语、传播中国文化有着非常重要的促进作用，但是从文化企业战略发展的角度出发，出版社必须要认真考虑市场运作等问题。

国际汉语能否成为"中国文化走出去"的重要生力军，能否甩掉"赚影响却赚不了码洋"的帽子，关键之处就是思考和解决上述三个问题，而所有问题的解决都离不开一个重要因素——人才。

三、国际汉语出版创新型人才

国际汉语出版属于国际化语言教育出版的范畴。邬书林指出，国际化语言教育出版人才包括经营管理人才、版权贸易人才、专业技术人才、翻译人才等，这也同样适于国际汉语出版领域。但是，由于受当前国际汉语出版规模以及"投入大、收益小"等因素所限，短时间内还无法实现对国际汉语出版人才的细化培养，这就对现有的国际汉语出版人才提出了更高的要求。另一方面，国际汉语教材主要面向世界各国中小学生，有国别性、趣味性、针对性、科学性等要求，与其他教材相比，国际汉语出版有其特殊性，这也对国际汉语出版人才提出了特殊的要求。

根据以上分析，笔者认为，新时期的国际汉语出版人才应该具备以下素质：

（一）国际化视野

国际化视野是国际汉语出版人才应具备的重要素质之一，培养国际化视野的主要方式是在海外留学、工作、受训、调研或者参会等。据笔者观察，国际汉语志愿者和教师在出国任教前后，其教学意识、教学方法和教学水平有本质的不同，这与海外工作经历有着直接的关系。同理，要想打造海外学习者认可的国际汉语教材及教学资源，国际汉语出版人才也要有海外经历。笔者自2006年进入国际汉语出版领域以来，每年都会去不同国家调研、受训、培训、参展、开会，甚至进泰国印厂核查教材文件。现在看来，这些经历都是非常重要而且宝贵的财富。

（二）外交素质

笔者1993年至1999年在高校从事对外汉语教学工作，每次开例会时都会听到这样的叮嘱："对外汉语教学工作属于外事范畴，外事无小事。"如果说，对外汉语属于在国内要面对的外事，那么国际汉语就属于在国外要面对的外事。国际汉语出版人才经常跟国外客户打交道，也会去国外学习考察、参观调研、洽谈合作等，这就需要具备基本的外交知识、外交素质和外交技巧。笔者亲眼看到由于外交技巧的不同，有的洽谈大张旗鼓地开始，惨淡地结束，有的洽谈虽然开始比较艰难，却由于人才发挥的作用，最终实现了合作。

（三）文化素质

文化是国际汉语教学领域一个重要话题。教材策划和编写、市场营销、洽谈合作等环节都离不开文化素质。这里所说的文化素质包括三方面内容：一是对中国文化的理解和转化；二是对客户所在国文化的理解和转化；三是对不同文化的比较和转化。国际汉语出版人才既要能巧妙利用文化相通性，又要能正确处理文化差异性。举例来说，笔者在主编中国和泰国合作的《体验汉语》小学教材时，泰方专家多次提出，要在教材里加上"按摩"和"按摩店"这样的词语和对话，对此笔者很难接受，因为在中国，这样的词语几乎不可能出现在中小学的正规教材中。后来经过了解，才知道按摩是泰国政府大力支持的一项本土化产业，在泰国经济发展中发挥着重要作用。

（四）策划能力

国际汉语出版人才要有敏锐的观察力和判断力，要敢于策划创新型教材和教学资源。上文提到，国际汉语教材重复编写现象严重，创新性不够，这是国际汉语出版发展的阻碍。高等教育出版社从2006年开始与泰国教育部基础教育委员会合作，编写出版《体验汉语》中小学系列教材。笔者参与了这个项目的策划，同时担任小学教材的主编。2010年，《体验汉语》中小学教材在泰国出版后通过专家委员会评审，入选泰国教育部中小学外语教学推荐目录，成为进入国外中小学主流教育体系的第一套汉语教材，在全泰国得到普及。

（五）编辑能力

国际汉语编辑不同于其他图书编辑，最根本的区别是国际汉语编辑要面对内容国别化、版式国际化、译文多国化等难题。国际汉语出版物的内容要科学严密，版式设计要生动活泼。为了方便读者使用，国际汉语教材里经常是汉字和拼音同时出现，中文和外文同时出现。如此多而杂的内容要美观而整齐地排列在每一个页面上，对编辑来说是一个很大的挑战。此外，来自不同国家的学习者对教材的具体要求不同，甚至同一个国家不同学区的学习者对教材的具体要求也不同，如有的教师希望在教材中尽早出现汉字，少用拼音；有的教师则希望开始不要出现汉字，一直标注拼音。另外，学习者对教材中轻声、儿化的标注方式等也是各有各的看法和理由，对于这些有争议的问题，编辑要了解情况，确定标准，并将其贯彻在每一套教材里。

（六）创作能力

邬书林指出，我们要重视国际语言教育教材的国际合作，注重编写人员的国际化和本土化，注重编写内容和形式的创新，努力编写出更具适用性、更能满足多样化语言学习需求的精品教材。应该说，在国际汉语教材的编写领域，国内外的合作越来越多，但要同时找到合适的国内外编写者却并不是一件容易的事情，即使找到了合适的作者，沟通协调、教材统稿和修改等工作还是要由编辑来完成。现在的情况是，无论在国外还是在国内，国际汉语中小学教材编写和教学资源开发都是一个刚刚兴起的领域，有经验的作者不多，很难寻找，这就要求编辑具有一定的创作能力。笔者近年参编和主编了三套面向国外小学生的汉语教材，分别是《汉语乐园》、《美猴王汉语》（参编，使用笔名），《体验汉语》小学（主编），《汉语笑眯眯》、《汉语顶呱呱》（主编）。在这三个选题项目中，笔者名义上是主编，实际上是主创，在创作过程中积累了大量的宝贵经验，这对后来的选题策划、市场营销和教师培训起到了非常重要的促进作用。

（七）培训能力

教材使用培训和教师培训是客户服务的一个重要部分。实践证明，接受过培训的教师和没有接受过培训的教师对教材的理解还是有很大差距的，这会直接影响教师的教学准备和教学效果。实际上，国外中小学校非常重视教师的岗前培训，只要条件允许，岗前培训一定会进行。以美国为例，康涅狄格州 Bridgeport 学区私立学校校董会计划于 2012 年 10 月开始在其辖区的 38 所私立中小学校里首次开设汉语课，经考察和比较，决定选用《体验汉语》作为开课教材，随后美方马上邀请笔者为 40 位美国本土汉语教师提供岗前培训。五年来，笔者多次赴泰国、美国、澳大利亚进行教材和教师培训，推动了教材的推广和使用，扩大了出版社在国外的影响。

（八）了解教学

从编辑的角度看，不管编辑是否参与教材创作，都要对留学生的课堂教学有所了解，最好有对外汉语教学或者国际汉语教学的经历，没有的话也要找机会去听听课或者看看国外教师特别是中小学国际汉语教师写的文章或教学心得。从培训的角度看，要想成为一名出色的培训师，了解教学也是非常必要的，有感而发的培训比空谈理论的培训更加有说服力和感染力。

（九）了解教育新技术

邬书林指出，以互联网为代表的信息技术的应用正在深刻地影响着语言教育出版领域，要通过更加深入的国际合作，使出版手段更加多样、出版形态更加丰富、出版平台更加国际化。国际汉语出版正在由纸质教材出版向教学资源开发、数字化产品研发的方向转型，国际汉语出版人才要跟上形势，与时俱进，既关注产品内容，更关注产品形态，只有这样，才有可能实现国际汉语出版社社会效益和经济效益双赢的最终目标。

（十）市场意识

作为国际汉语出版人才，除了研发教材精品，还要熟悉教材推广、营销渠道建设和国际合作等市场行为。与国内市场相比，国际汉语出版所面对的国外市场地域广，成本高，周期长。在这种情况下，版权输出、落地教材、图书代理等都是可以尝试的国际市场运作模式。

（十一）外语水平

由于国际汉语出版主要面向国外客户，因此无论是编辑加工，还是教材培训，或者是国际交往和谈判，都离不开外语。举个例子，在国外的中小学里，即使是汉语教师，也不一定都会汉语。主要原因是由于汉语师资的缺口，国外本土的汉语教师数量越来越多。与中国派遣的国际汉语教师和志愿者相比，这些本土教师虽然汉语水平低，但是他们的工作环境更稳定，影响力更持久、更深入。针对这些教师的教学资源和教材培训都离不开英语。所以,国际汉语出版人才至少要掌握一门外语,最好是英语,这会为工作提供极大便利。

四、结语

据笔者观察,在国内幼儿图书和外语图书领域,"引进来"的品种,即所谓的"引进版"图书更受读者欢迎,这其中有宣传的作用,也与作品本身的特色有关。近年来,有识之士正努力将"中国制造"变成"中国创造",而我们出版人有责任将"引进来"变成"走出去",国际汉语出版人更是担负着"中国文化走出去"的历史重任。人才是完成这一重任的中坚力量,期待有关部门能够加强对国际汉语出版人才的培养,使汉语和中国文化能够伴随着中国的发展走向世界,在文化交融中让世界真正了解中国,了解中国文化,正所谓"润物无声,滴水穿石"。

数字出版时代组稿编辑的四个关键意识

曲 昕[①]

在出版单位中，选题是一切工作的中心，而组稿编辑则是选题的主要承担者、推动者和执行者。组稿编辑的能力和意识，决定了选题的数量和质量，进而决定了出版社的出版状况、经济效益和出版品牌，等等。因而在出版事业中，组稿编辑是所有价值的策源地。

在当前的数字出版时代中，组稿编辑的职责又增添了新的内容。数字出版深刻地改变了作者的写作方式、出版物编辑加工的工作方式、出版物排版设计和印制方式、出版物的发行方式和盈利模式、读者的阅读方式和习惯等等。整个出版产业链条在如此巨大的变革之中，作为该链条价值源头的组稿工作，面临的挑战无疑是全新的、巨大的。组稿编辑的思想意识，再也不能局限在选题内容的单一维度上，而是要做巨大的转变。

归纳起来，数字出版时代，组稿编辑要具有以下五大关键意识。

一、数字版权意识

数字出版是一个对版权规范要求极高的领域，稍不注意就会出现侵权行为。从某种意义上来说，数字出版的基础就是数字版权。作为组稿编辑，一定要具有很强的数字版权意识，它主要包括：

（一）获得数字版权授权

传统的图书出版合同中，大多只包含图书出版权授予的条款，也就是说，出版社与作者之间，只签署了纸质出版物的出版权，而缺乏其他出版权

[①] 曲昕，电子工业出版社。

利的授予。这就造成了在当前的数字出版时代，有很多出版社的出版物不敢拿到数字出版领域中使用，因为出版社不享有它们的数字版权授权。因此，现在组稿编辑在与作者进行洽谈、签合同的过程中，一定要具有数字版权意识，与作者共同商量，如何就选题进行数字出版，如何受让数字出版权，将数字出版作为选题策划的重要组成部分。那种只顾图书出版，不想该选题的数字出版的组稿编辑，将会损失一块重要的出版资源。

（二）统筹数字版权经营

组稿编辑获得作者对于作品数字版权的授权，是为了进行数字版权经营。所谓数字版权经营，既包含将作品以数字方式出版，也包括以数字技术方式对作品进行改编、汇编等，或者直接进行数字出版权益的转让。比如说，杂志社在获得文章作者授予的数字出版权之后，可以将该文章编入文献数据库，成为数据库出版物形态，也可将该文章数字版权的销售权转让给电子书发行商。组稿编辑在进行选题策划和谈判的过程中，一定要清醒地知道，自己花费一定代价所获得的数字版权授权，将会被怎么使用，具有哪些价值经营的渠道。

（三）数字版权保护意识

组稿编辑在数字出版时代可能会面临的一个大的困扰，就是自己的选题以数字方式被盗版或侵权。比如自己的出版物被人扫描为电子版之后在网络上公开传播，或者被制作为电子书之后在移动阅读终端的应用商店中销售。无论出版社是否获得原作者的数字版权授权，这些侵权行为都可能会对出版社造成侵权，比如侵害了出版社的版式设计著作权、改编权、汇编权等。所以组稿编辑在选题策划之初，就考虑到可能会被侵权的可能，以版权声明、技术手段等方式，来进行防范和保护。

二、复合出版意识

如果对作者授予的权利不能善加利用，组稿编辑就没有必要追求一定要让作者将数字版权授予出版社。因为出版社获得作者的每一个授权，都是要付出相应代价的。在数字出版时代，对同一个选题会具有多方面、立体式的出版和经营模式，而不是传统图书出版时代中，一个选题只转化为一种图书形态。这种出版形态为复合出版。

组稿编辑应该具备的复合出版意识包括：

（一）选题的多载体利用

复合出版中，出版物载体既可以是纸质图书、光盘，也可以是网络数据库、电子书销售平台、移动阅读终端，还可以是游戏脚本、影视脚本、玩具原型等。在选题的复合出版方面，出版社的组稿编辑与其他产业的内容策划人员处于同等竞争的状态，比如，迪士尼的动画片在策划时，各种衍生品如图书、音像、游戏、玩具、服饰等，都同时被规划到了，同一个内容孵化出的是一个产业链条。对出版社的组稿编辑而言，操作整个内容产业链条的各种形态可能难度较大，但是，他至少要考虑到选题同时以图书、电子书、数据库等形态出版的可能性。这种多载体出版的意识会拓宽组稿编辑的视野和思维。

（二）选题的多渠道组稿

传统的图书出版，组稿编辑只需要面对文字作者这一个内容来源。在数字出版中，文字作者只是内容的来源之一，他负责提供原创的内容和思想，但是他绝大多数情况下不能提供作品的数字出版技术加工和展现方面的内容。这就好比图书出版中为文字作者另行寻找一个插图作者一样。数字出版中，组稿编辑还要为文字作者寻找电子书制作者、数据库建设者、动画开发者、移动应用APP程序开发者等专业人员，他们对原作品进行改造，使之成为新型出版物形态。对组稿编辑而言，这些人都是作者，是他在组稿的时候需要面对的一个群体。

三、选题情报意识

在数字出版时代，组稿编辑的选题来源有了很大的转变，以前是只盯作者就行，现在则需要"眼观六路，耳听八方"，具有强烈的选题情报意识。这主要包括：

（一）选题原型多元化情报来源

图书出版的选题来源，一般是作者的文字或图片作品，如书稿、文章、照片、绘画，等等，是那种适合于直接用于平面排版印刷的内容。在数字出版中，选题原型就可以不拘一格。比如，最火的网络游戏，组稿编辑可以找玩家写攻略、赏析、衍生小说，等等；最热的微博，组稿编辑可以找博主将内容整理出版；最火的论坛，组稿编辑可以找坛主策划出版帖子精选集；组稿编辑可以找网络漫画作者策划动画片，等等。凡是和内容相关的事物，都可以作为组稿编辑的情报来源。数字出版要求组稿编辑具有多方位、多角度策划选题的意识,从简单的组稿进阶到有创意、有想象力的境界。

（二）选题竞争情报多方收集

在文化和创意产业大发展的背景下,选题编辑必须在最开始就对选题的市场竞争状况作出评估。在数字出版时代中,选题竞争评估的情报来源较多,要有善加利用的意识和能力。比如,通过一个网络小说在论坛中的点击量和回复量,可以大体判断它的内容质量和畅销程度；通过检索文献数据库的关键词或查新,可以发现学术研究的前沿、热点和重要作者；通过微博粉丝量,可以发掘人气作者；通过分析移动应用商店 APP 程序的下载量,可以找到选题的热点方向,等等。更不用说可以通过网上的各种图书榜单、书评榜、音乐排行榜等直接监测市场竞争状态。所有这些都可以让组稿编辑在选题设计的最开始阶段,就知道选题发展的后续竞争态势。所谓"谋定而后动",如果在选题的竞争格局基本面上缺乏考虑,选题的竞争力就会有天然的缺陷。

（三）选题的社会背景情报分析

组稿编辑是内容产业的价值策源地,内容产业是社会发展宏观体系中的一个部分。出版业的发展与社会大背景密切相关,二者交相呼应。出版业既要反映社会现实状况,也要引领社会发展大势。这就意味着组稿编辑不仅要对社会当下的情况有细致的了解,也要对社会发展趋势有整体认知。组稿编辑的选题敏感性不仅体现在他对于禁载内容的识别,更在于他对重大话题和主流趋势的把握。组稿编辑要广泛从社会新闻、论坛、微博等渠道了解社会动态,关注社会,首先成为一个社会内容的策划者。

四、技术前沿意识

数字出版是一个技术性很强的领域,组稿编辑如果要融入到这一领域之中,对技术前沿动态的了解就必须要具备一定的意识。

（一）新技术对出版带来的最新影响

一般而言,凡是信息技术的最新发展,都可以为出版带来新手段、新载体、新通道和新形态。数字出版现在的主流方式,比如文献数据库、电子书、移动阅读终端、博客和微博,等等,都是和最新技术的发展相关联的。组稿编辑对于新技术若没有感觉,组稿的时候思路就会局限很多。了解新技术的最好方式是对它们持有强烈的兴趣，组稿编辑自己变为一个技术发烧友。一个从来不在移动应用商店APP中下载多媒体读物的编辑，是不能对移动阅读终端出版物有真切体会的。

（二）新技术的未来趋势

在更广泛的意义上，组稿编辑不仅是出版人，更是社会人，而当今的社会已经处于一个技术性色彩非常浓重的状态了。作为一个社会文化的组织者、实施者，组稿编辑应该对新技术的发展具有广泛的兴趣，从中吸取可用的启迪。比如对于新材料的了解，可能会为出版物载体的创新带来启发；对于通信技术的了解，可能会为出版物发行渠道的创新带来灵感，等等。如此这些，都是对组稿编辑意识的高要求。

以上从四个关键方面对于数字出版时代组稿编辑的意识进行了归纳和阐述，其总的精神，是要强调组稿编辑作为内容产业的价值策源地，要具有现代的、开放的、进取的意识，这样才能推动出版事业的新进步，社会主义文化产业的大发展大繁荣。

创新国家数字出版人才体系建设[①]

万　智　刘永坚　方晓波　白立华[②]

数字出版作为文化产业最具活力的部分，已成为出版业发展的大势所趋，我国传统出版业向数字出版的转型也成为不得不面对的一个现实选择。数字出版的快速发展，业已形成了巨大的人才缺口和人才体系建设洼地。出版界虽然都在积极为产业转型做着战略、组织、产品等各方面的准备，但数字出版人才的严重匮乏，培养方式的不系统始终是制约传统出版向数字出版顺利转型的关键因素之一。所以，加强国家创新型数字出版人才体系建设成为落实国家文化战略和促进国家出版产业整体转型与发展的当务之急。

一、国家文化科技创新战略背景下的数字出版人才体系建设

（一）数字出版人才培养及其体系建设已经成为传统出版业数字化转型的内生需要

近年来，数字出版飞速发展，并呈现出显著特点。面对数字出版业的迅猛发展，传统出版的数字化转型成为产业的内在需求。

1. 数字出版产业规模不断扩大，传统出版单位参与程度不高

2006－2010年，中国数字出版产业总产出从213亿元增长到1051亿元，年均增幅接近50%。手机出版、网络游戏出版和互联网广告三项产出占到数字出版总产出90%以上，仍然是数字出版产业营销收入的重要支柱。传统出版单位在数字出版领域的获益依然十分惨淡。传统出版企业必须承担新闻出版业转型升级的历史责任，加大数字出版的资本投入和人力投入。

[①] 国家科技支撑计划课题"文化遗产知识本体构建存储可视化技术研究"（课题编号：2012BAH33F03）阶段性研究成果。本论文由万智在首届韬奋出版人才高端论坛专题论坛上讲演。

[②] 万智，武汉大学信息管理学院；刘永坚，武汉大学信息管理学院；方晓波，湖北省教学研究室；白立华，武汉大学出版社科技分社。

2. 数字出版产品形态日益丰富，传统出版物面临巨大挑战

除了基于互联网的各种电子图书、数字报刊、网游动漫等之外，还有基于以智能手机和各种移动终端（iPad 等）为主体的数字出版物，大大丰富了人们多样化的阅读体验和个性化的阅读需求。

3. 数字出版赢利模式不断涌现，传统出版赢利空间受限

现存数字出版模式有：专业期刊与图书出版模式、数据库模式、教育服务模式、电子书销售模式、移动增值服务模式、网络原创模式、广告模式、用户创造内容模式、按需出版模式。这 9 种模式几乎涵盖了我们现在所认识的数字出版行业。

4. 数字阅读消费需求日益旺盛，传统出版市场处境尴尬

据统计，截至 2011 年年底，中国网民总数达到 5.13 亿，手机网民总数达到 3.56 亿。网民规模的不断增长，带来在线阅读、手机阅读和移动终端阅读等数字阅读消费需求的日益旺盛。

（二）要进一步重视文化与科技融合背景下的创新型数字出版人才体系建设

数字出版人才体系建设必须以培养文化与科技融合的创新型数字出版人才为目标。围绕人才培养，要在文化与科技融合上着力推进如下策略：

1. 关注产业需求

要加强对文化科技创新规律的研究，凝练文化产业发展对科技的重大需求。

2. 研究关键技术

这是系统梳理文化产业发展重点领域对基础科学研究、关键技术攻关、先进技术推广等方面的要求，结合市场，加强攻关。加强对关键技术的攻关和研发，提高文化领域关键技术与装备的自给率。

3. 重视人才培养

要不断提高文化创新对于先进技术的集成应用能力。要加强复合型人才培育及数字出版人才体系建设，通过人才来拉动文化产品创新，进而带动技术的应用创新，促进科技进一步发展。

二、新技术环境下国家创新型数字出版人才的基本要求及培养路径分析

（一）传统出版人才结构、知识分析

面对迅猛发展的数字出版大潮，电信运营商、设备制造商、互联网企业成为新兴市场的弄潮儿，而内容提供商——传统出版企业却无法华丽转身，其主要原因是：作为生产要素中最活跃最关键的因素，人才结构和知识结构不能满足产业升级需要。

1. 传统出版人才结构性缺陷

多年来，以纸张为载体的传统书报刊的编、印、发、供全流程已形成一套相对固定的经营管理模式，与之相对应，也拥有很多在编辑（选题策划、项目管理）、发行（市场营销）领域的人才。这些人才在传统出版领域，如鱼得水，取得了巨大的成就。但是面对数字出版，这种人才结构就凸显出了不足。传统出版工作模式显然不能适用于数字出版。传统出版人对新技术不敏感，对新兴的数字出版及其可能对整个出版业带来的冲击、造成的影响重视不够，数字意识淡薄，数字产品开发不力。

2. 传统出版人才知识结构的不足

传统出版从业人员的知识背景多集中在人文社会学科，理工科的人才偏少，而在这些理工科的从业人员中，大多精通的是出版，以及自己原来的专业或者自己常年从事的工作领域等，缺乏数字出版相关技术素养，接受数字出版所需的跨媒体技术速度较慢。这种知识结构也与数字出版的发展不相适应。

（二）创新型数字出版人才的基本要求

知识结构是指个体具有的相互联系、相互作用的各种概念、方法、经验等知识形成的知识子系统，由其所构成的知识大系统。数字出版人才的基本要求，需要从行业出发，围绕行业特征来构建人才知识体系。

1. 人文基础知识

数字出版产业是文化产业的一部分，有浓烈的文化色彩，所以深厚的人文基础知识是数字出版人才知识的根基，包括外语、汉语言文学、哲学、政治学、美学、经济学、营销学、社会学、心理学、相关法律法规等。传统出版人才本就有"杂家"的要求，这一点是数字出版人才需要传承和发扬的。

2. 出版行业知识

新技术环境下，传统分工之间的严格界限被打破，产生了许多新的产品形态和业态。数字出版人才在这种情况下，应当熟悉整个出版流程，熟悉出版行业的工作规律，熟悉出版行业的内在的运行规则。在此基础上，才能结合技术，开展文化与科技的融合创新。

3. 信息技术相关知识

信息技术是主要用于管理和处理信息所采用的各种技术的总称。它主要是应用计算机科学和通信技术来设计、开发、安装和实施信息系统及应用软件。数字出版是建立在信息技术基础之上，结合出版行业的需求而产生的。所以具备信息技术素养是数字出版人才的基本要求。

4. 数字出版技术开发运用知识

在公共信息技术的基础上，数字出版人才应该具备结合出版行业，开发针对出版行业应用的技术，如数字版权保护技术、数字内容拆分技术、微支付技术、语义信息处理技术等。这些技术是信息技术在出版行业的具体应用和发展，数字出版人才也具备开发此类技术，或者熟练运用此类技术的技能和知识。

（三）数字出版人才的培养路径

目前，传统出版企业纷纷把聚集数字出版人才放在战略层面予以重视。以立足于自身培养为主，引进高科技复合人才为辅，通过项目合作使内部人才快速成长、外部人才为我所用，是当前培养数字出版人才的三个合理路径。

1. 自身培养

企业自有人员的数字出版素养提升是非常重要的环节，洞悉出版行业规律、了解出版行业需求是传统出版企业培养的数字出版人才的优势所在。将人才队伍的建设作为长远战略来考虑，在人才的开发、培养、管理等方面制定相应计划和制度；建立行之有效的培训机制，重视对适合数字出版的复合型人才的培养。提高编辑主体参与意识，将他们在传统出版中已形成的内容资源优势、选题策划能力、出版物营销能力等进一步延伸到数字出版实践领域中，通过培养使他们进一步具备使用网络资源策划选题的能力、数字出版物的网络编辑能力、把关人素质、信息检索与快速加工能力和计算机技术、网络技术的运用能力等多种能力。

2. "引进来"

随着互联网企业的飞速发展，这类企业的技术人员逐渐在互联网文化和信息技术领域的结合方面取得了巨大的进步。这类人才最接近传统出版企业数字化转型的需求。传统出版企业可以通过直接引进的方式，快速建立起自己的数字出版人才队伍。

3. 嫁接培养

传统出版企业通过与高新技术企业建立合作或开展项目合作，通过技术开发合作、产品研发合作、产品生产合作等，在全新的产业运营中，培养一批在内容、技术领域都具有运营能力的数字出版人才，同时在合作平台上，外部专家也能为我所用。

三、启动创新型数字出版人才梯队及体系建设，进一步落实国家文化科技创新战略

（一）启动国家级数字出版专家建设

制定并实施"数字出版领军人才计划"。引进、培养各 100 名左右在数字出版及相关领域有所建树、被国内同行公认、在国际和国内有一定竞争力的学科带头人，把他们放到重要和关键岗位，解决业务科研中的重大关键问题，切实发挥其在现代数字出版业务发展和数字出版科技创新中的引领和辐射作用，并以此带动创新团队的建设。

实行"项目总工程师和首席专家制度"。以数字出版科技创新平台和重大数字出版业务建设项目为纽带，建立和实施国家、区域和省级重大业务建设项目和重大科研项目总工程师和首席专家制度。

建立"海内外人才培养基地"。加强国（境）内外合作与交流，建立 3–5 个相对稳定的海外人才培养基地；与国内相关高校和科研机构联合建立 3–5 个人才培养基地。

加强"创新团队建设"。积极推进国家、区域和省级业务科技创新团队建设，国家级每年建设 1–2 个创新团队，区域中心和各省级单位每年也要努力建设 1–2 个创新团队，并成为国家级创新团队的重要补充。

（二）加强省级数字出版技术人才建设

加大骨干人才培养力度。通过参与国家级或主持省级创新团队、重大业务科研项目、重大数字出版服务项目以及进修访问、学术交流等多种途径加

强业务科研骨干人才的培养，每年选送 50 名左右业务科研和管理骨干到海内外人才培养基地访问交流和培训。

稳定骨干人才队伍。建立省级数字出版业务科研骨干人才信息库；探索建立有利于专业技术人员稳定发展的机制和政策，营造专业技术人员专心业务、潜心研究、团结协作的良好氛围和环境。

（三）支持企业数字出版应用人才建设

充分利用部门内外、国（境）内外多种培训资源，开展大规模培训工作，每 5 年轮训一次企业数字出版业务科研和管理人员；强化岗位培训及新理论、新知识、新技术的更新轮训。

提升教育培训能力。以师资队伍和教材建设为重点，大力发展数字出版远程教育培训，逐步形成适应数字出版事业发展的开放式数字出版培训体系。

建设学习型部门。各级数字出版部门要建立相应学习制度，制定学习计划，创造学习条件。要配备学习室和适合远程学习的设施，多渠道充实有用的学习材料和书籍，多方式组织学习活动，提高学习的针对性和效果。

提高毕业生质量。紧密与高校合作，促进现代数字出版业务体系相关学科建设，不断完善教学大纲、教学计划和教材，联合建立教学实习基地，提高毕业生的质量。

（四）建设国家数字出版人才体系的政策建议

为建立我国创新型数字出版人才体系，国家新闻出版部门、教育部门、劳动人事部门要通力合作，研究制定相关政策，打通高校科研院所与大型出版企业之间、数字出版关联产业之间、不同所有制之间的用人壁垒。

1. 建立有利于数字出版人才脱颖而出的人力资源管理制度

实行进人、晋升、晋级公示和信息公开制度，提高选人用人公信度和数字出版人才队伍的活力。深化技术岗位设置管理，以实施事业单位岗位设置管理为契机，优化配置人才资源，科学设置各级各类岗位及上岗标准，引导人才合理流动，调整和充实现代数字出版业务体系建设关键岗位的亟需人才，建立岗位年度和聘期述职考评制度，完善持证上岗制度。出台一系列数字出版特殊人才引进交流政策，引导建立多层次多渠道数字出版人才交流平台，打破企事业之间、国有与民营之间的身份障碍，使数字出版人才作为推动产业发展最活跃的要素，不断流动和聚合。

2. 创新有利于数字出版产品产出的考核、评价机制

将数字出版专业人才纳入国家新闻出版业职业资格证书制度，突破年龄、资历、身份和比例限制，建立以职业能力为导向，业绩和贡献为重点的数字出版专家、高科技人才、技师梯队。引导高校科研院所积极推进以数字出版复合型人才为培养目标的教学改革，调整专业和课程设置，扩大人才基数。实施预备技师培养考核制度，培养后备数字出版人才。鼓励大型出版企业和地方开展各种形式的职业技能竞赛、技术比武，选拔企业亟需的数字出版人才，拓宽专业技能人才评价选拔渠道。建立符合新闻出版从业规律和高科技人才特性的绩效考核评价制度机制。

3. 完善有利于数字出版科技创新的产业专项激励措施

逐步建立重实绩、重贡献的人才激励机制；建立数字出版特殊人才津贴制度，以政府奖励为导向、单位奖励为主体、社会奖励为补充的奖励制度。对为国家和社会作出杰出贡献的数字出版人才给予崇高荣誉并实行重奖。建立国家数字出版直接联系专家制度，并在业务、科研项目以及出国（境）培训交流方面给予倾斜和支持。实施数字出版专利技术股权激励制度，激发数字出版人才持续创新能力。

4. 营造有利于数字出版产业生存发展的社会舆论氛围

通过各种新闻媒体和开展各种形式的宣传活动，广泛宣传文化产业大繁荣大发展中，数字出版人才的关键性作用和贡献，提高技术性人才，特别是数字出版人才在新闻出版业转型升级中的重要地位，动员全行业关心和支持数字出版人才队伍建设，营造有利于数字出版人才成长的舆论环境。

出版专业类

论繁荣民文图书出版的编译人才战略

尹福建[①]

少数民族文字（简称民文）图书出版是民族工作的组成部分，也是出版业一个重要分支。新中国成立以来，民文图书出版在宣传党的各项政策和国家法律法规中，在积累和传承民族文化中，在保障少数民族使用自己的民族文字权利方面的贡献功不可没。但在市场经济的环境里，民文出版遇到了包括缺少出版人才在内的困境。尤其是民文图书的翻译人才和编辑人才素质不高和人才流失的问题，[②] 直接影响着民文图书出版的质量和可持续发展。当务之急是从文化的多样性和共建文化家园的高度，实施编译人才战略，构建高素质民文编译人才成长的良性机制。

一、实施编译人才战略的现实意义

（一）编译人才是民族文化建设的重要保证

少数民族文化是中华文化百花园中的一朵奇葩，文化多样性催生中华文化满园春色，以多姿多彩的光芒辉耀世界文化，为人类社会发展进步贡献中华文明。我国在推进文化大发展大繁荣、兴起文化建设的新高潮中，当然包含少数民族文化建设在内。作为助推文化建设的民文图书出版业的中坚力量的编译人才，是少数民族文化建设的重要保证。只有拥有一支政治坚定、业

---

① 尹福建，广西民族出版社副总编辑、副编审。
② 周庆生：《市场经济条件下少数民族文字图书出版状况报告》，《民族学刊》2010年第1期。

务精通的编译人才队伍，才能保证民文出版业的顺利推进，才能保证民族文化建设的大发展大繁荣。

（二）编译人才是民族文化传承的重要保证

民文出版的一个重要功能就是积累和传承民族文化。"繁荣发展少数民族文化事业，开展少数民族特色文化保护工作。"① 党的十七届六中全会顺应时代要求把保护民族文化工作提到了战略高度。符合中国多元一体文化建设的要求，响应了联合国教科文组织倡导的文化多样性的理念。传统的少数民族文化传承途径主要依赖于民间口口相传，或因环境的变迁，或因传承人的记忆模糊，口耳相传易造成文化的变异和流失。尤其在现代流行文化冲击下，少数民族文化濒临消亡的危险。为此，以文字为符号和物质为载体的现代出版就成为保存和传承民族文化的最重要的途径。而只有精通本民族语言文字的编译人才才能担任民族文化搜集、整理、翻译和编辑工作。

（三）编译人才是文化交流的重要保证

少数民族文化的出版不仅在于积累和传承，更重要的是为了传播的目的。民族文化只有传播才是世界的。民文出版具有双重任务，一方面翻译优秀汉文作品向少数民族读者输入文化，另一方面将少数民族的优秀民间文化艺术和少数民族作家创作的作品翻译成汉文向外传播，与其他民族进行交流沟通，在互相学习与切磋中共同进步和发展。那么，作为民汉文字转换工作的编译人才自然就担当了文化交流使者的角色。

民文图书出版使命重大，但民文编译人才却远远不能满足民文图书出版的需要。"由于多数民族出版社经济不景气，待遇不高，对如何发展民族出版事业缺乏思路，有些地方对少数民族编辑重视不够，以及体制等原因，造成民族出版社人才缺乏。专门人才不敢进，留不住人的现象较普遍"。② 在2012年6月30日由中国作家协会、新疆作家协会共同主办的新疆少数民族作家作品研讨会上，专家认为，翻译人才不足是影响少数民族文学作品翻译

---

① 参见《中共中央关于深化文化体制改革推动社会主义文化大发展大繁荣若干重大问题的决定》，2011年10月18日中国共产党第十七届中央委员会第六次全体会议通过。

② 毅立特、李海燕：《全国民族图书出版现状及其发展对策》，《中央民族大学学报》2004年第5期。

难、出版难的三个因素之一,且排在另两者经费不足、机制不成熟之首。①现实的情况是精通民汉翻译的人才越来越少,民汉翻译水准下降。如南方某民族出版社,全社职工80多人,掌握民族文字的编译只有15人,而从事民族文字专业编译的仅4人,其中只有一人具有副译审资格。可见,民文编译人才的普遍缺乏,凸显了实施民文图书编译人才战略的重要性和紧迫性。

二、实施编译人才战略的素质要求

民文图书出版涉及诸多民族问题和政治诉求。当今民族问题存在着经济一体化与文化多样化、文化认同与文化差异、现代化要求与事实落后的多重矛盾。如何处理这些问题,考验着编译人才的智慧与才能。民文编译人才除了具有一般图书编辑的职业素养外,还应该优化其特殊的素质结构。理想的编译人才素质主要由政治素质、文化素质和语文素质构成。

(一)政治素质

在当今世界一体化浪潮中,世界各国交往频繁,国际市场拉近了各国人民的距离,对话与合作超过了对抗与斗争,和平与发展仍是当今世界的主题。但世界上的民族问题并未完全消除,某些地区甚至产生激烈冲突。在我国,56个民族和睦共处,团结一心,总的趋势是交往、交流和交融,但由于受国际民族主义思潮的影响和敌对势力的煽动,在某些时段和某些地区也出现一些不和谐的现象,"三股势力"还在暗藏滋长。民文出版就包含有调节民族关系的使命。编译人才应有把握主流文化价值观的能力,正确掌握党的民族政策,在民文图书出版中以超常的智慧处理关涉民族关系的观点和表达,既要尊重少数民族的权利和感情,又要强化中华民族的认同意识和公民意识。在民文出版工作中,坚持用社会主义核心价值观引导各族人民树立社会主义的共同理想。

(二)文化素质

这里所说的文化素质不是广义的文化教养知识,而是专指学科意义上的文化学知识。这是因为民文编译人员从事的民文编译工作跨越两种文化语境的范畴。中国的传统文化主流是儒家文化,当代文化则是马克思主义为指导

---

① 王玉梅:《少数民族文学创作研讨会解决翻译难作品少新举措》,中国新闻出版网:http://www.chinaxwcb.com/2012-07/02/content_246049.htm。

的中国特色社会主义文化。但由于历史、宗教、地域等因素造就了文化的差异，各个民族总有自己本民族的文化特征。这些特征既表现为内在的文化心理和思维方式，也表现为外在的符号和表达方式。编译人才只有了解民汉两种文化的起源、发展和变迁，掌握两种文化的特色及表现方式，同时通过对比提炼两种文化的异同，找到它们之间的转换机制，摸清它们之间的对应表达规律，才能为两种文化的转译提供智力支持。

（三）语文素质

两种文化内容的互译，毕竟要借用语言文字这个工具来表达。对编译人才来说，精通民汉各自语文的理论基础并具备熟练运用能力，是最主要的能力之一。需要强调的是，编译人才的语文素质不仅体现在实际运用中要有熟练的语感，而且要有扎实的词汇和语法知识，如此才能游刃有余地处理编译中的难题。

三、实施编译人才战略的机制保障

为了保证编译人才符合上述素质结构的要求，在选人、用人和培训上必须构建一种长效机制，为高素质的民文编译人才成长营造适宜的环境。

（一）优化选人机制

能跑千里的马，首先要具备先天优良的体质。人才素质的高低，选人是关键。编译人才所担任的工作性质决定了编译人才必须具备两个硬性条件：首先会讲本民族语言并具有汉语知识；其次还必须有热爱民文编译工作的赤诚之心，稳定的职业意识是做好工作的动力。同时对编译人才的学历要求也是必需的，这是因为民文编译是一项专业性的技术活，文化含量高，没有正规的本科以上教育，没有经过专业的基础训练，很难高质量地完成双语的编译工作。

选人机制必须建立在公开公正公平的原则上，真正从服务和服从于民文翻译编辑出版的角度优选人才。要打破传统的"笔试+面试"的选人模式，创新考试与考核相结合的选拔机制。传统进人的选拔模式以考试为主，笔试通过后再进行面试，凭几个人的印象决定人才的去留。然而这是不全面的，有些人是考试能手，但未必有真正的相应能力。这就需要对备选人才的学历及经历，人才在语文表达上的特长作全面考核，以发现具备潜质的优秀人才，优选那些可塑性强的苗子进入编译预备队伍。再经过试用期的考核，全面考察其业务能力和思维深度，做到优中选优。

（二）强化培训机制

虽然通过严格的选人机制保证了所选人才的基础质量，但要成为一名高素质的编译人才，还需要规划完整的培训过程。

编译人才的培训内容重点放在意识培训和编译技艺培训两个方面。编译人才的意识培训应包含民族意识、责任意识、自觉意识。编译人才从事民文编译出版工作，其宗旨是为少数民族服务。编译人才的民族意识就是要有为少数民族读者奉献精神粮食的理想，同时还有促进民族文化交流和推动民族团结的内在要求。编译人才的责任意识对做好编译出版工作至关重要。编译工作者必须把出精品作为自己的追求，一丝不苟做好自己的工作。编译人才的民族意识和责任意识最终都要内化成自觉意识。编译工作者只有认识到自己职业的重要性，才能激发工作热情和追求精益求精的内在动力。翻译是两种语言之间意义的转换，翻译技巧很重要。编译技艺培训是编译人才做好编译工作的必经步骤。从事民文的编辑工作者同样也需要掌握翻译的内在规律，才能胜任审读和加工翻译作品的工作。

培训模式的选择必须符合人才成长规律，必须着眼于编译人才整体素质的提升，必须有利于民文图书质量的提高。首先是在职与脱产培训相结合。由于编译人员担任繁重的编译工作，更多的培训应该以在职培训为主，但必要的脱产培训也是需要的。脱产培训不仅对新编译人员是需要的，对老编译也是必需的。现在是知识倍增的时代，编译人才需要更新知识，以适应不断涌现的新观念和新知识的需要。其次是自我学习与教学培训相结合。编译人才毕竟已经具备本科以上的学习训练，具备了自学的能力，应该鼓励编译成为学习型的人才。同时，聘请专家传授有关知识和作专题报告也是不可缺少的。再次是技能与理论学习培训相结合。编译人才主要是应用型人才，其重点工作也是在编译事务，培训重点当然应以提高应用能力为主，但理论培训对提升编译素质，造就高素质人才也至关重要。

（三）完善用人机制

民文图书出版的公益性质决定其功能主要体现在社会效益上，民文编译者注定在物质利益方面只能享受比上不足比下有余的待遇。同时，民文编译属于冷门专业，出名的几率相对不高。这对于具有实现自我价值强烈欲望的知识分子而言，无疑会带来一定的心理障碍。那么，完善用人机制，创造一个适宜人才成长的环境就显得非常重要。这种机制必须以人为本，必须维护编译人才成长的宽松环境；必须能激励编译人才智慧的发挥；必须有利于人才在为人做嫁衣甘当人梯的同时也在名利上得到正当收获。

对于民文图书编译人才而言，最主要的机制当属于评价体系和晋升机制。评价体系主要是要求对编译人才的绩效定出一个合乎公平的标准，其目的在于对编译人才起到激励或约束作用。民文图书的编译工作绩效重心在质量，即译文的质量要达到"信达雅"标准。当然，质量还有等级之分。出版社就是要按质量等级给相应的编译物和编译人员相应地打分，并以此为依据建立奖惩制度。

晋升机制就是给编译人才提供职称晋级的通道，以满足编译人才实现自我价值的需要。民文图书的编译工作虽属冷门，但其在文化建设和民族工作中价值巨大，从学术来看，编译工作同样富有学术含量，编译人才只要专心钻研，也一定能成为这一领域的专家。为此，各级管理部门必须在观念上给以重视，以宽容的心态对待在学术上有所追求的人才，要认识到高级职称人才是民文图书出版的宝贵财富；在工作中创造必要的条件，如安排编译人员一定的科研活动时间和给以一定的物质奖励，鼓励编译人员在保证质量做好编译工作的同时著书立说，使之成为学者型的编译人才。如此，编译人才在追求实现自己人生价值的冲动下，必然焕发出巨大的能量，客观上为繁荣民文出版事业贡献了智慧。

实施编译人才战略是繁荣民文图书出版的时代要求，必须认识到编译人才在民族文化建设中的关键作用，必须优化编译人才的素质结构，通过优化选拔机制、强化培养机制和完善用人机制，营造编译人才成长的人文环境，为民族文化建设提供强大优质的人才支撑。

网络编辑的需求、技能与培养

陈生明[①]

一、网络编辑成为亟需紧缺的人才

新闻出版业面临网络传媒的挑战,最大的危机不在于技术和资金,而在于缺乏网络编辑人才。目前中国网站数量超过 323 万个,半数以上的网站开展网络出版业务,网络编辑人员已大大超过传统媒体编辑人员 40 万的数量。中国新闻出版研究院的专题调查研究显示,网络编辑已经成为新闻出版行业亟需紧缺人才,预计到 2015 年,行业发展需要网络编辑人才将超过 200 万。网络媒体快速发展与网络编辑培养滞后的矛盾表现如下:

首先,网络传媒迅猛发展对网络编辑的要求较高。我国网络媒体如雨后春笋大量涌现,网络传播人员数以百万计,但大多数人员未经系统的编辑出版培训,不熟悉出版法规,不熟练编辑技能,导致网络媒体内容混杂,编辑粗糙,甚至出现不健康的内容。而近万家报刊社和五百多家出版社纷纷拓展网络出版,网络出版的编发量已占全国出版编发总量的 40%,从业人员基本沿用传统编辑出版的知识与经验。如何适应网络传媒发展,加快网络编辑的教育培养,成为传媒界和教育界的当务之急。

其次,网络编辑资格鉴定滞后影响网络编辑队伍建设。任何行业的健康发展,必须建立职业标准和资格准入制度,我国网络企业发展很快,而网络编辑职业资格鉴定却相对滞后。2005 年,人力资源与社会保障部正式将网络编辑列入国家职业词典,同年 7 月,人社部启动网络编辑国家职业资格初级鉴定。但由于当时将初级资格鉴定重点放在院校学生,所以没有引起新闻出版业界人员的注意,几年来参加者较少,影响面很小,直到 2010 年由中国

---

① 陈生明,江苏凤凰电子音像出版社。

新闻出版研究院和凤凰出版传媒集团等单位主办网络编辑国家职业资格二级鉴定,此项重要工作才逐渐产生了应有的影响。

再次,网络编辑教育培训的薄弱制约行业发展。院校编辑出版专业教学重理论轻实践,科班毕业生缺少实践锻炼,导致网媒从业人员技能结构不合理,复合型人才严重缺乏。网络出版企业在无法直接及大量引进合格网络编辑人才的状况下,往往通过挖人的办法充实团队,采用师傅带徒弟的办法锻炼新人。网络出版企业还举办内部培训促进从业人员实现转型,并通过企业之间项目合作互相学习提高,但是企业内部的零散培训,往往缺少规范化内容和系统化的效果。

人才是产业发展的第一资源,网络出版的特征是人才密集、知识密集、技术密集、资金密集和管理密集,而人才密集是其核心和基础。因此,加强网络编辑人才培养,对于数字出版产业的健康有序发展,具有十分重要的意义。

一是提高责任意识、培养政治素养的需要。2008年,胡锦涛总书记在考察"人民网"时指出:"互联网已成为思想文化信息的集散地和社会舆论的放大器,我们要充分认识以互联网为代表的新兴媒体的社会影响力。"如果说网媒是社会舆论的放大器,网络编辑则是放大器的控制钮。网络媒体的开放性、即时性和海量性的特点,使网络编辑坚持正确舆论导向的任务更重,网络编辑的失误,可能产生的负面影响更大。当前,西方国家凭借技术优势,将网站作为意识形态渗透工具,采用各种手法冲击我方信息关防。所以,网络编辑承担着我国文化建设与安全的重任,必须提高网络编辑政治素质,维护和发展健康向上的思想舆论。

二是促进产业发展,锻炼业务素质的需要。当前,我国网络编辑人才存在结构性缺陷,缺乏既熟谙编辑内容业务,又精通新媒体技术的复合型人才。新闻出版总署署长柳斌杰深刻指出了产生这种问题的症结:我国的网络出版最初由IT企业、技术公司发展起来,进而带动传统新闻出版单位参与其中,形成了我国网络出版发展的"两张皮"现象,技术公司缺少内容把关人才,而内容生产单位缺少技术人才。目前主要问题是前者,从事网络传播的人员普遍年纪轻,学历高,在网站设计、运营客服等方面的能力较强,而对网络出版的政策法规了解少,文字基础相对薄弱。因此,规范行业发展,必须从提高网络编辑素质的源头抓起。

二、网络编辑应有数字传媒的技能

首先,网络编辑必须适应编辑角色的转变。一是从单媒体出版到全媒体出版的转变,传统出版是以纸张为载体的单媒体编辑加工,辅以印刷技术完成整个工作流程。而今出版业态呈现快速多样的格局,音像电子、网络移动、复合媒体等蓬勃发展,出版活动的平台从单一的纸质载体延伸为多种载体整合互动。二是编辑工作空间拓展的转变,编辑工作已经从纯粹的编辑环节,扩展到市场调研、选题策划、约稿组稿、审读加工、编校设计、印制出版、发行营销等全部出版流程。三是从大众传播到分众传播的转变,受众信息需求在内容和形式上存在更多的分化与个性,要求编辑必须根据受众的消费旨趣将传播的内容进行细化,以不同的方式呈现给不同的受众。

其次,网络编辑必须经受网络话语权的挑战。一是网络编辑面对无数具有传播行为的受众,出版意识形态防线可能受到冲击,出版价值观也会通过受众反馈立即显现。因此,网络编辑必须加强自身意识形态的修养,形成经受各种挑战的正确思想体系,必须注意内容的客观性和宣传的科学性。二是意识形态斗争在网络空间激烈进行,新闻出版业必须接受网络空间无法控制各种思想的现实,而且世界各国的意识形态目前不可能一致,甚至存在对立,要使用户正确理解本国的意识形态,需要良好的表达性,足够的信息量,连续的话语权,否则一个国家的意识形态会由于声音微弱而在网上为强权话语所淹没。

同时,网络编辑必须强调综合能力的应用。一是具有熟练使用数字化技术的能力,网络编辑要善用各种媒体工具来获取与出版相关的各种资源、知识和信息,为出版传播的各个环节服务。二是具有统筹各种信息资源的能力,尤其是关注出版社之外的信息资源,并进行跟踪、搜集、评估、预测。三是具有联动各种媒体出版的能力,现代出版的运作平台的延伸,编辑能力也要随之拓展,运用数据库、多媒体,全媒体技术,提供网络出版增值服务。四是具有公关营销的能力,编辑既要公关目标受众,动用报纸、广播、电视、网络等可能的媒体;又要公关产品经销商,建立完善的发行网络和良好的营销合作。

三、网络编辑需要职业资格的鉴定

柳斌杰署长在 2011 年"全国数字出版工作会议"上明确指出：总署计划在数字出版领域引入从业人员的职业资格制度，加强职业资格认证工作，加快网络编辑等相关人才的培训工作。数字出版职业资质主要涉及两类人员，即互联网管理者和网络编辑。要培养一批既懂技术又熟知国家相关法规的管理人员和网络编辑。

《劳动法》第八章第六十九条和《职业教育法》第一章第八条的规定：职业资格是表明劳动者具有从事某种职业必备的学识技能的国家级证明，它是所有劳动者求职和任职的凭证，是单位招聘和录用劳动者的依据。国家职业资格相当于原有的技术职称，二者之间具有对应的关系，随着国家就业准入制度的推行，国家职业资格鉴定将逐渐取代原有的技术职称考试。

网络编辑国家职业资格（二级）鉴定，由中国新闻出版研究院、凤凰出版传媒集团等单位主办，2011 年春季班 5 月中旬在南京举办，2011 年秋季班 11 月中旬在扬州举办，2012 年春季班 5 月中旬在镇江举办。总署人事司长余昌祥、总署科数司副司长宋建新、总署信息中心副主任刘成勇、中国新闻出版研究院书记魏玉山、总署培训中心顾问田胜立、中国网络游戏工委主席谢明清、江苏省新闻出版局局长徐毅英、凤凰传媒公司副总佘江涛等，先后出席开班仪式并为学员授课。

三次网络编辑国家职业资格鉴定，合格率高达 69%、78%、86%，补考合格率超过 93%，已有 357 位学员获得国家人社部《网络编辑国家职业资格二级证书》，有 160 位江苏学员享受"江苏省紧缺型高技能人才"培训费全额补贴。三期参加鉴定人数不断递增（130 人、150 人、170 人），来自全国各地的学员特点鲜明：年纪轻（"80 后"69%、"70 后"30%）；学历高（硕士 27%、本科 71%）；业务精（高管 15%、中层 26%）。

三次网络编辑国家职业资格鉴定，得到全国 21 个省市相关单位的支持，例如江苏凤凰传媒、中国出版集团、上海盛大网络、四川文轩集团、中文在线公司、手机阅读基地等，不断成批推荐骨干参训，因为学员认为：既提高编辑素质，又考核职业资格，还结识新媒体朋友，一举多得，何乐不为！

首先是鉴定工作规范化。主办单位按照总署人事司的"新媒体人才培训中长期培训计划"（新出厅联〔2009〕85 号），探索性地举办了四期"网络编辑与新媒体人才培训班"。主办单位邀请新闻出版总署人事司和科技与数字出版司以及总署教育培训中心，及时编辑出版了《网络编辑职业培训》教材。主办单位开发了网络编辑职业资格鉴定网站"e 编网"（htpp://www.e-editor.net）；并且链接到总署教育培训中心的"新闻出版从业人员继续教育远程培训课程"。

其次是鉴定内容专业化。鉴定培训的授课教师由 20 多位国内网络传媒行家组成，确保授课权威性和专业性。每次授课均对网络编辑迅猛发展的现状及趋势进行详细阐述，对数字出版业态转变提出针对性的解决方案，使学员不仅能够获得鉴定证书，而且提高职业技能。鉴定培训的课程模块，既注重宣讲产业宏观政策及新媒体发展状况，也注意剖析微观个体案例，并提供最新专业书籍和参考资料，以利于学员根据单位及个人情况进行学习和研究，提高培训的针对性和实用性。

再次是培训管理程序化。主办单位经过深入实践探索，掌握了网络编辑国家职业资格鉴定的流程和方法，形成鉴定培训机制＝1 月远程辅导＋1 周集中培训＋1 天国家统考。并且不断完善鉴定培训的教学硬件设备和软件管理系统，即对学员严格要求，又为学员周到服务。

四、网络编辑教育的产学研相结合

产学研相结合，是培养和储备网络编辑后续人才的必由之路。全国 100 多所院校开设了有关数字出版的专业方向课程，形成了一定的教育规模。但是，以往编辑出版教育教学模式存在重理论轻实践的问题。因此，高校培养网络编辑的方式应该由"编辑出版学＋网络技术＋经营管理学"的学院培养模式转向"课堂教学＋实验培训＋网站实习"的联合教育模式。

高校网络编辑专业首先要确立与数字出版合拍的人才培养目标，要符合科学性和宽式性的原则，即以培养数字出版的应用型网络编辑人才为主要目标，注重培养学生在网络出版活动中的策划创意、信息处理和分析能力，培养在数字出版产业领域从事网络出版、创意策划、新媒体出版技术、数字装帧设计、媒体运营管理、数字版权等岗位的复合型、应用型人才。

出版科学是一门应用社会科学，这决定了实践在出版学教学形式、方法中要占相当大的比重，空洞地教学生如何做编辑出版，与让其在实践中锻炼的效果不可同日而语。课堂教学的拓展，在出版活动中学习出版业务将事半功倍。而传统新闻出版单位的人才成长环境也相对封闭。因此，专业院校与传媒单位以及研究院所等单位应加强互相之间的交流合作，走产学研互动共进之路，全面深入地利用新闻出版企业作为高校编辑出版专业的实习基地，产学研联手培养需要的人才，促进网络编辑的快速成长。

培养符合要求的网络编辑人才，必须建立一支新型的师资队伍，目前，高校编辑出版教育师资队伍中具有教育科学、编辑出版、数字技术的复合型知识结构的教师极为缺乏，专业教师普遍比较年轻，大都缺乏编辑出版实践经验。在此情况下，加强学界和业界的交流合作，聘请企业专家和研究人员联合建设师资队伍，可以尽快解决高校出版教育师资队伍知识结构不合理的问题，形成校内和校外、教授和专家组成的多样化的师资队伍。

高等教育出版人才培养新方向

洪 傲[①]

  2002年，我国高等教育进入大众化阶段。2002年至今，高等教育经过10年发展，毛入学率达到26.9%，普通本专科年招生数达到681万人。进入大众化阶段的10年，建新校区、盖新大楼、买新设备、扩大规模、争取项目，我国高校在外延式发展上日新月异。同时，在世界经济增速放缓，我国经济全面转型升级的大背景下，2012年，我国提出了提高高等教育质量的战略目标，要求高等教育从外延式发展转入内涵式发展阶段。内涵式发展，人才培养是核心。逐步打破以学科为中心的人才培养结构及人才培养模式，人才培养在潜移默化中发生了深刻变化。注重人才培养与时代变化的全方位适应，注重高等教育与经济社会的深度融合，注重提升高等教育国际化水平，成为我国高等教育大众化初期各高校人才培养的基本方向。

  高等教育大众化阶段人才培养的新特点，给高等教育出版人提出了新的挑战。高等教育出版是文化产业的重要支柱，担负着传播教育管理理念、传播先进的教育教学成果的重任。高等教育出版人应站在为国家提高高等教育质量，转变人才培养模式的高度，积极研究我国现阶段高等教育人才培养发展趋势，主动开发符合时代需要、符合我国经济发展方向、符合国际化人才培养大趋势的教育教学资源，走在时代前列。

---

① 洪傲，高等教育出版社。

一、把握高校人才培养的主流趋势，是高等教育出版形成优势出版领域的保证

（一）努力使人才培养与时代变化全方位适应，成为高校教育教学的主流趋势

新世纪以来，欧美掀起了新一轮提高教育质量的浪潮，把提升学生就业能力确立为提高质量的重要努力方向。我国高校充分借鉴了欧美国家人才培养导向，努力使人才培养与时代变化全方位适应。这一特点在高校专业设置方面得到突出体现。

"十一五"和"十二五"期间，我国在工业化、信息化、城镇化、市场化、国际化方面制定了阶段性任务。如在工业领域重点推进制造业企业结构优化升级，以汽车、钢铁、水泥、机械制造、电解铝、稀土、电子信息、医药等行业为重点，推动优势企业实施强强联合、跨地区兼并重组，提高产业集中度。在信息化建设中，要加快建设宽带、融合、安全、泛在的下一代国家信息基础设施，推动信息化和工业化深度融合。在城镇化建设中重点增加铁路、公路、水路交通运力，构建城市化战略格局。全面提升交通、通信、供电、供热、供气、供排水、污水垃圾处理等基础设施水平，增强城镇综合承载能力。在市场化方面，要加快金融体制改革，规范生产性服务业。在国际化方面，要大力发展服务贸易，要努力扩大文化、中医药、软件和信息服务、商贸流通、金融保险等新兴服务出口，要扩大机电产品和高新技术产品出口。这些建设项目，亟需大批能源、土建、电子、机械、信息、金融、高科技、商务人才。

"十一五"和"十二五"期间，高校不断适应时代变化，调整专业结构，满足我国经济重点建设领域的人才需求。从我国各地发布的高等学校专业招生计划来看，高校在电气信息类、土建类、机械类、工商管理类、经济学类、文学类专业投放的招生计划数量最多，计算机科学与技术、英语、数学与应用数学学、工商管理、软件工程、管理科学与工程、信息管理与信息系统、土木工程、自动化、电气工程及其自动化、法学、机械设计及其自动化、英语、新闻学、会计学，这些与我国"五化"建设人才需求密切相关的专业，是近几年投放招生计划最多、开设院校最多、考生报考最集中的专业。

2011 年，教育部对本科专业目录做了修订，对面向国家经济建设重点领域的专业加大了调整力度。将艺术学从文学学科门类中独立出来，单独设置。将经济学学科专业类由 1 个调整为经济学类、财政学类、金融学类、国际经济与贸易类等 4 类，将工商管理专业类分为工商管理类与服务业管理类 2 个专业门类，以满足生产性服务业和金融业的人才需求。将电气信息类由一个一级学科调整为电气类、电子信息类、自动化类、计算机类 4 个，以满足信息行业人才需求。将土建类由 1 个专业类调整为建筑学、土木 2 个，以满足城镇化建设需要。这些调整，反映出我国高校人才培养的主流趋势已转入以经济建设为中心。

（二）对于国家经济建设重点领域亟需、高校开设集中的专业类，高等教育出版人要花大气力展开研究工作

长期以来，出版人对出版自身规律研究较多，而对高等教育教学基本规律基本内容的研究十分缺少，针对某一学科领域教育教学规律的研究更是处于空白状态。我国最大的高等教育出版企业高等教育出版社，从该社 10 年间发表论文的内容分类来看，编辑业务、图书策划两个领域，占论文总数的 30.5%。高等教育教学规律方面的文章仅占论文总数的 6.5%。

表1　高等教育出版社 2002 - 2012 年论文内容分类数量统计

内容分类	编辑业务	图书策划	学科领域	图书宣传	图书评论	高校教育教学	中职高职教学	图书营销	运营管理	数字化	国际化	企业管理	其他	合计
篇数	59	99	108	16	20	34	43	18	18	32	9	32	29	517

以出版高等教育教材为主要业务的北京大学出版社、中国人民大学出版社、外语教学与研究出版社，更是极少开展高等教育教学领域研究。从这几个出版单位 2002 - 2012 年已发表论文内容分类看，学术研究类论文数量最多，且论文内容主要集中在文史哲、出版研究领域。

表2　北京大学出版社2002–2012年论文内容分类数量统计

内容分类	学术研究	出版研究	图书评论	编辑业务	图书策划	高校教育教学	图书营销	国际化	其他	合计
篇数	58	30	15	5	5	2	4	4	18	141

表3　外语教学与研究出版社2002–2012年论文内容分类数量统计

内容分类	出版研究	学术研究	编辑业务	图书策划	数字化	基础教育	图书营销	国际化	其他	合计
篇数	18	10	5	3	3	2	2	1	13	57

表4　中国人民大学出版社2002–2012年论文内容分类数量统计

内容分类	出版研究	学术研究	图书评论	图书营销	编辑业务	图书策划	数字化	国际化	合计
篇数	53	36	13	12	7	8	4	9	142

从高等教育出版行业总体特点分析，我国的高等教育出版还处于委托出版阶段。我国规模最大的高校教材出版社高等教育出版社主要依靠政府指定的出版市场，以出版高校国家规划教材、考试指定用书、培训性用书为主要业务。全国范围内规模较大的出版单位如重庆出版社、外语教学与研究出版社、科学出版社、人民卫生出版社、机械工业出版社、清华大学出版社、中国人民大学出版社、北京大学出版社等，也都将出版国家规划教材或地方教育、行业部门指定的教学考试用书作为主营业务。因此，高等教育出版单位没有真正融入到高等教育教学之中，仍是一个高等教育的门外汉。

（三）设立专项研究的体制机制，创新电气信息类、土建类、机械类、工商管理类、经济学类、文学类专业教育教学资源出版

高等教育出版要发展，必须要在国家经济建设重点领域亟需、高校开设集中的专业类上加大研究力度。目前，全部图书出版单位总体经济规模综合评价前10位的出版单位中，以高等教育出版为主营业务的有6家。在部署出版社总体经济规模综合评价前10位的出版单位中，以高等教育出版为主营业务的有5家。在大学出版社总体经济规模综合评价前10位的出版单位中，全部涉及高等教育出版或以高等教育出版为主营业务。因此，这部分高

等教育出版单位已经具备了开展研究的资金实力。

在机构设置上，出版单位仍然是生产型企业。在这方面应该逐步转向国外大型企业的结构类型，以研发促生产。结合我国高等教育出版的实际，有资金实力的高等教育出版单位，要首先设立研究部门，给予资金支持。研究部门可先开展电气信息类、土建类、机械类、工商管理类、经济学类、文学类专业教材建设研究工作，将研究内容与专业教材出版结合起来，以研发带动生产，逐步使高等教育出版企业向市场化过渡。

新闻出版主管部门也应设立引导行业开展研究的机制。通过研究立项、资金奖励等多种手段，鼓励行业单位开展研究工作。

二、研究高校人才培养不断适应行业岗位人才需求变化的特点，是高等教育出版突破单一纸质图书的必由之路

（一）瞄准行业岗位人才需求确定人才结构及培养模式，成为高等教育人才培养的新方向

高等教育大众化阶段后，行业人才需求开始主导高校人才培养结构和人才培养模式。目前，我国高校中的软件工程、艺术学、医学、卓越工程师培养计划等专业，已经开始了这方面的探索。这类专业的人才培养有以下特点：

一是专业方向与岗位一一对应，完全以满足行业企业各岗位对人才的需求为出发点。软件工程专业根据软件行业岗位人才需求方向，在专业方向设置上百花齐放。如北京大学软件学院设有10个系27个专业培养方向，浙江大学软件学院设有15个系，20余个专业培养方向。在动画专业，高校除以传统的"动画"名称招生外，还设置了二维动画、三维动画、影像设计等20多个专业方向，分别为动画编剧、动画导演、角色设计师、场景气氛设计师、分镜头设计师、插画师、漫画师等多个岗位培养人才。

二是高校会快速调整专业方向，及时培养与新增岗位相匹配的专业人才。在广播电视行业，实行制播分离制度后，广播媒体的编导、主持人由单独的采编、播报消息，转变为集采编播于一体的工作模式。同时，广播电视节目的节目样式、节目内容、制作过程、播出形式发生了重大变化，新岗位不断涌现，如双语主持、体育评论、综艺娱乐主持、文艺编导、纪录片编导、专题节目编导、影视编导、频道与栏目策划、新闻出镜记者等。高校艺

术专业也迅速调整了专业人才培养方向，如增设双语主持方向，增设采编播合成方向，开设体育评论解说、综艺娱乐节目主持等新的专业方向，设置文艺编导、综艺节目编导、纪录片编导、专题节目编导、影视编导、频道与栏目策划、新闻出镜记者等专业方向。这些新的专业方向，更能满足新岗位的人才需求。

三是校企联合培养成为国家倡导的高等教育人才培养模式，一本教材、一间教室、一支粉笔的教学模式一去不返。2011年《教育部关于实施卓越工程师教育培养计划的若干意见》，提出高校与企业联合培养现场工程师、设计开发工程师和研究型工程师等多种类型的工程师后备人才。学校与企业共同制定培养目标、共同建设课程体系和教学内容、共同实施培养过程、共同评价培养质量。2012年《教育部卫生部关于实施临床医学教育综合改革的若干意见》要求临床医学强化临床能力培养，要求5＋3人才培养模式（5年医学院校加上3年住院医师规范培训）、5年制本科教学、长学制医学人才培养模式、全科医生人才培养模式要早临床、多临床、反复临床。

（二）数字化产品符合高校培养实践性人才的新需求，高等教育出版开发数字化产品大有可为

高等教育与行业融合后，单一的纸质教材无法培养出合格的企业技术人才。

《2012年中国大学生就业报告》将动画专业列入红牌专业，即失业量较大、就业率较低、月收入较低且就业满意度较低的高失业高风险型专业。动画专业是高实践性专业，人才培养需要高资金投入、高技术投入。如中国传媒大学建有数字影视特效创作室、网络多媒体创作室、游戏设计创作室、数字合成机房、无纸动画实验室、数字动画创作室、手绘动画创作室、动画声音创作室、动画表演创作室、数字高清实验室、动画生产车间、动画渲染农场和运动捕捉系统。这类教学实验室资金投入数千万元。而我国多数开设动画专业的高校缺少实验室教学环节，一支画笔一本教科书培养出的毕业生，只能是掌握动画知识的知识性人才。

纸质教材跟不上高校人才培养的需求，高等教育出版必须开发数字化产品，才能跟上高校培养实践性人才的需求。2011年，我国数字化出版产值达到1377.88亿元，同比增长31%，网络游戏、电子书、精品学术期刊数据库是数字出版的优势产业。相比这些新兴产业，传统出版企业数字化发展速度

较慢，高等教育数字出版尚未找到切入点，投入产出比低。在数字出版的内容上，以娱乐为主的浅阅读占主导地位，而以知识传承为主、具有教育作用的深阅读内容极端缺乏。我国数字出版"十二五"规划提出，要实施电子书包及配套资源数字化工程，形成内容丰富、互动性强、易于学生使用、符合青少年阅读习惯的数字教学出版体系。这项工程的实施，标志着基础教育出版正式进入数字出版领域。作为教育出版的重要组成部分，高等教育出版必须立足数字化教育教学资源建设，才能满足全社会开展对高等教育人才的需要。

（三）学校、企业、出版单位联合开发，共同获益，是出版优质高等教育数字化产品的基本机制

数字化产品开发费用高，由学校、企业或出版单位单独投资，资金阻力较大。因此，学校、企业、出版单位联合投资，是获得数字化产品开发资金的重要途径。同时，要建立三方共同获益的合作机制，便于数字化产品的完善与更新。

在数字化产品开发模式上，应打破现有纸质出版物流水线式的开发模式，要建立团队合作的开发模式，逐步探索团队模式下数字化产品的开发流程。

三、把握高等教育国际化人才培养趋势，高等教育出版要积极引入推广欧美先进国家的教育教学体系与内容

（一）高校国际化人才培养重在引入西方发达国家的专业教学体系

目前，我国高校国际化人才培养主要为中外合作办学、引进国外优质教育资源、扩大海外学习实习三种形式。中外合作办学有联合培养和联合办校两种形式。联合培养为国内高校与国外高校就某个专业联合开展人才培养。联合办校为中外联合开办大学，如宁波诺丁汉大学、西交利物浦大学，采用国外高校的课程体系、课程计划、课程内容，国外大学师资与国内师资轮流授课。引进国外优质教育资源为专业教学的全部课程或部分课程全英文教学或双语教学。扩大海外学习实习主要为与国外高校互派学生留学，或组织学生参加海外实习。这类模式主要应用于语言类专业教学中。

在人才培养方面，这几类人才培养模式的共同特点是，采用国外教材体系。师资配备上，英美国家教师占多数，澳大利亚、俄罗斯、菲律宾、非洲

国家教师亦占相当数量。要求本国师资具有留学经历或访学经历。对学生考核向英美国家靠近，多以提交论文、课堂专题演讲为主，且提交作业、课堂演讲、论文写作全部使用英文。这几类培养模式是学生了解世界的一个窗口，是我国培养国际化人才的主要方式。

（二）高等教育出版应将引进西方发达国家教育教学体系作为首要任务

但从我国目前国际化人才培养情况看，只有极少数学生可以享受这类教育模式。主要原因，一是我国高校的国际化人才培养刚刚起步，具备条件的院校集中在部属院校、地方重点大学中的部分院校。二是开设的专业较少，主要集中在经济学、工商管理、电气信息类专业中。三是在英语能力上，对听、说、读这类语言应用能力要求高。四是学费高。因此，受办学条件及学生承受能力限制，这类办学基本面向北京、上海、浙江、广东、江苏这类经济发达省市招生。

国际化是我国经济发展的整体趋势。在高等教育阶段，越来越多的学生希望接受国际化教育。高等教育出版人应该抓住这一时机，以出版国外优质教材为媒介，引进国外先进的教学模式，为那些希望接受国际化教育却不具备条件的学生，提供学习机会。

在开展引进版教材业务初期，出版企业在引进国外经典教材的同时，往往与高校联合，将先进的学科教学体系、课程内容、课程资源、教学手段一并引入，一本教材引入会给某个学科领域的教育科研带来划时代的变化，改变教师教学和学生学习方式。如中国人民大学出版社出版的斯蒂格利茨的《经济学》，外语教学与研究出版社出版的《新概念英语》，人民邮电出版社出版的津巴多的《生活中的心理学》。这类教材被专业领域教师奉为经典，长用不衰。

近几年，版权交易便捷化，由于引进版教材省略了出版社的组稿时间，降低了自组稿件的内容风险，各出版单位把引进国外教材作为短期获利的手段之一，引进版图书数量激增。2011年，全国共引进版权16639种，但是在高等教育领域有影响力的引进版教材逐年减少。引进版教材已经背离了引进先进教育教学内容、引进先进教学手段的初衷，转变为单纯的教材出版。因此，引进版教材数量逐年增长，效益却逐年降低。

（三）建立推广先进教育教学内容及先进教学手段的国外教材引进出版机制

《经济学》、《新概念英语》、《生活中的心理学》引进推广成功，在于出版单位全方位调动了高校专家学者资源、出版资源、销售资源，在高校、出版企业、图书销售多个环节上，搭建了立交桥。现在的教材引进，从确定选题、翻译、编辑出版、宣传营销，都由编辑个人完成。在出版流程管理上，与一般的国内教材没有任何差别，传播力量自然不强，社会效益自然不高。

高等教育出版单位还是应立足于满足国内学子接受国际化教育的需要，建立与引进国外教育教学体系与内容配套的引进出版传播机制，才能够出经典，引领高校国际化人才培养的大方向。

四、跟踪高校最新教育教学内容，加速更新纸质出版物内容

部分学科的教育出版内容落后于高等教育教学的实际，最新的教学成果不能及时转化为出版物，这种情况在高等教育出版中极为普遍。

2001年高校普遍开设了大学生心理健康教育课，最初的心理健康教育课为选修课，主要为课堂讲授，授课师资以学生处、团委、思想政治课教师为主。经过8年发展，高校心理健康教育的课程类型、课程体系、课程内容、授课模式发生了重大变化。课程类型由选修课发展为必修课、选修课、课外讲座并行。在课程设置上，由单一的"大学生心理健康教育课"拓展为与大学生心理成长相关的几十门课程，仅课程名称就包括了"人际交往心理学"、"两性心理学"、"新生入学教育"、"成功心理学"、"婚姻恋爱心理学"、"大学生生命教育"、"健康人格塑造"、"朋辈心理互助"、"女大学生心理调适"等近30个。在教学方法上，心理健康课转变更大，团体辅导授课形式普遍，倾听技术、回应技术、共情技术等心理咨询技术被广泛应用于课堂教学。

但是，这些新成果并没有反映到教材出版中来。近年出版的大学生心理健康教育教材，名称相同，教材内容大同小异，与教学实际严重脱节。自编教材泛滥成灾，抄袭拼凑严重。

这种现象的原因有两个，一是教师没有转化教学成果的体制和机制。教学成果的转化是一项工程，教师作为个体，在多方面不具备这种条件。二是出版人不了解教学情况，急于获取短期利益，多出书、快出书，不愿付出时间成本。

高等教育出版人必须从追求短期经济效益的模式中跳出来。跟踪高校最新教育教学成果，使教材内容跟上时代步伐，要把出版物内容建设作为走出

教育出版困境的第一要务。

新闻出版总署公布的统计数据显示，2011年，大专及大专以上课本品种数量增长11.9%，定价总金额增长0.2%，总印数降低5.7%。高等教育出版的问题已经显现。同时，在提高质量内涵发展的方针下，高等教育改革给高等教育出版提供了巨大的发展机遇。充分研究高等教育人才培养新变化，是快速提高产业规模，向出版强国迈进的关键。

绿色人力资源管理
新媒体时代出版行业可持续发展新支点

关俊红[①]

近年来，随着数字信息技术日新月异的发展，新兴媒体呈现出了前所未有的迅猛发展态势，互联网、数字报纸、数字广播、数字电视、移动电视、手机报等新型媒介载体以其特有的优势及特性，抢占并挤压了传统媒体的生存空间。传媒格局进入了多元发展的时代，传统媒体受到了前所未有的巨大冲击。

进入21世纪，世界经济一体化已经成为国际经济发展的重要趋势。在我国，随着社会主义市场经济的发展和对外开放步伐的进一步加大，融入世界经济发展格局是我国发展的必然要求。与此同时，我国的新老传播媒体进入了并存、交替、转换的新时代。众多报纸、期刊相继进入了磁盘版、光盘版、网络版等多种传播载体的行列，我国的出版业也已经进入了新媒体时代。

一、新媒体时代的内涵及挑战

新媒体时代是相对于传统媒体时代而言的。熊澄宇认为："首先，新媒体是一个相对的概念，新相对于旧而言；其次，新媒体是一个时间的概念，在一定的时间段内有代表这个时间段的新媒体形态；第三，新媒体是一个发展的概念，它永远不会终结在某个固定的媒体形态上。"新媒体时代，是一个传播手段空前发展、媒体空前繁荣、资讯空前爆炸、媒体人才竞争空前激烈的时代。

---

① 关俊红，博士，浙江古籍出版社文化编辑中心主任，中级编辑。

在这个知识与经济全球一体化的时代，传统媒体必然借助网络信息技术打破传播交流范围的局限性，使作者和读者不再局限于一个国家，信息资源在前所未有的广度和深度内得到传播和共享。因此，新媒体时代具有内容生成的即时性、内容获取的即地性、内容传播的互动性和广告投放的定向性等特点，其核心即"跨媒体"。

在新媒体时代，出版工作面临着巨大挑战，既要适应媒体发展带来的出版变革，又要面对互联网带来的技术和文化上的转变。具体而言，适应社会环境变化和经济发展的要求，完成传承文化、推动社会不断进步的历史使命，及时准确地宣传社会政治、经济、科学、文化发展的前沿性和前瞻性成果，为我国社会的发展搭建平台，是新媒体时代对出版工作者提出的一个重大的课题和全新的考验。

正是在这种背景下，需要有一种全新的人力资源管理理念来指导出版行业人力资源管理实践，构建更为合理、健康、面向未来的管理模式，更好地满足员工、组织和社会的发展需要。而随着人力资源管理理论和实践的发展，以及人们对"绿色"理念认识的逐步深入，"绿色人力资源管理"这一概念能够很好地契合新媒体时代出版行业管理理念的需要。

二、绿色人力资源管理的概念

绿色人力资源管理是指将"绿色"理念应用到人力资源管理领域，从而形成的一种新的管理理念和管理模式。其主要任务是通过采取符合"绿色"理念的管理手段，实现组织内部员工心态和谐、人态和谐和生态和谐这三大和谐，从而为组织带来经济效益、社会效益和生态效益相统一的综合效益，实现组织和员工的共同、持续发展。其中，心态和谐指员工自身的和谐，包括良好的思想品质和职业道德、较高的科学文化知识技能和审美要求、良好的自我调节能力、对自己与他人和自然的关系做出合理性判断等；人态和谐包括人与组织和谐、人与人之间的和谐两个层面的内容，即组织与员工的共同发展，管理者与员工之间、普通员工之间的关系和谐；生态和谐是指人或组织与自然的和谐相处。

三、出版行业绿色人力资源管理内涵

新媒体时代对人才的要求具有创新型、个性化、复合型和合作型的特点，这给组织的人力资源管理提出了新的挑战，这是组织内外环境变化的迫切要求。如何改善人力资源管理，充分发挥人力资源的使用效益，从而实现人力资源的可持续性发展，已成为每一个组织所面临的重要课题。因此，在新媒体时代，我国出版行业人力资源管理应该根据新媒体时代人才的特点进行创新。出版行业要实现人力资源管理的全面"绿色"，达成可持续发展的目标，需要一个较长的时间，同时需要做大量的工作。笔者以为，出版行业绿色人力资源管理应该从如下几个方面进行思考：

（一）共同成长

出版行业绿色人力资源管理，要求组织发展的同时必须关注员工的个人成长，以员工的成长促进组织的发展。这要求人力资源管理者能够了解员工的发展需要，为员工制定职业发展规划。提高员工的工作能力、创新能力和综合素质。组织需要员工的"归属"来积聚向心力，同样对于员工来说，他们也需要这种"归属感"来满足自身对"安全感"的追求。只有追求组织与员工的共同发展，才是一个双赢的选择。因此，需要构建良好的组织文化，用组织文化来激励员工。而想激发员工热情，必须要让员工自己做出成绩来，以增加他们的自信，这就需要把每个人都放在最适合的岗位上。组织内部必须重视学习和培训，要创造一个学习型的环境，促使员工不断成长和发展，让员工根据组织的发展，不断地学习新的知识和技能。与此同时，组织要转变传统的人力资源管理思路，将员工的发展与组织的发展紧密结合起来，让员工与组织共同承担风险的同时，让员工能够分享组织的成果，实现个人价值。只有在组织和员工双方共同努力下，员工能力得到不断提升和发展，才能不断地给组织带来回报。

（二）合理利用

绿色概念，包含对能源的节约利用、杜绝浪费的含义。绿色人力资源管理强调人力资源的经济性，避免人浮于事、大材小用等浪费现象，即主张人力资源的合理利用，将人力资源发挥到最大效用。因为人力资源的浪费比物质资源浪费需要更高的机会成本。

在实际应用中，理想的配置结构应该是各取其长，优势互补，这就要求在人员配置上遵循合理结构的原则。具体而言，组织架构需要由各种不同专业的人员构成，为此，管理者要了解并能够掌握员工的专业配置，以及各类人员的综合素质和专业水平；组织的决策层要加强自身修养，具备统筹兼顾的筹划能力、多谋善断的决断能力、调兵遣将的组织能力和正确的表述能力；作为管理的组织领导核心，领导班子成员要有能力建立一种使每个人的能力都能得到充分正确发挥的机制，吸引和留住人才，从而不但使领导成员能尽心尽责发挥各自能力，更可使下属各尽其能。

（三）健康发展

健康是指一个人在身体、精神和社会等方面都处于良好的状态。传统的健康观是"无病即健康"，现代人的健康观是整体健康，世界卫生组织提出"健康不仅是躯体没有疾病，还要具备心理健康、社会适应良好和有道德"。

将组织人格化以后的健康共有两层含义，即管理过程的健康和管理结果的健康。过程健康是指管理过程中，管理者能够秉承"公平、公正、公开"的原则，杜绝任人唯亲、徇私舞弊等现象，根据德才兼备和政绩用人，把有能力、有成果的人提拔到重要的、合适的工作岗位上，充分发挥人才优势，提高组织管理水平。

结果健康是指绿色人力资源管理下的员工个体健康和组织机体健康。笔者把组织机体健康界定为组织内部运转正常，外部交往时符合伦理要求的状态。员工是组织行为的执行者，所以说组织机体的健康是以员工个体的健康为基础的。同时，二者又都以过程健康为保证、以健康的组织文化为约束。人力资源的整合过程也就是人性化参与管理的过程。人力资源经理不仅要了解员工的个人素质，而且要掌握各类人员的性格差异，特别是要密切关注那些需要长期在同一团队组织构架下协作的员工之间的性格组合，以提升组织的整体实力和市场竞争力。

（四）以人为本

绿色人力资源管理主张"以人为本"，凸显员工的利益需要，依据员工个性特征的不同和员工多方面、多样性的需求进行管理。员工的积极性常受到员工在组织中的发展空间、自我实现机会、工资福利状况和人际关系等因素的影响，所以组织应尽力对这些因素进行调整，使之有利于充分调动员工的积极性，实现组织目标。

人的全面发展是以人为本管理的精髓，更是组织人力资源管理的核心理念。所以以人为本要求在管理过程中，始终将人放在核心位置，追求人的全面发展，以便充分调动所有员工的积极性和创造性，使组织获得最大的效益。以人为本的管理需要培养一种亲密、信任的人际关系，需要一种敬业、进取和宽容的合作氛围。

组织文化则是"以人为本"组织管理的思想基础，所以要努力培育共同的组织文化意识，使得组织成员对组织目标和价值有着共同的理解，从而在行动上达成共识，共同的文化意识还要求组织的发展同经济和社会环境的现实相吻合。

（五）民主氛围

如果管理者过度地追求个人权力，会导致组织人文需求和生态意义的破坏。权力向组织管理者过分集中，则可能忽略员工的利益。绿色人力资源管理追求组织和员工利益的统一性，要求组织与员工共享组织信息、鼓励决策分权化、扩大员工参与、向员工授权。组织领导要应用有效的方式激发组织成员的热情，调动组织成员的积极性、主动性、创造性，最大限度地激发其潜能，使之充满活力和动力，朝着组织期望的目标而努力。组织领导要关心、重视和支持广大职工的工作、学习和生活，搞好民主管理，发挥职工参政、议政和参与决策的积极性。实践证明，员工的民主意识越浓，民主管理越强，民主决策越多，工作积极性也就越高，任务完成得也就越好。

（六）和谐发展

和谐是绿色概念中的重要含义。众所周知，组织环境的各种因素是不断变化的，各种组织环境因素又在不断地重新组合，不断形成新的组织环境。这就使得组织内部要素与各种环境因素的平衡经常被打破。因此，组织必须及时修订自己的经营方案，以适应不断变化的环境，通过调整组织系统输入输出的结果，促使组织环境更加有序地朝着有利于组织系统生存和发展的方向运动。组织环境的客观性、系统性、动态性等特征说明组织环境本身就是一个有着复杂结构的运动着的系统。正确分析组织所面临的环境中的各种组成要素及其状况，是任何一个管理者进行成功管理活动所不可缺少的前提条件。

人力资源管理系统是组织整体系统的一个子系统，更是社会这个大的复杂系统中的一部分。绿色人力资源管理工作要求与社会的发展、组织的成长协同演进，否则将制约组织和社会的发展。

四、结语

新媒体时代是一个快节奏的时代，出版行业在激烈的竞争中要取得更大的成功，必须对人力资源管理进行科学、正确的理解与认识，对人力资源管理进行科学有效的规划。绿色人力资源管理把员工视为组织最重要的资源，主张以人为本，促进员工能力的提高，有利于员工的可持续成长。同时，其又把员工看成是组织发展的重要目标，为员工提供优良的工作环境，注重对员工各方面的培养，提高员工的综合素质，有利于人的主体性建设，有利于"员工—组织—环境"的和谐与优化，有利于人与组织的共同发展。这种新的管理理念把握了新形势下的社会发展趋势，能够顺应人的主体性的发展要求，有利于组织可持续发展目的的实现。

国际化企业家与出版企业国际化
——以三家荷兰出版企业为例

许 洁[①]

一、引言

在经济全球化、信息技术革命及产业整合的作用下，当今的出版传媒产业已经进入了跨国家、跨产业纵横联合的崭新阶段。面对凭借技术优势进入出版产业的"外来者"对现有出版市场的"蚕食"，传统出版企业之间越来越激烈的竞争，数字时代读者阅读习惯的改变，以及国外出版商的进入……我国出版业发展面临着前所未有的挑战。在这样的背景下，我国出版企业要实现转型和发展，离不开人才，尤其是具有国际化视野的企业家和产业链整合能力的高级领导人才。笔者利用在荷兰交流访学的机会，深入励德·爱思唯尔、博睿、莱姆斯卡特等十余家出版企业及物流中间商、书店、行业协会进行调研、访谈。试图了解人才，尤其是企业家因素在出版企业国际化过程中起到的作用。他山之石可以攻玉，分析国际化出版企业中企业家的个人特质、总结其共性，以期对我国出版企业发现、培养国际化人才提供借鉴。

荷兰出版企业的国际化程度处于全球领先水平。根据2012年美国《出版商周刊》的最新数据[②]，全球营业收入排名前五的出版企业中，总部设在

---

① 许洁，武汉大学信息管理学院博士后研究员，研究方向为出版营销管理和数字出版，曾于2010年赴荷兰莱顿大学联合培养，期间完成了博士论文《出版企业国际化影响因素理论与实证研究》。除非特别注明，本文的所有事实和数据均来自于作者对相关企业及当事人的访谈和调查。访谈时间为2010年3月到5月，地点为相关企业总部办公室。

② www.publishersweekly.com/pw/by‐topic/industry‐news/financial‐reporting/article/52677‐the‐world‐s‐54‐largest‐book‐publishers‐2012.html，访问日期2011年2月12日。

荷兰的跨国集团有两家①。作为一个国土面积只有四万平方公里的欧洲大陆西端低地小国，荷兰出版业的发达程度之高、产生出的国际出版巨擘数量之多令人侧目。从企业外部环境看，高度发达的资本主义经济、外向型的海洋文化、成熟的法律财税环境、完善的服务设施等都是荷兰产生如此众多国际化出版企业的客观条件。对于作为个体的中国出版企业来说，荷兰出版国际化的外部环境不可复制，可以借鉴的是荷兰出版企业在国际化道路中采取的相应策略、组织机构设置，以及内部管理机制。

在对近代荷兰出版企业国际化进程进行考察时，笔者发现，企业家个人素养和领导能力显得尤为重要。从某种程度上说，正是这些具有全球化战略视野、国际化关系网络及敢为人先创新精神的企业家们引领着荷兰出版企业凭借独具优势的内容资源、不断提升的服务质量和人性化的管理理念走向世界，在全球出版大舞台上占领了举足轻重的地位。

二、企业家的全球化战略视野

世界领先的科学、技术与医学（STM②）出版商爱思唯尔（Elsevier）是全球第二大出版集团励德·爱思唯尔（Reed Elsevier）的一个重要组成部分。2010年，爱思唯尔的销售收入占到整个集团的34%，计20.68亿欧元，而利润则占到了集团总利润的46%，共7.15亿欧元③。爱思唯尔在全世界24个国家雇有员工6700余名，年均出版1150种学术期刊、2400种新书。全球有7千名期刊主编，7万名编委会成员和超过30万名评审专家与其建立了长期合作关系，共计超过60万科研人员的学术成果通过爱思唯尔的电子出版平台和传统渠道出版。根据JCR④的统计，2010年，爱思唯尔出版的学术期刊影响因子排名世界第一的达到了59种之多⑤。

---

① 分别是排名第二的励德·爱思唯尔集团和排名第四的威科集团。励德·爱思唯尔集团的核心业务STM出版主要由设在荷兰的爱思唯尔科学集团承担，威科集团作为全球最大的专业出版商，创立和发展都在荷兰。
② Science, Technology and Medicine.
③ Reed Elsevier Annual Report and Financial Statements 2010. pp. 11. http://www.reedelsevier.com/ar10, 2011-12-1.
④ Journal Citation Report.
⑤ Reed Elsevier Annual Report and Financial Statements 2010. pp. 3-10. http://www.reedelsevier.com/ar10, 2011-12-1.

爱思唯尔在全球范围内确立 STM 出版霸主地位的时间节点是第二次世界大战。二战以前，爱思唯尔的核心业务主要是百科全书、经典著作和教科书的编辑出版，面向的是以荷兰、比利时北部为主的荷兰语市场；在 1940 年到 1948 年的 8 年间里，爱思唯尔陆续出版了 400 余部科学专著，数十种期刊，95%[①]的内容用英语出版，凭借高端内容占领了欧洲大陆及英国的科学出版市场。在从百科全书、教材出版商向 STM 出版商转型，并走上国际化发展道路的过程中，二战期间时任总经理的克鲁兹（J. P. Klautz, 1904 – 1990）起到了决定性作用。

二战前，德国的经济发展和科技水平远远领先于欧洲其他国家，在生物、医学、物理、化学、机械等许多领域，德国科研水平世界顶尖，以致于其他国家的科研人员如果想了解最新研究成果，必须要学习德语。随着 1933 年国家社会党上台执政，德国国内的政治环境发生了巨大变化，科学研究受到了极大阻碍。在这种情况下，手下只有 10 名雇员的克鲁兹敏锐地预见到德语学术出版已经走到了穷途末路，未来的学术出版，英语将成为"世界语"。1937 年，他决定率先在欧洲大陆用英语出版瑞士化学家保罗·卡尔（Paul Karrer）的著作《有机化学》。此书出版不久，作者就因为发现了类胡萝卜素、维生素 A 和 B2 获得了当年的诺贝尔奖。虽然《有机化学》在商业上谈不上成功——并没有给出版商带来可观利润，但是作为第一个用英语出版化学专著的欧洲大陆出版商，加之作者的诺贝尔奖得主身份，爱思唯尔在学术界引起了轰动。1939 年，面对公司财务的高额赤字，克鲁兹力排众议，在英国开设了一家代表处，目的是与英国学者更好地沟通，以抢滩英语国家的高端学术出版市场。1945 年，德国入侵荷兰，克鲁兹又秘密地将多名犹太裔高级雇员及他们的家人一起送到美国[②]。这样做的目的是保护员工的人身安全，但事实上却将爱思唯尔的科学出版版图扩大到了大西洋的另一边。1947 年，在克鲁兹的推动下，爱思唯尔出版了现代意义上第一本国际学术期刊《生物化学和生物物理学学报》（*Biochimica et Biophysica Acta*，简称 *BBA*）。之所以说这是第一本现代国际学术期刊，原因在于它开创了现代学

---

① 数据来自企业内部档案。
② 虽然由于法律等原因，两人最终没能在美国成立 Elsevier 分公司，但是他们创立了一家名叫 Interscience 的科学出版企业，这家公司日后发展成为 Elsevier 在美国最重要的合作伙伴，直到 2000 年被 Elsevier 收购。

术期刊的运营模式：首先其主编团队和编委会成员来自于 20 国家，既包括英、法、德等西欧国家，也有来自俄罗斯、波兰等国的东欧学者，还有日本和美国的专家；其次，该刊采用严格的双盲同行评审来保证内容质量；第三，该刊的作者和读者来自于世界各地。半个多世纪一路走来，《BBA》已经成为了爱思唯尔旗下期刊群中历史最悠久，也是最具影响力的学术期刊之一。在历年的 JCR 影响因子排名中，《BBA》总是位列所有科学期刊的前 20 名。在克鲁兹任期内，数十种高水平国际学术期刊相继创立，其中不少刊物至今仍是相关研究领域的顶级期刊，如创立于 1947 年的《分析化学学报》（*Analytica Chimica Acta*）、创立于 1958 年的《色谱学》（*Chromatography*）和创立于 1965 年的《临床医学学报》（*Clinica Chimica Acta*）等。

到了 1964 年，爱思唯尔的员工规模从战前 10 余人扩大到 100 余人，其中非荷兰籍雇员达到了 40%。与其建立了长期合作关系的 1000 多名专家学者、评审人员则来自世界各地。在克鲁兹的推动下，爱思唯尔将在英国伦敦开设的代表处拓展为具有组稿、编辑、生产和发行全部功能的分公司。1965 年，爱思唯尔美国分公司在纽约的分公司正式成立，主要负责美洲地区的营销、发行和出版业务。至此，在克鲁兹的带领下，爱思唯尔初步实现了国际化梦想。

三、企业家的国际化关系网络

博睿出版社（Brill）是欧洲大陆持续经营历史最久的出版企业，总部位于荷兰西部城市莱顿，以出版精装本人文学术著作闻名。2011 年公司雇员将近 200 人，在美国波士顿和日本东京设有子公司。每年用希伯来语、阿拉姆语、撒玛利亚梵语、科普特语、阿拉伯波斯语、鞑靼语、土耳其语、爪哇语、马来语、布哈林语、埃塞俄比亚语、埃及语、希腊语等 33 种语言出版超过 400 种学术著作和 100 种学术期刊。在历史学、东方学、语言学等领域树立了世界权威出版机构的地位。

博睿的出版历史可以追溯到 1683 年，从一家为服务莱顿大学师生而创立的家族书店到开办印刷厂，从转型为股份制企业到成为国际化人文社会科学出版商，博睿的发展经历了十几代人的共同努力，而企业家在关键时刻起到的领导和决策作用无疑是博睿出版社历经 300 年长盛不衰的重要原因。

约拿斯·博睿（Jahannes Brill）就是这些企业家的代表。1802 年，鲁赫曼（Luchtman）家族经营的图书出版和销售生意因为后继无人到了生死存亡的关头，年轻的印刷商人约拿斯被莱顿市长推荐给鲁赫曼书店，成为了第一个家族成员以外的高层管理人员。刚一上任，约拿斯就提出要对这家经营了一百多年的家族企业进行股份制改造，原因是错综复杂的亲戚关系和责权不明的治理结构已经严重影响到企业运行。经过5年努力，约拿斯将家族作坊改造成了一家拥有5名股东、20名员工的现代股份制企业：鲁赫曼家族的权力通过持有股权来实现，企业运营则全由约拿斯一人负责。为了强化竞争优势，约拿斯缩减了印刷业务，将有限的资源投入到东方学和语言学研究著作的出版中来。秉承"精益求精出版高端学术经典"这一经营理念，约拿斯与莱顿大学、比利时根特大学、德国哥廷根大学等欧洲一流大学研究阿拉伯、古埃及和东亚语言文化的一批顶尖学者建立了良好的合作关系。为其出版最新学术研究成果，并根据他们的需求翻译引进其他国家的研究。到了1850年，约拿斯退休离开的时候，用阿拉伯语、古埃及语、梵语、日文和繁体中文出版的阿拉伯研究、古埃及研究和远东研究著作成为了企业的特色优势产品。也正是在这一年，公司正式改名为 E. J. Brill（简称 Brill），成为了世界一流的人文社科出版商。从19世纪末开始，全世界相关领域的学者们形成了一种共识：要做东方学的研究，必须要读 Brill 出版的经典著作；顶尖的东方学学者，必然要在 Brill 出版自己的学术专著。

四、企业家敢为人先的精神

莱姆斯卡特（Lemniscaat）是荷兰历史最悠久，最富盛名的儿童文学、图画书出版社之一，以出版精美绝伦的儿童图画书享誉整个欧洲。从1963年创立至今，莱姆斯卡特共出版了近300部原创儿童图画书作品，将400多部世界各国的优秀图画书引进到荷兰，发现和培养了近30名儿童文学作家和图画书插画家。今天的莱姆斯卡特总部位于荷兰港口城市鹿特丹，在美国纽约和意大利波隆那设有办事处，在中国、日本和韩国各有一家特约经销商，除了儿童图画书，还出版青少年文学和艺术作品。秉承着"为全世界儿童出版最美丽的图画书作品"这一经营理念，莱姆斯卡特在竞争激烈的少儿图书市场上树立了良好的声誉，成为了"高品质童书"的代表。作为一个典型家族经营的独立出版企业，莱姆斯卡特的雇员才不过区区15人。2010年全年，公司创造了年销售2000万欧元的惊人业绩，人均创造利润将近40万欧元。

与学术出版和专业出版不同，大众出版受供求关系、经济环境、社会文化等因素影响相对较大。20世纪60年代初期，汉斯布洛克（Hansbroek）创立了莱姆斯卡特出版公司，从比利时和法国购买了获得儿童文学大奖或者儿童插画大奖的图画书作品版权，翻译成荷兰文出版。为了保证图画书的品质，他采用当时价格不菲的4色全彩印刷，装帧形式也以当时儿童图书中罕见的硬壳精装为主，加上昂贵的版税，这些图画书平均定价达到了20到25荷兰盾。购买这样一本图画书，几乎花掉当时荷兰一个普通产业工人月收入的十分之一。可想而知，莱姆斯卡特出版的图画书曲高和寡，在市场上遭遇了巨大失败。在这样的情况下，汉斯布洛克并没有为了降低成本而放弃对图画书高品质的追求，他给了自己一个期限，用10年时间细心培育市场，帮助人们了解图画书的价值，如果10年以后市场还是不认可图画书，公司还在亏损，那么他就退出。

随着荷兰经济水平的不断发展，20世纪60年代中后期，荷兰社会结构中中产阶级规模不断扩大，人们受教育程度不断提高，儿童早期阅读越来越受到重视，图画书的价值逐渐引起人们注意。1969年，公司成立第六年的时候，莱姆斯卡特首次实现盈利。进入20世纪70年代以后，公司发展一路高歌猛进，凭借着早期签下的国际大奖图画书作品荷兰语专有出版权，莱姆斯卡特几乎垄断着整个荷兰的少儿图画书出版市场。然而汉斯布洛克并不满足现状，因为他相信产生过伦勃朗、维梅尔、梵高等伟大画家的尼德兰民族，一定有能力培养出自己的图画书创作者。他想将荷兰本土作者和画家创作的具有尼德兰民族特色的图画书介绍到其他国家。1973年，莱姆斯卡特出版了第一部由荷兰本土作家和画家创作的图画书《我的大象无所不能》。到2010年，这本图画书已经在荷兰本土销售了近10万册，被翻译成英语、法语、德语、芬兰语、意大利语、西班牙语和韩语，版权输出到了11个国家。经过近四十年的发展、汉斯布洛克父子两代人的努力，莱姆斯卡特已经成为了荷兰家喻户晓的品牌。

企业国际化相关理论，尤其是国际新创企业理论的相关研究指出，企业家在企业的国际化成长中起到的作用不容忽视，企业家在关键时刻的决策影响了企业国际化的战略制定、战术选择和绩效结果。国际新创企业理论对企业家因素的研究表明，企业家个人的国际化经历、行业从业经验、社会关系网络、全球化的战略眼光、创造性思维等特质会对企业的国际化绩效起到影响。这在爱思唯尔、博睿和莱姆斯卡特三家出版商的国际化道路中得到了验证。前文提到的三位企业家都有过在国外生活、学习或者工作的经历。如汉斯布洛克曾经在法国、比利时、意大利等欧洲其他国家游学，得以深入了解这些国家的儿童出版业；约拿斯则在德国美因茨的印刷厂里当过学徒，在莱比锡开过书店。这些在国外学习、生活和工作的经历，不仅开阔了他们的视野、培养了全球化的眼光，而且还帮助他们发展了国际关系网络，为拓展跨国企业打下了基础。此外，这些企业家都具有勇于冒险、敢于创新的精神，他们敢于承担风险进入新的市场，大刀阔斧改造企业组织结构、改进生产流程，面对质疑和反对当机立断作出有利于企业国际化发展的决策。

国际化出版企业人才的培养，离不开企业；企业实现"走出去"目标，需要一批具有全球视野和国际化经验的企业家。借鉴荷兰出版企业国际化的成功经验，我国出版企业国际化人才的培养不妨从以下几个方面入手：一是敢于、善于从其他相关行业、其他国家引进具有国际化经验的高级管理人才，外部人才往往具有更加开阔的视野，不受企业或行业固有运营模式的束缚，更具有创新精神和开拓意识，而这正是企业国际化过程中不可缺少的精神；二是为管理层提供国外进修学习的机会，通过与国外出版企业建立人才培养合作机制等方法将出国学习常态化；三是对企业内部组织机构进行优化，变"金字塔"型组织为"扁平型"组织，用项目制弥补部门分割的缺陷，为具备领导力潜质的人才提供快速被发现被任用的机会；四是进一步完善公司治理结构，明晰出资人和管理者之间的责权关系，在做好监管的同时为企业领导人创造相对独立宽松的决策环境。

一方面，优秀的企业家引领着企业国际化成长，另一方面，良好的企业环境是产生优秀企业家的土壤。我们期待在不久的将来，中国出版企业能够培养出自己的国际化管理人才，带领企业实现"走出去"目标，将我国建设成真正意义上的出版强国。

编辑人才的突围

——浅谈编辑规范与创新的矛盾统一

陈　红[①]

新时代的今天，科学技术这个第一生产力已经发展到前所未有的辉煌程度，而科技与出版素来就有双重关系，出版是为科技进步服务的，科技史上许多新的时代往往是以某一著作的发表或出版为标志的，而科技则推动了出版的继续向前。编辑是出版的主要核心力，因此，编辑的创新已经被时代、被科技推到了风口浪尖，已是箭在弦上，已是迫在眉睫。

编辑要创新，首先要提到编辑要完全掌握规范。规范不是可有可无，规范也不是形同虚设，规范是出版的硬道理。不遵守规范，创新就有可能与文化发展的目标背道而驰，这不是出版的目的，更可能会毁了出版这个传承文化的伟大基业。所以，说到编辑创新，编辑规范又同样必须浓墨重彩地出场。

一、编辑规范存在的重要意义

编辑规范实际上包括道德规范、工作规范和技术规范，每一个规范的存在都是有其重要且必要的意义的。

首先，从具体的要求来看，就是编辑在工作的过程中，要在思想上认识到，自身的工作是在传播文化，是对社会积累文化作出贡献，因此要具有强烈的社会责任感，要一丝不苟地完成自己的工作，同时也要耐得住寂寞，吃得起苦。不能在物质诱惑面前，随意地放弃自己的原则和工作的要求。

其次，从实践来看，编辑工作有着非常强的实践性，所有的工作环节之

[①] 陈红，二十一世纪出版社。

间都有着非常强的联系和制约。其中任何一个环节的失误或者工作效果的失常，都会影响到整个编辑的工作结果。因此，在编辑活动中，强调一定的程序、要求或者制度是非常有必要的，而这些程序、要求或者制度本身也是反映了编辑活动的客观规律，从某种程度上来看，是具有较强的普遍适应性的，是不能够随意废除或者降低要求的。

最后，在编辑行业，同样是没有规矩不成方圆的，而这个规矩就是指编辑的技术规范。所谓编辑的技术规范，其实质是相关的国家标准以及行业标准，还有不同的单位自己根据国家和行业标准制定的具体标准。而按照这些规矩编辑，也是国家对整个编辑行业提出的一个最基本的要求，这也是编辑从业者应该遵循的最基本的规则和标准。这些规范的运用能够有助于出版物的内容正确表达，同时也能保证出版物的质量和价值。

二、编辑规范与编辑创新的关系

（一）编辑创新需要考虑到编辑规范的内在要求

各项改革措施的出现，其前提是社会的发展使得整个市场的情况发生了变化，不进行相应的改革和创新，不利于单位或者整个行业的发展。但是，创新不能盲目，我们要意识到，创新或者改革的需要是使得单位或者行业能够更好地符合社会发展的需要，能够在未来的发展中，占据市场竞争的优势地位。由于编辑规范实质上反应的是一个时期的编辑工作的客观规律，因此，在进行创新的时候，就必须要充分考虑到编辑规范的内在要求，依托编辑规范的存在而创新。

（二）编辑创新是编辑规范发展的内在动力

编辑规范并不是永恒不变的，事实上，随着时代的不断发展，编辑规范一直在发生变化。而且，编辑规范也只有不断地变化，才能满足社会发展的要求。但是，编辑规范的变化，又不是完全自发或者盲目的，它是由编辑创新驱动的。同时，这种变化也不是对原有规范的全盘否定，它是一种有选择的辩证的扬弃过程。编辑在长期的工作中，能够发现时代变化之后，编辑规范的不合时宜之处，并且通过自身的不断努力，能够从微观到宏观推进编辑规范的发展和完善。

（三）编辑规范与编辑创新相辅相成

实际上，编辑规范与编辑创新二者之间并不是对立的，规范并不是要限制编辑的创新精神，而创新也不是说不要一切规则的约束。编辑创新要改变的是那些不合时宜的、不适应新的市场情况或者市场条件的僵硬的规则，建立起符合时代发展需要的规则。要求大家按照编辑规范工作并不是约束了编辑的创造性和灵活性，而是要求编辑在发挥创造性和灵活性的同时，注意自己的工作态度以及基本的一些格式或者从业的基本要求。这些不但不会损害编辑的创造力，反而能够确保编辑的创造力用得适得其所，能够更好地发挥编辑的主观能动性。

三、教辅编辑的创新模式

考虑到教辅受众群体的特殊性，笔者觉得遵守编辑规范在教辅中的意义尤其重大。近来，教辅大战愈演愈烈，教辅的弊病与乱象更多地暴露出来，教辅的规范就显得非常重要，非常有必要。要改变这种乱象，就要创新！但教辅的创新应该在必须坚持的规范的基础上进行，教辅编辑的创新要严格基于编辑规范来进行。

（一）思想观念从旧到新

一个优秀的教辅编辑，往往可以站在整个时代的高度，为打造时代文化作出贡献。随着时代的变迁，各种科技的日新月异，作为不同的个体，人的文化需求也由当初的比较单一转变为多种多样，包含着各种方面的内容，即使在教育方面，也提出了众多的需要：有政治经济方面的需求，有教育学习方面的需求，有艺术欣赏方面的需求，还有消遣娱乐方面的需求。要满足这些多方面多层次的文化需求，编辑本身就得由传统的简单的案头编辑转向可统筹策划可案头编书的复合型编辑，仅仅埋头苦干，于书稿中查错的工作方式已成为过去。这是一个思想观念的创新，只有思想上接受并决定去做一个复合型编辑，你才能真正地朝这个目标努力与发展。同时，作为教材教辅编辑，复合了还不完整，还必须要了解课程标准、教科书、考试改革，把自己当成一位教育工作者，而不仅仅是一位图书编辑。

（二）用优秀作者为自己储备资源

教辅编辑要有一支属于自己的强大的作者队伍。过往的教材教辅编辑们，通常是坐等书稿，给什么编什么。稿子从哪里来的？谁写的？编辑们既不知道，也不想知道更不必知道。这样的后果是，教辅图书的好坏只有市场知道，只有使用的老师和同学们知道，一句"文责自负"就让编辑们与图书本身没了关系。如今，随着网络与现代化科技的普及，信息的真假与知识的对错让人无法辨别。谁来把好教辅质量关呢？学生们用到劣质多错的教辅应该找谁呢？谁来做售后的服务跟进指导工作呢？这些都给新时代的教辅编辑们提出了严峻的问题。这就成为教辅编辑们创新工作中的一个重要环节。那就是用优秀作者为自己储备资源。首先，编辑自身要比较了解每一位作者的能力和强项，能够为教辅读物选择合适的作者。教辅作者一般为教研员或一线老师。教研员无从选择，基本是指定人员，而一线老师，多为教研员推荐或指派，他们可能是非常优秀的专业授课老师，但有的文字修养和写作能力却非常有限。可能他们写出来的书稿往往不能准确地表达他们自己内心的想法，甚至无法将他们平时上课的精髓淋漓尽致地展现在纸上，传达给其他老师与同学们。这是一种非常大的缺失与遗憾！因此，教辅编辑们在这里就有一个新的任务，必须要对自己的作者们非常熟悉和了解：谁有一定的理论修养和政策水平；谁有较高的专业水平和广博的知识；谁有较高的文字修养和写作能力；谁熟悉和了解读者对象的情况；谁又有比较充裕的写作时间和严肃认真的写作态度。只有选对了合适的作者，一本书稿才能在写作之初就已成功一半。其次，在新时期，教材出版社为了防止盗版教辅的猖獗，经常是拖到开学前两个月才将教材的复印样发放出来。这对专业做教辅的正规出版社来说，也是一个困难，如何及时正确地做出与教材完全同步的教辅更是棘手的问题。在这里，教辅编辑与作者关系的重要性又体现出来了，一旦拿到有改动的教材，编辑们就必须立刻通知作者修订甚至重编，找到合适的作者，这个问题自然也就迎刃而解了。再次，在售后服务与指导工作中，编辑们受学科知识的专业局限，必须要协同作者到用书学校经常作教辅调研，关心回访老师学生们对图书的使用情况，听取改进建议，有时还需要为用书学校讲课授业解惑。

（三）引入新方式编稿

以往的教辅编辑坐等书稿来临后便与书稿的前生没有了一点关系，拿出书稿，闷头编辑就是过去的编辑要做的所有事情。而新时期的教辅编辑显然不能再这样过活儿，要一改往日坐等选题、死编订单图书的做法，必须要进行市场调查、筛选信息，作为选题决策的依据。可以与新华书店、学校建立市场信息收集反馈网；常走出去，到零售店去，到图书批发市场去，到学校去，挖掘教师和学生的需求。还要与专业教育机构合作，通过课题合作和信息共享等形式抢占教育制高点。同时，在编辑教辅读物时就应该像农民种地一样，要选种、播种、田间管理、收获。如果不精耕细作，必然"广种薄收"。其中，"田间管理"是至关重要的。千万不要"播下种子"就撒手不管了。编辑要给作者讲书稿编写要求和注意事项；协助作者定好框架和写作深度，随时了解写作进度；要及时地、经常地与作者联系，帮助作者解决在写作过程中遇到的各种问题；必要时要预审部分章节（包括插图），发现问题，及时解决；重点教辅应该召开由主管社领导、编辑室主任、责任编辑和作者共同参加的定稿会议，面对面地解决问题，拍板定案。总之，经过认真的"田间管理"，作者交到出版社的稿子，才能达到"齐、清、定"的要求。有一句话说，一个作者的高度取决于一个编辑站在哪里。编辑除了必须有广博的知识，其崭新的切实可行的工作方式也决定了编辑所处的高度。一本优秀的图书是凝结了作者与编辑共同的汗水与努力的。

在工作方式的创新方面，我社出版的一套教辅——《数学新思维》的出版过程，便是最有说服力的例子。最初想做这套书时，市场调查同步类教辅与拓展类教辅都非常多，但介于同步类教辅与拓展类教辅之间的书较少，我社想要抢到这块蛋糕，就想做好这么一套书。但蛋糕并不容易吃到，这样一套书，定位非常难，是同步更多些，还是拓展更多些，是让学生独立阅读，还是必须在教师辅导下完成？如果把握不准，这套书就失去了做的意义。编辑在与作者们召开了多次写作会后，给作者提供了一个方案，确定严格以教材为蓝本，加入适当的奥数题，但又不能超纲，不能一味追求难题。考虑到受众面是学生，既不能增加学生的负担，又必须让学生爱上这套数学课外书，要让学生们知道，数学其实很有趣。我们劝说作者抛弃过去一味"给题、解题、讲题"的教辅通用写法，坚持用原创故事打动读者，引导作者们将每个知识点都放进一个非常有趣的原创情境故事中，可能是一个美丽的童话，可能是一个非常可笑的故事，可也能就是发生在你身边的事情。这样的导入让学生们觉得数学其实就在身边，学数学并不是没用的，学好数学其实就是这么容易。作者们最终非常高兴地接受了这些建议，书得以顺利出版，拿到样书时，主编说，这套书做到了他完全没想到的好！由于编辑的思考与参与，将一本原本非常平实的数学教辅做成一本数学故事书，我想，这就是最好的创新吧。

四、结语

编辑每天的工作都是枯燥的,既要面对大量的文字,又要应付千差万别的情况。但是,编辑的工作又是那么的重要和崇高,他们是知识的传播者,对人类文化的积累有着非常重要的意义。正是因为如此,编辑在工作中一方面要注意自己的工作是否符合编辑规范的要求,确保自己工作成果的高质量,另一方面,编辑也要在工作中充分发挥自己的主观能动性,采用恰当的方式处理不同的情况,形成不同的编辑风格。要通过自己的创造力不断地推动编辑规范的完善化,同时也要保证创新能够符合编辑规范的内在需求,使得编辑创新和编辑规范能够真正相辅相成。总而言之,编辑创新之路就在脚下,只要编辑们坚持将编辑规范落到实处,勤于思考,在实践中创新发展,便可以熟能生巧,真正地发挥编辑人员的积极性、创造性,实现编辑人才自身的突围,促进科学文化产业的大发展大繁荣。

略论出版业经营管理类领军人才的企业家精神

范 军[①]

一、出版业经营管理领军人才应该是企业家

2008 年，新闻出版总署评选出全国新闻出版行业第一批领军人才。2010 年评选出了第二批。2012 年，第三批领军人才推荐评审活动启动。这一行业领军人才包括业务、学术、技术、经营管理、科研和学科等五个类别。其中的经营管理人才，评选出的一般都是在出版企业担任主要领导职务的负责人，对于企业的发展起着至关重要的作用。最新发布的《关于开展全国新闻出版行业第三批领军人才选拔活动的通知》中，在"推荐条件"中有这么一条：

有较强的综合管理能力和领导水平，善于管理创新，在推进本单位改革发展中取得突出成绩。带领的单位（部门）主业突出、实力雄厚、核心竞争力强，创造了良好的社会效益和经济效益。在打造品牌、资本运作、兼并重组、开拓国际国内市场方面成绩显著。积极发现人才、培养人才、使用人才和激励人才，单位内部管理高效规范。注重企业文化建设，积极创建学习型组织，构建和谐单位，取得显著成绩。

显然，这里的立足点是已经取得的或"突出"或"显著"的"成绩"。一个出版单位的优秀经营管理人才为何能取得骄人的成绩，关键是看他有没

---

① 范军，华中师范大学出版社有限责任公司董事长、社长。

有企业家的素质并得到充分发挥。笔者认为，出版行业经营管理方面的领军人才应该而且必须是出版企业家。企业家是企业的第一资源，企业之间的竞争往往就是企业家的竞争。出版业的经营管理人才，应该是企业家而不是商人。"企业家和商人之间最大的区别在于，商人不爱企业，企业家爱企业。企业家创办自己的企业就像养育自己的孩子一样，而绝对不是像养猪一样，猪可以卖掉，自己的孩子绝对是不会卖掉的。……企业家和商人之间还有另外一个区别，那就是，企业家一定要把企业做大，他把做企业当成自己的事业甚至自己的生命，因而他做企业的目的不是纯粹为赚钱，而商人的目的却很单一，往往纯粹是为了赚钱。所以只要你和商人或者企业家在一起一交谈，你就很容易判断他是商人还是企业家。从总体上来讲，企业家有比较厚道的一面，而商人相对来说就缺乏厚道的一面。因为企业家知道企业的兴衰并不取决于钱，不可能一切都是钱说了算，他清楚地知道企业中好多人并不是为钱而支持他的，所以企业家对人情冷暖有很深的感悟。"[①]

事实上，在出版业中也存在着企业家和商人的明显分隔，而且二者的区分标志更为明显，那就是看他对待"文化"的态度。对此，老辈著名出版家张静庐先生有过精彩论述。在他的目标和信念里，"文化"占有十分突出的位置。张静庐自我期许甚高，他在自传中坦言，自己虽无缚鸡的腕力却有举鼎的雄心，甚至公开表白说，在当时上海的同业中，值得他钦仰，让他感到可爱的出版家，寥寥无几。在他这种貌似桀骜的语句背后，其实有一杆大秤横在心里，秤砣下面，分别站着两排出版人——有一排，张静庐敬称为出版商，可爱，却少；另一排，则只能呼为书商，市侩，却多。虽然从表面上看，两排人都同样地做着关于书的生意，都同样地关心着出版后的利润，"钱，是一切商业行为的总目标。然而，出版商人似乎还有比钱更重要的意义在这上面。以出版为手段而达到赚钱的目的；和以出版为手段，而图实现其信念与目标而获得相当报酬者，其演出的方式相同，而其出发的动机完全两样。我们——一切出版商人——都应该从这上面去体会，去领悟。"正因为张静庐不是仅仅以赚钱为目的，而是图实现其信念与目标而获得相当报酬，所以他敢自信满满地宣布："我是一个'出版商'，二十年来生活在这个圈子里，姑不论对文化工作做到如何成绩，对于社会影响达到怎样程度，

[①] 陈少峰、张立波：《文化产业商业模式》，北京大学出版社2011年版，第60页。

但是，我是'出版商'而不是'书商'，希望认识我和不认识我的朋友们对于我有这最低限度的了解！——这是'差之毫厘谬以千里'的分界线。"①从这些看似咬文嚼字的话语背后，表现的是张静庐的文化自觉与责任担当。这位当年有上海四马路出版界"霸才"之称的出版人，是真正令人敬慕的出版家，而不是一个精明市侩的商人。只是他所谓的"出版商"，实为今日之出版家或出版企业家；而他笔下的"书商"才带有当下出版商、发行商或书商的意味。

当然，作为出版家仅仅热爱文化还是不够的。出版企业家必须善于协调文化与经济、事业与商业、社会效益与经济效益的关系。把精明老到的生意人和无可救药的理想主义者水乳交融为一体，就是出版企业家；把做大做强企业与做好做精文化有机结合，才是优秀出版企业家的应尽职责。鲁迅挚爱文化，且办刊物，开书屋，屡屡试水出版，但他并不擅长经营管理，最终只是一个优秀的编辑家；张元济同样钟情教育与文化，但他同时放眼世界，善于学习，脚踏实地地用现代企业制度管理商务印书馆，成为了近代中国出版第一人，是名副其实的大出版企业家。我们今天培养的出版业经营管理领军人才，就应该是张元济、邹韬奋、陆费逵一类的出版企业家。出版企业家自然要会盘企业，会赚钱，但钱永远不是目的，而只是手段，只是事业的保障，其精神世界里有一种世俗书商难以企及的境界——能够不断探索、不断创新，并对自己认定的价值观如宗教般坚定追求，无怨无悔。

二、出版企业家应该具备企业家精神

国有国魂，军有军魂，师有师魂，一个企业也要有自己的企业之魂，那就是企业家精神。什么是企业家精神？这个词是由英文 Entrepreneurship 一词翻译而来的。在英文术语使用上，"企业家（Entrepreneur）"和"企业家精神（Entrepreneurship）"常常互换。19 世纪的西方，人们将企业家具有的某些共同特征归纳为企业家精神，是他们所具有的独特的个人素质、价值取向以及思维模式的抽象表达，是对企业家理性和非理性逻辑结构的一种超越、升华。西方学者对企业家精神的界定往往见仁见智：或认为企业家精神是企

---

① 张静庐：《在出版界二十年——张静庐自传》，上海书店 1984 年影印本，"写在后面"第 3 – 4 页。

业家特殊技能（包括精神和技巧）的集合；或认为企业家精神就是"社会创新精神"；或认为企业家精神的实质与特征是"创造性破坏"，等等。我国学者中，张维迎把企业家精神归纳为四种精神：创新、冒险、不满足和英雄主义。汪丁丁归结为三种精神，即创新、敬业、合作。丁栋虹教授则是这样界定企业家精神的：

所谓企业家精神（Entrepreneurship）是指企业家在所处社会、经济体制下，从事工商业经营管理过程中，在激烈的市场竞争中和优胜劣汰的无情压力下形成的心理状态、价值观念、思维方式和精神素质。企业家精神通过企业家的行为表现出来，体现在企业家的商品生产和经营活动中，而且是优秀企业家共同的基本特征。①

归纳上面的论述，我们认为企业家精神的核心应该是一种价值体系，具体的管理方法、经营技巧并不是最重要的。我们不得不面对的现实，是当下中国真正的企业家是稀缺资源。最大的问题是缺乏企业家成长的土壤，缺乏企业家精神养成的环境。"当今中国社会，急功近利、金钱至上、人心浮躁。这种环境导致了我国企业人创新思想退化、冒险意识淡薄、担当精神缺失。而且，无论是制度层面，还是政策层面，中国企业家生存和发展的环境都不宽松。"② 若从企业家自身的角度来看，万科董事会主席王石认为中国企业家最缺乏的是"契约精神"，可谓一针见血。出版业乱象的出现在一定程度上与契约精神的缺失关系密切。

改革开放以来，最开始成功的生意人是依靠当时的价格双轨制，倒卖差价的一批人；接着是抓住地区价差从事贸易活动的一批人；再接着便是赶上时代潮流进行来料加工的一批人。随着时代的发展，生意人的文化层次不断地提高，所从事的领域也大大拓展，涉及地产、能源、家电、互联网甚至文化产业的诸多方面。不少生意人（如煤老板、房地产商）赚了钱，甚至成了大亨巨富，赚钱的手段千差万别，包括利用各种社会关系、利用权力寻租、利用信息不对称、利用法律漏洞，等等。而在出版传媒界，同样的急功近

---

① 丁栋虹编：《企业家精神》，清华大学出版社2010年版，第2页。
② 陈九霖：《中国为什么缺少真正的企业家》，《经济参考报》2011年8月2日。

利、同样的人心浮躁、同样的 GDP 崇拜，致使应有的创新意识、责任意识、契约精神、冒险精神、执著精神、合作精神普遍缺乏；自然我们不乏精明的书商、会赚钱的发行商、会钻政策空子的文化地产商，但实在找不出几个严格意义的出版企业家。业内人士曾无可奈何地说"张元济不可追"，既有外在环境的不能追，也有主观愿望的不想追，还有内外交困的不能追。

出版人职业化程度偏低、出版界官本位盛行是企业家精神缺乏的成因之一。比如说出版社社长，真正职业化的较少见。在大学，出版社社长和其他中层干部一样实行轮岗交流的不在少数，机关党政干部或者专家教授转任社长的比较常见，有的学校明确规定出版社社长必须是教授。而在原来国家部委的出版社，级别一般都是正局级，社长也往往成为安排干部、解决干部级别待遇的一个去处。现今的出版集团、发行集团，大多是厅局级。出版发行企业有行政级别，自然就成了宣传文化口党政部门派遣干部、解决某些人职务提升的一个重要出口。就像现在的大学，有副厅级、正厅级、副部级的区别，大学校长官僚化的色彩越来越厉害，大学多的是"教育官"，缺的是"教育家"。出版社职业社长的缺乏，和大学职业校长的缺乏一样，导致的是职业精神的缺失。

我国近现代杰出的出版企业家，无一例外都是职业出版人。今天少数经营管理得比较好的出版企业，社长（总经理）也往往是职业化程度比较高的、任职时间比较长的。韩旺辰先生在新浪博客中有《出版社改制呼唤职业社长》一文，给人以启发。他指出，所谓职业社长是以经营管理出版社为终身职业，以契约的方式接受出版社产权人的聘任，取得出版社法人财产的使用权，以经营者的合法身份经营管理出版社，实现出版社经济效益和社会效益目标，以自己的人力资源为资本获得个人收益，并取得职业业绩的人。职业社长有三重含义：一是对社会来讲，社长的职业化仅仅是社会分工的具体表现；二是对职业化的社长个人来讲，要把创办出版社、发展出版社作为自己毕生的事业来追求，以自己的人力资源为资本，获得个人收益；三是职业社长是受出版社产权人的聘用，拥有出版社的法人财产使用权的经营者，要为产权人创造利润。具体来说，出版社的职业社长是拥有出版社法人财产使用权的经营者，而不是出版社资产的所有者；他是受聘于出版社资产所有者，而不是受政府机构聘任的"官员"。我个人觉得，没有出版企业高层管理者的职业化，企业家、企业家精神都是无从谈起的。

至于当今的民营出版发行企业，国家似乎寄予了很高期望。《新闻出版总署关于支持民间资本参与出版经营活动的实施细则》从十个方面，给民营书业全方位、全环节介入出版提供了政策保障。但笔者对民营书业没有过高的期望。中国的民营书业总体上停留在张静庐说的"书商"层面。这里有的是商人，缺的是企业家；多的是商业意识，少的是企业家精神。只要把我们今日腰缠万贯的书商，和近现代张元济、陆费逵、王云五、章锡琛、李小峰、吴朗西等出版家比较一下，就可以明显感受到二者在价值观念、精神追求方面的巨大差距。企业家精神是内在的，外显的东西则是各自的出版物。出版物见证出版的品质、见证出版人的品质。

三、出版企业家应从近现代同行前辈那里汲取精神养分

中国近现代涌现出了一批优秀的出版企业家。他们秉持着企业家精神，创造了辉煌的业绩。数典未敢忘中华，出版业的同行先贤留下了宝贵的财富值得开掘和借用。从企业家精神角度看，主要有以下几个方面。

（一）契约精神

契约精神是西方文明社会的主流精神，在民主法治的形成过程中有着极为重要的作用。契约精神包括契约自由精神、契约平等精神、契约信守精神和契约救济精神。其中信守精神是契约精神的核心。这种建立在法制基础上的信守精神，和中国传统的以宗法血缘为基础的诚信伦理是有很大区别的。中国现代优秀的出版企业家，往往是较好地汲取了西方契约精神之精髓的。举一个小例子。老作家萧乾谈及老商务对作者的信守精神就颇有感触。他曾经在《我与商务》一文中说，他的一生没有一本书能像在商务印书馆出版的《书评研究》那样，跟随他如此持久。"1935年以后，我的生活流动性很大。但不论我走到上海、香港、英国，战后1949年又由香港回到北京，商务总按季度向我报告该季度销了多少册，作者应得版税若干，并如期汇到。1935年在商务出的书，版税通知单一直跟踪我到解放后。""只有严格的企业制度才能做到这一点。"[①] 其实，我国到现在已不缺少法律，政府不缺少规章，企业不缺少制度，但为什么仍然乱象丛生呢？关键是缺乏法律观念和契约精神。有法不依，有章不循，在出版界也非常普遍。老商务注重制度建设，更

---

① 萧乾：《我与商务》，载《商务印书馆一百年》，商务印书馆1997年版。

注重制度的落实,背后起支撑作用的是契约信守精神。

(二) 献身精神

讲企业家精神往往提到的一条是敬业精神。笔者觉得用"敬业"一词,似乎很难概括绥青、张元济们那种"为书籍的一生"的职业出版家的职业精神。他们不仅仅是以出版为职业,为谋生手段,而且是将其作为安身立命、立功立德的志业,是一种人生为书、书为人生的崇高境界。张元济就是这样一个把整个生命都献给了出版事业的出版企业家。真正的出版企业家是不愿,也不能退出出版企业的人。1902年,张元济从南洋公学投身商务印书馆这个小印刷作坊时,便立定了扶助教育、救国济民的崇高理想,一干就是半个多世纪,直至生命的最后一息。戊戌变法失败后,张元济受到"革职永不叙用"的处分;但随着清王朝的覆没,他在仕途上又有了东山再起的机会。"1913年,他的老同年、统一党的熊希龄(1870-1937),试图在袁世凯总统下组织内阁,邀请张元济出任教育部长的职务。一些老朋友包括张謇和梁启超都进入内阁,但张元济坚决拒绝,宁可留在商务印书馆,这显示了他在把出版业作为自己的事业,以实现传播知识使中国富强一事上很有信心。"① 而以张元济扎实的国学功力,勤奋的钻研精神,高韬的学术眼光,他是完全有可能成为著作等身的一代学问大师的;但张元济一生没有写什么论文,没有写作一本学术专著,他把自己全部的心血、智慧倾注在了出版事业中。人们称他为著名文献学家、国学大家,主要是对其文献整理刊刻上的贡献而言的。试想,我们今天还有如此功力的出版人愿意牺牲自己的学术研究,而奉献于出版吗?我们有哪个出版机构的老总能拒绝国府部长职位的吸引而不为所动?

(三) 冒险精神

没有甘冒风险和承担风险的魄力,就不可能成为企业家。在美国3M公司有一句很特别的口号:"为了发现王子,你必须和无数个青蛙接吻。""接吻青蛙"常常意味着冒险和失败,但是你如果不想犯错误,那么就什么也干不成。法国出版之父罗贝尔·拉封(1916-2010)说过一句值得咀嚼的话:"出版业是赌博业。"的确,出版企业家也应该具备雄心与胆略,敢想敢闯,

---

① 叶宋曼瑛:《从翰林到出版家——张元济的生平与事业》,商务印书馆(香港)有限责任公司1992年版,第92页。

百折不回。商务印书馆在上世纪初期创造的辉煌,与首任总经理夏瑞芳的企业家冒险精神有着紧密的关系。在商务早期发展过程中,夏瑞芳利用社会变革提供的机会,大胆试,勇敢闯,在几件至关重要的大事上作出了正确的决策,为商务迅速成长为国内首屈一指的出版企业奠定了基础。首先,他把原任南洋公学译书院院长的张元济高薪聘请来执掌编译所,为商务后来的腾飞准备了人才资源和思想条件。第二,顺应时代潮流,及时出版了《华英初阶》、《华英进阶》、《最新教科书》等教学用书,获得了可观的经济效益。第三,1900年收购了日本人在上海所设的修文印书局,1903年与日本金港堂合资经营,吸收并运用了外国先进的排版技术和资金,提高了生产力,扩大了经营规模。夏瑞芳的心胸与气度,才干与胆识,无疑是商务起飞的关键因素之一。后来从商务出去自立门户的陆费逵也是具备这种企业家精神和素质的。他在辛亥革命成功前,就冒险准备成立自己的书局。当时这位二十几岁的小伙子已是商务"重臣",担任出版部长和《教育杂志》主编,可谓深得信任和重用。但雄心万丈的陆费逵决意出去闯一番事业,据说商务为了挽留他曾许月薪四百大洋的高薪,他仍不为所动,毅然前行去开创属于自己的天地。冒风险并不都会一帆风顺,夏瑞芳在"橡皮股票风波"中使得商务遭受了巨大损失,陆费逵的快速扩张也加剧了中华的"民六危机"。但这些有着执著精神和坚强意志的出版企业家,敢于担当,绝不推诿和退缩,最终都渡过了难关,开启了新的航程。

  关于企业家精神在出版业的体现,比较重要的还有敬业、合作、执著等等。时代热切呼唤当代中国涌现出能接续前贤的优秀出版企业家,也呼唤出版企业家精神的昂扬焕发。新世纪的出版企业经营管理领军人才,应该是有企业家精神和素质的行业精英、业界灵魂。我们也该尽可能为出版企业家的成长、为出版企业家精神的培育创造好的环境、好的条件。

人才兴书业　出版建强国

——浅谈出版业经营管理人才建设[1]

张宗芳[2]

一、我国出版业人才现状及现实需求

(一) 我国出版业人才现状——"四多四少"

1. 编辑发行人才多，经营管理人才少

出版业经营管理人才区分于一般的图书编辑发行人员，编辑发行人员乐于守成，经营管理人才注重企业长远的发展，编辑发行人员凡事依赖制度，经营管理人才凡事依赖人，编辑发行人员要求效率只需要把事情做对，经营管理人才要求效果则需要做对的事情。出版业对经营管理人才的要求明显高于编辑发行人员，他们需要更多把握出版行业宏观形势，更懂经营，更懂管理。从这个角度而言，我国出版业编辑发行人才不少，经营管理人才匮乏。

2. 行政管理人才多，经济管理人才少

出版业作为传统行业，在转企改制之前出版社大多属于事业单位，挂靠在部委、大学之下。虽然转企改制后社长、总编、编辑发行部门主任等作为出版业经营管理人才的角色日益鲜明，其身份的行政色彩也趋于淡化，但大多数出版业领导人仍然由上级主管部门任命，甚至这些被任命的领导人往往都有与其所在出版企业相对应的行政级别。这些行政因素的干预和影响阻碍了出版业经营管理人才的选拔机制和人才调配机制，阻碍了经营管理人才的职业化发展，从而导致整个出版业行政管理人才多，而真正懂市场、懂战略的经济管理人才少。

---

[1] 本论文由作者在首届韬奋出版人才高端论坛专题论坛上讲演。
[2] 张宗芳，中国人民大学出版社市场部主任。

3. 单一类型人才多，复合类型人才少

随着出版产业的市场化发展，出版业内部的分工越来越细化，单一类型的出版人才发挥了不可替代的作用，策划编辑、文字编辑、发行人员、营销人员等等多为单一类型人才，知识结构、工作模式、工作流程等基本固化，只需要按照工作分工做好分内的事情足矣，比如编辑只管出书，营销人员只管宣传推广，发行人员只管发货回款即可。而复合型人才决定了出版社的竞争力，复合型人才知识结构多元化、创新意识强、上下游协同合作能力强，市场理念深刻，具备较强的出版全流程操作能力。单一类型人才千军易得，复合型人才一将难求。

4. 国内视野人才多，国际视野人才少

新闻出版总署建设出版强国的发展目标中，国际影响力是出版强国最显性的指标，不断扩大我国图书在国际市场的影响力是中国政府近年"中国出版走出去"、"中国文化走出去"等工程不断努力的方向。随着版权贸易逐年增长，我们必须有一批具有国际视野、懂得国际市场竞争规则、熟悉国外出版业经营方式、能够开拓国际图书市场的专业人才，除此之外还需要一批高素质、高水平的翻译人才。但是，目前具有国际视野的人才储备明显不足，帅才、将才、专才都比较缺乏。

（二）我国出版业人才现实需求——"四化一体"

我国出版业现实的人才需求可以用"四化一体"来形容，那就是具备"专业化"、"市场化"、"复合化"、"国际化"于一体的出版企业综合经营管理人才。如果要描述一个合格的"四化一体"的出版经营管理人才的"标准肖像"的话，应该具备以下特点：

第一，拥有长远的眼光，能够洞察国际国内出版业的发展趋势，看到出版社的短期、中期、长期的发展规划；

第二，拥有灵敏的鼻子，能够及时嗅到竞争对手的动态，嗅到本社产品的短板和长处，嗅到国内外新的市场机会；

第三，拥有敏锐的耳朵，能够用心聆听来自不同市场、不同渠道、不同读者的声音；

第四，拥有伶俐的嘴巴，能够说服作者按照其策划理念创作新的作品，能够动员图书销售渠道不遗余力地推荐本社图书，能够自主生动地传递品牌的信息和产品的优势给读者；

第五，拥有勤劳的四肢，愿意经常深入到国内外市场一线，亲身感受市场的变化；

第六，最重要的一点是，要拥有一个发达的大脑，综合国内外图书市场信息（"国际化+市场化"），通过专业的综合性自身素质（"复合化+专业化"），提出建设性的出版社发展规划，促进出版社健康快速发展。

二、我国出版业人才建设现状——"四不"

如果说我国出版人才的"四多四少"很大程度上影响了出版业更快更强的发展，那么出版业人才建设的"四不"更是加剧了出版人才的"四多四少"。中国人民大学著名人力资源专家彭剑锋教授曾经用"不能"、"不为"、"不法"和"不续"来概括我国企业管理人才队伍建设的问题，这里结合出版业的情况，用"培养不力"、"选拔不能"、"在岗不为"、"市场不实"来概括出版业的人才建设问题。

（一）出版人入职前"培养不力"

学校培养和入职培训是出版人真正融入出版行业前最重要的两个阶段。整体而言出版人入职前"培养不力"，从学校培养的角度，即使是出版专业毕业的学生在课程配置上和实践本身就有很大的差距，更不用说其他专业的学生。而出版人入职前的培训出于用人成本等各方面的考虑大大缩水，一个新的出版人原则上应该花一年甚至更长的时间通过新人轮岗的方式来熟悉书业，比如熟悉策划和编辑流程、校对流程、印制流程、营销流程、销售流程、库房发退货流程等等，甚至有必要去书店卖一段时间的书，更好地了解读者，熟悉市场。试问哪个出版社能够拿出这么多的时间培训新人，如果没有切身经历出版全流程，只接受几堂讲座类型的培训，一个新人很难做好策划编辑，很难有深刻的市场意识，很难将一本有潜力的图书成功营销到极致。

（二）出版人入职后"选拔不能"

我国出版业的人才选拔机制和培养机制好多时候不能把真正有能力的经营管理人才选拔出来，首先因为出版社大多没有直接用人权，核心岗位的用人需要由上级主管部门任用，因此即使通过竞争上岗的方式进行选拔，好多重要岗位负责人仍属于空降兵，他们带着行政级别任职，没有出版情结，也很难把出版作为终身的事业来做。这种"选拔不能"的机制严重打击了出版社内部真正了解出版行业、懂经营管理的内部人才。

（三）出版人选拔后"在岗不为"

"在岗不为"主要是指出版业的激励机制和任用机制存在问题，使得部分在岗出版人不愿作为，难有作为。出版业作为传统出版业，薪酬分配方面如果不是"大锅饭"的话，也有"小锅饭"嫌疑，即使在转企改制之后，激励机制也很难有大的突破。从这个方面来说，民营书业就要开明得多，收入分配的灵活性绝非体制内出版社能比。这也就解释了为什么近几年民营书业屡创佳绩，其策划的图书占据了我国图书零售卖场排行榜的半壁江山。

（四）出版人作为时"市场不实"

出版业一直在朝着市场化的方向努力，就目前而言，应该说市场化程度仍然有很大的提升空间。但从行政管理的角度，条条（如中央各部委）块块（如各省市）对所属出版社以及地方图书市场常有行政保护。不仅条条之间、块块之间、条块之间很难发生收购和兼并，而且在图书的进货、发行以及印制等方面，还存在着许多排他性的不公平竞争。图书市场目前属于行政和市场双重作用的性质。因此出版人想有所作为的时候经常会感觉到市场化的不足，出版业的"市场不实"严重影响了出版人才的工作热情。

三、我国出版业经营管理人才建设思路——"四个加法"

出版人才建设需要适应出版产业的发展，出版强国建设中人才建设尤为重要。这里用"四个加法"来构建出版业人才素质提升工程：

（一）建立"行政＋市场"的人才选拔机制

人才选拔是人才建设的第一步，经营管理人才的选拔应该通过市场配置和组织配置相结合的方式实现，以组织配置为基础，以市场配置为主力。组织配置主要考虑选人导向、标准、程序和资质，而市场配置则要扩大选人用人视野，全面引入竞争机制，通过竞聘的方式选择最适合出版社当前发展需要的经营管理人才。

（二）建立"专业＋复合"的人才培养机制

1. 提高员工培训经费

通用电气总裁杰克·韦尔奇有这样一句话：职工培训是老板给职工最好的礼物。国际上大的公司一年的培训费用约占销售总额的3%左右，以一个年销售5亿码洋的出版社而言，如果能够拿出1500万用于职工培训，这样的人才培养机制利于留住企业的经营管理人才。

2. 多种培训形式相结合

对出版行业而言，培训员工有着得天独厚的条件，拥有大量的优秀专家学者，适合员工培训的教材也多样化。出版业的培训形式可以多样化，采取聘请讲师培训与业务骨干培训交叉，坚持岗位适应性培训和知识拓展性培训相结合，业务理论培训与实地考察培训相辅相成，实行"请进来、走出去、相互学"的多种培训形式提高培训的实际效果。

3. 分层次有针对性培养

对出版业的高级经营管理人才，以培养出版领军人物为目标，突出做好战略决策能力、市场判断能力、开拓创新能力、防范风险能力和复杂局面应对能力的培训，对出版业的中层管理人才，则以培养经营管理能力和市场开拓能力为主。

（三）建立"能力+绩效"的人才激励机制

所谓人才激励机制，就是让真正有能力的人能够担负重任，通过足够的激励奖励做出业绩的人。让出版业有能力的人做出成功的事需要我们认真搭建人才激励平台：

1. 阶梯奖励制

阶梯奖励制度主要激励编辑和发行人员对选题和市场进行深度挖潜，超额完成任务的激励制度。年初根据图书出版计划、宏观市场形势制定年度利润指标，任务的制定和年底的奖励呈阶梯状，具体提成比例和利润区间根据每个出版社的实际情况进行设定，可以根据产品的结构比如教材和图书采取差异化的奖励办法，如表1所示：

表1　阶梯奖励示例

教材		图书	
利润区间	提成比例	利润区间	提成比例
30万以下	7%	20万以下	10%
30–50万	8%	20–50万	11%
50万以上	9%	50万以上	12%

2. 责任竞标制

责任竞标制就是针对出版社的同一个任务，感兴趣的多个责任人可以通过竞标的方式拿下重点选题或重点区域的发行权。对于编辑而言，重大选题可以采用选题竞标制选拔项目负责人，对于发行人员，重点区域或网上书店的发行权也可以通过任务竞标制选拔人才。编辑的选题竞标制重视的是策划方案，最重要的是营销和预计利润额，对发行人员的任务竞标制看重的就是能够实现的实洋回款，高任务完成则高奖励，不完成则比低任务的奖励更低，这样可以避免恶性竞标。首先由出版社设定基础任务量和完成基础任务的奖励额度，由竞标人自行设置高任务额和奖励比例，选择高任务者或相同任务水平下愿意得到低奖励额度的竞标人。出版人可以通过竞标的方式理性拿下重点项目和重点区域，发挥自己的价值，个人和出版社达到双赢。

表2 责任竞标示例

任务	回款额	完成任务奖励	没完成任务奖励
基础任务量	1000万	3‰	3‰
竞标任务量1	1100万	3.5‰	实际完成额*3‰-未完成部分*3.5‰
竞标任务量2	1200万	4‰	实际完成额*3.5‰-未完成部分*4‰

3. 中长期激励

出版业要承认出版经营管理人才的人力资本价值，不断完善年度薪酬管理制度、协议工资制度和股权激励等中长期激励制度，确保出版业经营管理的一流人才、拔尖人才、领军人才、关键人才引得进、留得住、用得好。

（四）建立"管理+计划"人才管理机制

1."一把手工程"

经营管理人才作为出版社发展的"第一资源"，值得出版社作为"一把手工程"来抓，除了好的人才选拔机制、人才培训机制和人才激励机制外，更考验一把手是否具备识才的眼光、引才的决心、爱才的胸襟、用才的魄力，可以通过人才工作领导小组做好经营管理人才的队伍建设，真正作到知人善任，人尽其才。

2. "人才建社工程"

出版社要将"人才建设"转化为"人才建社",努力做到出版社谋划发展时考虑人才保证,制定战略时考虑人才需求,研究政策时考虑人才导向,部署工作时考虑人才措施。协调各方面的人才工作,保障人才发展规划顺利实施。

编辑出版学学科的反思与再构

赵树旺[①]

一、问题的提出

文化大发展大繁荣的关键在人才,人才的养成在教育,编辑出版人才的养成在于编辑出版学学科体系的建构与发展。在出版产业转型的大背景下,编辑出版学学科体系面临着转型与发展的问题,唯其如此,才能最终培养出既具有理论高度,又适应社会现状的出版人才。

编辑出版学是一门独立的学科,拥有自己独特的研究领域,经过多年发展之后,已初具规模,但在一些传统学科的视野中,编辑出版学的独立学科地位还常常遭到质疑和忽略,学科的历史定位亟待提升与破局。同时,编辑出版学受市场经济体制和出版业转型的影响,其教育体系偏重功利主义,损伤了编辑出版学科的独立性、理论性和学术性,最终影响到了人才培养效果。

编辑出版学发展在学科发展、人才培养方面所面临的困惑,证明学科反思的必要性和紧迫性,这种反思是一种自觉的反思。

二、反思编辑出版学

(一) 历史的反思

走向历史就是走向事实,面对编辑出版学学科及其历史有所言说,才可使编辑出版学科体系从依靠逻辑的话语建构成为一种面对事实的阐释行为。编辑出版学科需要对本学科的发展历史和现状有明确的了解和把握,并对学科未来进行理性分析,从而明确自己的学科定位。编辑出版学的学科发展有

---

① 赵树旺,河北大学新闻传播学院副教授、中国传媒大学编辑出版学博士。

几个关键节点。第一个节点是1985年北京大学、南开大学和复旦大学首先建立编辑学专业，成为编辑出版学科的发轫。值得反思的是北京大学中文系开办编辑学专业几年之后就停办了，究其原因，"与其花大力气新建一两个实用型专业，不如退而举全系之力办好已有的三个专业，排除干扰，齐心协力守住根本，发展学术，这才是最最重要的事情"。[①]足见当时学界对编辑学"有术无学"的认知偏见。但无论如何，其后的十多年间，开办同类专业的院校由几所增加到了十几所。同期与编辑学并存的还有出版、印刷、发行等专业，几个专业既有交叉也有冲突。第二个里程碑事件是教育部在1998年调整高校本科专业目录，把编辑学专业和图书发行专业合并为编辑出版学，列在一级学科新闻传播学之下，编辑出版学的学科身份得以明确。自此，编辑出版学的学科体系初具雏形，至少是消弭了之前"编辑学"和以"图书发行"为代表的"出版学"的学术分野，两个学科终于统一为一个学科。第三个节点是2010年教育部增设了出版学硕士专业学位授权点，把出版学从新闻传播学、图书情报学下提升了出来，与之并列，开启了学科发展的新时代。这个节点之重要不言自明，专家学者们有机会开始设想，出版学这个称谓能否代替编辑出版学，并进而成为与新闻学、传播学并列的一级学科。由是，历史的反思指明了未来的发展路径，而理性地分析学科历史有助于学科发展路径的辨析、选择与确认。

（二）学理的反思

学理的反思是真正的、深度的、逻辑角度的反思。所谓学理的反思，主要是观念上的反思。观念上存在误区，所以需要进行学理上的反思，需要在出版理论层面上小心求证，仔细厘清。编辑出版学作为一门学科，其学理界定、构建及创新是必须面对并回答的命题。

如果深切把握一些关键要素的内外关系，会看到编辑出版学科仍旧存在的问题。最重要的问题是编辑出版学的学科地位问题，在多数学科分类体系中，编辑出版学依然处于新闻学、传播学等学科的外向延伸，尤其是在几个学科分类系统中还常常被列为"新闻学与传播学其他学科"，说明编辑出版学还远未获得其学科独立性。同时，除了"中图法"之外，在其他分类法

[①] 费振刚：《"以不变应万变"——一次汇报会的回忆和现在的思考》，《中华读书报》2010年10月22日。

中，"出版学"之下几近没有分支学科，说明与其他同类学科相比，存在被忽略的倾向。[①]

之所以发生这种误读，是因为从理论层面看，编辑出版学理论尚未形成自身的系统性、逻辑性和独立性，尚不能支撑起编辑出版学作为一个独立学科的体系建构，更不能从理论高度上指导实践，甚至与实践脱节。同时，编辑出版学的研究范式也尚未成型。我国编辑出版学科处于一个范式虚无、范式转移和范式杂乱同时存在的时期，这种多重判断是建立在编辑出版学研究之关注议题和分析层次分解基础上的，[②]研究范式的不足对学科的长远发展极其不利。由此来看，科学理论的建构尚需加大多维投入，否则编辑出版学科将行之不远。

编辑出版学科的建构不仅需要在学理上反思自身的独特研究领域和独特定位、本学科与其上位学科新闻传播学的关系，以及本学科的下位延伸和下位学科类别，更需要在学理上廓清出版学理论的内涵和外延，最终通过自身建构的理论框架，揭示真相，揭示隐含在出版现象背后的深层动因与关联、权利与文化之间的逻辑关系，并在出版历史与理论阐释中表达价值判断，是其所是，非其所非，使出版学理论成为人类自我理解、自我提升的一个独特的维度。

（三）现实的反思

现实的反思即与现实的相关，此现实既指出版的现实，也指学科的现实。编辑出版学的现实意义和终极目标是人才培养。从本质上说，教育体系和人才培养是任何一个学科体系建设的题中之义，一个学科发展的最终落脚点必定是人才养成。学理的提升与编辑出版的实践教育并不矛盾，是一个问题的两个方面，学科发展既要强调学理性，又要强调其实用性，二者并行不悖，各有其因。学科的学理性服务于学科发展，学科的实用性服务于人才教育与养成，学科的发展既离不开学理性的提升，也离不开最终的人才培养目标。说到底，学科的发展是为人才养成服务的，编辑出版学是应用学科，理应服务于出版业的现实。

---

① "出版学学科体系（与教材建设）研究"课题组魏玉山、刘拥军、刘兰肖：《出版学学科属性之辨》，《出版发行研究》2010年第2期。

② 徐星：《"范式"框架下的编辑出版学研究》，《沧桑》2010年第4期。

我们感知到的现实却是，各地高校不断地新建编辑出版专业，编辑出版专业也不断地扩招，但反过来，这个专业的毕业生在就业时却饱受冷遇，很多出版社明确表示不愿意录用编辑出版专业的毕业生，这种现象还在持续加剧。编辑出版学本是一门理论和实践结合得相当紧密的学科，但毕业生却不受市场欢迎，说明编辑出版专业培养出来的学生不能很好地满足社会与人才市场的需求，说明编辑出版的学科教育与市场需求是错位的，更说明编辑出版的学科建设和发展出现了问题。这是编辑出版学科面临的严峻现实。

作为一个理论联系实践的学科，编辑出版学的学科和理论发展必须紧跟社会的转型、出版的转型。社会转型决定出版转型，进而出版转型决定出版教育转型。[①] 就此反思，我们是否能够对出版产业的体制化转型、战略化转型、出版方式转型和阅读方式转型有明确的现实认知，并能基于上述转型提出明确的学科发展转型设计？如果对此没有清醒的认识和反思，编辑出版学的学科体系和教育体系是否会失去存在之本？因此，实现出版转型和学科体系可持续转型的对接是必然的逻辑结论。

应当说，学科的反思比学科的再构更重要，所谓发现问题优先于解决问题，反思之后对症下药即可，面临社会转型、出版转型、教育转型，编辑出版学的学科再构成为迫在眉睫的命题。

三、再构编辑出版学

（一）再构编辑出版学的学科定位和地位

首先，编辑出版学在经过多年发展之后，已经从学科自发、自为进入到了自觉的阶段。从历史的逻辑角度看，直到1998年编辑出版学成为新闻传播学的下位学科，才明确了编辑出版学的学科定位。很多专家学者都在呼吁出版学界抓住国务院学位办调整学科目录的关键机遇，把出版学与新闻学、传播学并列为一级学科，占领学科发展制高点。

其次是编辑出版学与新闻学、传播学的关系问题，三者有交叉，但不能等同，这涉及到出版学存在依据的问题。从方法论上很难区别出版学与新闻学、传播学的关系，只能从存在论、本体论研究三者的区别。编辑出版学的存在还是要从根源上寻找其存在依据，这个学科并非天然形成，而是随着出

---

① 李频：《出版专业教育框架分析略述》，《现代出版》2011年第3期。

版产业的发展，社会分工不断细分，为了满足行业的人才需求而诞生的。

其三，编辑出版学并不难于科学定位，因其有着自己专属的研究领域。从编辑出版学的发展历史看，编辑出版学已经具备了一门独立学科所应具备的独立的研究对象、研究内容、基本范畴和命题等基本要素；从编辑出版学学科的现实基础来看，它所依托的出版产业和出版教育的不断壮大，它所具有的实践性要求必须先从学科分类入手，把编辑出版学从新闻传播学、信息管理学等学科中划分出来，作为与其并列的一级学科，使编辑出版学实至名归，成为一门独立的学科。①

(二) 再构编辑出版学的学科框架与理论

编辑出版学科发展的实践表明，编辑出版学需要有一种更成熟的理论形态的"学"，来加强对编辑出版学科发展的指导，一个没有理论的学科是一个不成熟的学科。目前的编辑出版学研究主要在传播学的框架下，伴随着出版产业的发展，借用相关学科的研究成果开展编辑出版学的实践研究和问题研究，由此形成的编辑出版学理论多为继发性理论，而非原发性理论，继发性理论是受到原发性理论制约的，出版学要想从新闻学、传播学或信息管理学的藩篱中独立出来，原发性理论的探寻是不可避免的。

编辑出版学的理论架构包括两种不同的层面和境界，一种是不一定很系统很全面的、没有学科建构意识的对编辑出版实践的经验积累和总结，以某种实在的可把握的出版现象作为研究对象，可以称之为出版学或对象出版学，目前大多数的理论研究集中于此。另一种是对编辑出版学作为一门学科的系统的、学理的思考和研究，需引入元科学或元理论的概念对出版学进行深入反思，可称之为"元"出版学。与出版学不同的是，元出版学不以出版现实为研究对象，而以出版学为研究对象，不把自身当作关于出版业客观世界的知识体系，而把自身作为研究出版科学的本质及科学研究方法的"元科学"。具体说，元出版学是对出版研究的再研究，对出版认识的再认识；元出版学不是以具象的出版、可把握的实在作为研究对象，而是以出版学的性质、特征、形成和发展规律为反思和研究的对象，这样所形成的科学或理论即为元出版学。元科学是每一个学科发展到某一节点必然达到的研究阶段，

---

① "出版学学科体系（与教材建设）研究"课题组魏玉山、刘拥军、刘兰肖：《出版学学科属性之辨》，《出版发行研究》2010 年第 2 期。

在编辑出版学科诞生几近30年之际，其理论研究和探索应当更上一个层次，元出版学的诞生和研究正当其时。

编辑出版学的理论架构还应该包括编辑出版的思想研究、哲学研究、文化理性研究及跨学科研究，更需尽快建立学科范式。唯有建立了学科范式，编辑出版学才能找到理论框架的逻辑起点，才能为后来的研究者提供创新的理论基础。

（三）再构编辑出版学科的教育体系

编辑出版学学科的建构与发展最终要落在编辑出版的人才培养上。出版业转企改制、多元化经营的现实导致出版业功利色彩日趋浓重，当利润和资产成了出版业的刚性指标之后，出版业的文化理性和出版精神日益流失。作为充满理性色彩的编辑出版学专业教育，不仅要适应社会发展要求，逐步确立与出版市场需求相适应的教育体系，更应该高扬文化理想的旗帜，从教学理念、课程体系设置等方面培育学生的出版精神。出版的精神内涵很丰富，包括文化精神、科学精神、服务精神、商业精神、学习精神、职业精神和职业道德等。文化理想、文化精神、社会责任，是出版精神的主干。[①] 出版精神的培育应当成为编辑出版专业教育的逻辑起点和基础，然后才是专业理论、知识和技能的学习。

出版精神确立之后，是否适应行业需求则是衡量编辑出版学教育体系科学与否的标准。为了适应行业的需求，案例教学和跨专业教育成为可选择的人才培养路径。

首先是案例教学体系的建构。编辑出版专业教育体系的建构者完全可以借鉴哈佛大学商学院的案例教学方式，集系统的知识体系、理论框架和案例于一身，通过案例教学服务于学科实践层面的体系建构。其次是跨专业的教育体系建构。出版社之所以不欢迎编辑出版专业的毕业生，正是因为编辑出版专业的学生知识结构过于单一，只知技巧，却无专业；只知编辑，却无深度。所以，编辑出版学的教育体系应该提倡跨专业的培养模式。此外，完备的知识体系、能力结构、出版实践及国际视野皆为当下编辑出版专业教育体系的基本诉求。

---

① 聂震宁：《培育出版的精神》，《中国编辑》2006年第1期。

四、结束语

编辑出版学是一个动态的、发展的学科,其架构是一个绵延不断的继承与发展的体系,其发展是一个从自在到自为到自觉的过程,其学科建设是一个时代的命题。学科的历史定位清楚了,学科体系的建构完整了,学科的繁荣当会蓬勃而至,作为终极目标的人才培养问题自然迎刃而解。

出版教育类

出版名家的培养与造就初探

陈含章[①]

一个人,能够开创一项伟大的事业,能够改变一个国家的命运,能够影响全世界人民的生产生活。人类文明史已无数次证明,精英的力量从来不容小觑。人类需要精英,行业需要名家。历史上,约翰·弥尔顿、德尼·狄德罗、叶圣陶、邹韬奋等出版名家对出版业以及科技教育文化事业的促进与提升有目共睹。出版名家是出版队伍中的杰出代表,引领着出版业发展潮流,是影响几代出版人,甚至影响社会事务和历史进程的重要人物。当下,出版名家的培养与造就更关乎国家文化软实力的提升,关乎出版强国目标的实现,关乎出版业未来发展的高度和层次。《国家中长期人才发展规划纲要》(2010–2020年)确定文化名家工程[②]为十二项重大人才工程之一,致力于培养包括出版名家在内的文化名家大师。党的十七届六中全会提出要继续实施文化名家工程,造就一批有国际影响的名家大师。新闻出版总署署长柳斌杰在《中国出版需要名作名家名企名牌》中写道:"建设新闻出版强国,就

---

① 陈含章,中国新闻出版研究院。
② 文化名家工程文化名家的遴选从2011年开始分期分批进行,到2020年完成工程目标,届时由国家资助的文化名家将达到2000名。工程的主要任务是每年确定一批哲学社会科学、新闻出版、广播影视、文化艺术和文物保护、文化经营管理、文化科技等方面的名家,对他们承担重大课题、重点项目、重要演出以及开展创作研究、展演交流、出版专著等活动给予重点资助扶持。2011年中宣部会同文化部、广电总局、新闻出版总署、中国社会科学院联合印发《文化名家工程实施方案》,对该工程的组织实施作出具体部署。

要多出名家。……出版界的名家名人还不是很多，真正称得上是出版大家、出版名家、出版大师的更是凤毛麟角。因此，今后我们必须……优化政策环境，营造多出名家的机制，让更多的名家大家脱颖而出。"①

有鉴于此，本文试图对出版名家的概念作出界定，对历史评定出版名家的标准进行分析，对出版名家应具备的基本素质和能力进行归纳，并在此基础上进一步探讨如何营造培养造就出版名家的环境机制。

一、何谓"出版名家"

"出版名家"由"出版"和"名家"两个词构成，"出版"是定语，用于限定"名家"的范围。出版是指编辑、复制作品并向公众发行，以传播科学文化、信息和进行思想交流的一种社会活动②。出版界对这一概念较为熟悉，因此要界定"出版名家"，关键是要弄清楚"名家"的含义及其与近义词的区别。

根据《现代汉语词典》的解释，"名家"是指在某种学术或技能方面有特殊贡献的著名人物③。它的近义词"名人"，是指著名的人物④。可见，"名家"首先涵盖了"名人"的内容，即著名人物，然后还需在某种学术或技能方面有所建树和贡献。因此，不能简单地把"名家"等同于"名人"。认清楚这一点，对更好地界定"出版名家"具有重要意义。因为在自媒体盛行的时代，人人都可成为传播内容主体，造就名人易，但成就名家难。

从概念上推导，结合"出版"和"名家"的定义，出版名家即是在出版领域有特殊贡献的著名人物。从已被公认的出版名家来看，其闻名之处集中体现在出版的思想、理论或实践活动当中。因此本文认为，所谓"出版名家"，指的是在出版思想、理论或实践活动方面有特殊贡献的著名人物。

---

① 柳斌杰：《中国出版需要名作名家名企名牌——写在第二届中国出版政府奖颁发之际》，《中国出版》2011年第4期。
② 全国出版专业职业资格考试办公室：《出版专业基础（2011年版）》，上海辞书出版社2011年版。
③ 中国社会科学院语言研究所词典编辑室：《现代汉语词典》（第5版），商务印书馆2005年版。
④ 同上。

二、出版名家的显在标准

出版名家不是也不可能是自封的或是某一机构评定的，而是历史客观形成的，有些出版人也许要过几个世纪才被历史赋予这一殊荣。从约翰·弥尔顿、张元济、邹韬奋等一些公认的出版名家来看，历史的评判主要是基于以下几个显在标准：

（一）一定时期内出版队伍的杰出代表，具有很高的社会声誉和威望，影响着一代甚至几代出版人

如我国爱国民主人士邹韬奋，主张刊物之"经济独立"与"自由精神"，提出以"为大众说话，让大众读懂"、"以读者的利益为中心，以社会的改进为目的"的办刊原则。他创立的"书报代办部"后来发展成为在全国拥有五六十处分支店及办事处的生活书店，影响深远。我国新闻出版界奖项韬奋奖以他命名，以奖励新闻出版行业的优秀编辑人士。①

（二）具有独到的、划时代的，并对出版工作产生了重要影响的出版思想、理论

如英国政论家约翰·弥尔顿，他在《论出版自由》中提出了废除检查制度，成为言论出版史上自由主义的里程碑。由此确立的言论自由基石"观点的自由市场"和"真理的自我修正"影响一直持续至今。② 牛津大学博德利图书馆创始人托马斯·博德利，致力于图书馆的建设，在17世纪提出了"图书缴存制度"③，该制度被包括我国在内的许多国家沿用至今（我国称之为"呈缴本制度"）。

（三）主持出版了有重大影响的出版物

如18世纪法国启蒙思想家德尼·狄德罗，主编了《百科全书》，被视为现代百科全书的奠基人。该书几乎囊括了启蒙运动时期的所有杰出代表人物和科学思想，为法国资产阶级革命准备了思想条件。④ 被誉为"儿童文学之父"的英国著名出版家纽伯瑞，出版了世界上第一本专门的儿童书《美丽小书》，开了儿童读物出版的先锋。随后他又开办了世界上第一家儿童专门读

---

① 《出版名家——邹韬奋》，《现代出版》2011年第1期。
② 《出版名家——弥尔顿》，《现代出版》2010年第6期。
③ 《出版名家——托马斯·博德利》，《现代出版》2011年第6期。
④ 《出版名家——德尼·狄德罗》，《现代出版》2011年第4期。

物印刷厂、世界上第一家儿童专门书店。美国纽伯瑞儿童文学奖即以他的名字命名，被认为是与"国际安徒生奖"齐名的儿童文学奖项。①

（四）出版活动本身或者依托出版活动，对社会发展产生了积极的影响，具有显著的社会声誉

如被称为"中国现代出版第一人"的张元济，"以扶助教育为己任"，希望通过兴办出版业实现世间"无良无贱、无长无少、无城无乡"的政治理想。在商务印书馆工作期间，主持出版了《四部丛刊》、《百衲本二十四史》等古籍善本图书以及大量工具书、教科书。鼎盛时期，商务版图书全国第一、亚洲最大、世界前三，有36个分馆，1000多个办事机构。②

历史上，社会分工不像今天这么细，因此很多出版名家本身既是出版家，又是著名的思想家、教育家、社会活动家等，因此往往既有重要的出版思想、理论，又主持出版过有重大影响的出版物。一般认为，只要符合以上任意一个标准的，即可称为出版名家。

三、出版名家具有的基本素质和能力

一个人能够成长为出版名家，除了自身努力，还有历史的因素，是可遇而不可求的。然而纵观历史上的出版名家，他们所具备的基本素质和能力是有共同性的，是可以学习、继承并发扬光大的。了解到这一点，才能在为培养造就更多出版名家的工作中做到有的放矢。

我们认为，出版名家除了要具备前沿的战略眼光、深厚的专业素养、熟练的业务能力和高超的驾驭协调能力之外，其基本素质和能力还应包括以下几项：

（一）高度的社会责任感

出版活动与社会关系密切，一定时期的出版物集中反映了这一时期的科技文化成果，对传播思想文化、引导社会风气、提高人们科技素养等起着至关重要的作用，并由此对政治、经济、科技、文化、教育、社会等各个领域产生广泛而深刻的影响。纵观历史，出版名家无一不具有高度的社会责任感，并将之贯彻到自己的出版活动当中。陆费逵对此阐述道："我们希望国

---

① 《出版名家——纽伯瑞》，《现代出版》2012年第4期。
② 《出版名家——张元济》，《现代出版》2010年第5期。

家进步,不能不希望教育进步。我们希望教育进步,不能不希望书业进步。我们书业虽是较小的行业,但是与国家社会的关系,却比任何行业都大。"正是出于这样高度的出版责任感和社会使命感,他在中华书局主持出版了《新编国民教育教科书》等教科书及《中华大字典》、《辞海》等典籍,终成一代出版名家。①

(二) 自成体系的出版理念、思想

历史上的出版名家,不仅因其卓著的业绩,更在于其在出版工作中,善于总结、发现和积累,形成了自己独特的、自成体系的出版理念和思想,并在当时具有领先性,甚至开创性。如邹韬奋的"为大众说话,让大众读懂"的办刊思想,约翰·弥尔顿的"出版自由"的思想,张元济的为中华民族的文明"续命"的出版理念等等。也正是在这些出版理念和思想的指导下,他们才出版了具有划时代的传世出版物,为出版事业作出了巨大贡献。

(三) 持之以恒的出版热忱与坚守

与其他很多行业相比,出版仍然属于较为清贫的行业。如果缺乏持久的热忱与坚守,仅把出版当作是谋生的职业手段,将很难持续坚守,更谈不上形成自己的出版思想,并成为一代名家。只有对出版保持持续的热忱,把出版当作一项理想去追求,并将其转化为持之以恒的职业坚守,在坚守中不断积累、提高,才有可能成为名家。纵观历史,莫不如是。如我国伟大的教育家、出版家叶圣陶,编辑生涯长达 70 年,形成了独特的中小学教材编辑思想,对我国现代教材的改革和发展以及汉语语言规范化作出了不可磨灭的贡献。②

(四) 高尚的职业操守

出版工作具有很强的社会性,不是教育部门,却承担着开启民慧、教育人民的职责;不是宣传部门,却在潜移默化中引导社会,弘扬正气;不是科技部门,却不断推动着科技的传播、创新与发展。出版工作的这些特质决定了出版工作者要成为优秀文化的生产者和传播者,必须加强自身修养,具备高尚的职业操守。只有这样,才使他们能够超越出版工作本身,赢得社会的尊重。像邹韬奋全心为大众出版、叶圣陶"俯仰两无愧",都在出版工作中

---

① 《出版名家——陆费逵》,《现代出版》2011 年第 5 期。
② 《出版名家——叶圣陶》,《现代出版》2012 年第 1 期。

表现出了高尚的职业操守。一代代出版家所展现的名家风范，成为出版职业道德品行和人格操守的楷模，并一代代传承下去，使优良的出版传统和作风得以保持和发扬光大。

四、营造培养造就出版名家的良好环境机制

出版名家的形成是个人努力与社会发展进程、政治状况、文化环境、出版环境等因素综合作用的结果。因此，要培养造就出版名家，就要从大环境上创造条件，培育产生出版名家所需要的土壤和良好生态环境。

（一）营造良好的舆论环境，树立出版名家是推动出版发展第一要素的思想

突出宣传出版名家的优良作风。十七届六中全会以后，我国文化发展进入一个崭新时期，出版也迎来大的发展机遇，这一大环境为培养造就出版名家创造了良好的外部环境。行业要抓住这一机遇，利用媒体积极宣传党和国家关于人才工作的重大战略思想和方针政策，在全社会营造尊重知识、尊重人才的良好氛围，树立出版名家是推动出版发展第一要素的思想；要突出宣传现有出版名家的卓越成就、职业操守，设立国家级荣誉称号给予表彰，树立行业模范典型，在业界形成学习模范、争当先进的良好氛围；要引导优秀出版人才，增强社会责任感，弘扬优秀的出版传统、职业道德和优良作风，向德才兼备的出版名家目标迈进。

（二）对培养出版名家给予资金保障

新闻出版行政管理部门一方面需要利用党和国家关于扶持人才发展的相关政策，发挥国家对人才工作的财政投入的示范带动作用，针对出版名家的培养与造就，制定科学合理、切实可行的专项资金制度，向重点工作、关键环节作倾斜。另一方面，还需要充分调动和发挥业界的积极性，鼓励和引导出版单位投资人才资源开发，为培养造就出版名家提供经费保障，形成多元化人才投入机制。

（三）完善出版名家培养开发、评价发现机制，为优秀出版人才脱颖而出、施展才干创造有利制度环境

不拘一格降人才，培养造就出版名家，需要打破思维定势，突破行业、体制、学历、年龄等人为的限制。从历史上看，出版名家不仅产生于出版从业人员内部，也产生于与出版密切相关的教育、文化、科技、政治领域；不

仅有学养深厚的大儒，也不乏仅有小学学历的人士；不仅有耄耋老人，也有青年才俊。培养、造就和发现出版名家，需要多元的人才评价机制，需要克服唯学历论、唯论文论倾向，注重靠实践和贡献评价人才。①

（四）把高层次、高技能出版人才作为出版名家的后备军加以特殊培养

今天的出版人才就有可能成为明天的出版名家。把新闻出版业领军人才工程、高技能人才工程、"四个一批"人才等工程遴选出的高层次、高技能人才作为未来出版名家的储备力量，实行特殊人才特殊培养的政策，扶持他们参加重点培训、考察并参与国际合作项目、承担国家重大新闻出版课题、著书出版学术成果等，培养造就一批造诣高深、成就突出、影响广泛的新闻出版名家。②

十年树木，百年树人，出版名家的培养与造就工作更是复杂而艰难。这需要我们全行业充分认识这一人才培养工作的特殊性、重要性和紧迫性，采取科学的人才培养策略和方法去积极促成。

---

① 中国共产党第十七届中央委员会第六次全体会议决议《中共中央关于深化文化体制改革推动社会主义文化大发展大繁荣若干重大问题的决定》，新华社，http://news.xinhuanet.com/politics/2011-10/25/c_122197737.htm，2011-10-25。

② 孙寿山：《认真落实六中全会精神努力开创新闻出版人才工作新局面》，中国新闻出版网，http://data.chinaxwcb.com/zgcb/bktg/201204/20804.html，2012-04-17。

顺应时代需求　创新培养模式
大力培养数字出版应用型人才
——北京印刷学院数字出版专业建设思考与实践[1]

陈　丹[2]

一、数字出版人才培养的背景与意义

（一）有利于推动文化大发展大繁荣，提升国家文化软实力

胡锦涛总书记在党的十七大报告中突出强调了加强文化建设、提高国家文化软实力的重要性，对兴起社会主义文化建设新高潮、推动社会主义文化大发展大繁荣作了全面部署。数字出版具有信息海量，文化多元，互联互通，传输便捷，不受国界限制的特点，已成为提升中国文化软实力的最佳渠道。

我国在先后发布的《国家"十二五"时期文化发展规划纲要》以及《新闻出版业"十二五"时期发展规划》等规划中，均把数字出版列入了发展的重点，给数字出版赋予了促进出版业现代化的更高使命。

因此，培养数字出版应用型人才，是提升我国文化软实力和文化产业科技创新能力的重要前提条件和客观现实需要。

（二）顺应出版学科及产业发展的方向

出版学科以出版为主要研究对象，以理论研究为基础，以服务出版业为中心，突出在产品、企业、行业以及国家层面的应用研究。作为出版学新兴研究领域的数字出版，正不断丰富着新闻传播学的学科体系，同时还涵盖了

---

[1] 本论文由作者在首届韬奋出版人才高端论坛专题论坛上讲演。
[2] 陈丹，北京印刷学院新闻出版学院。

包括工学、经济学、管理学、法学、艺术学等门类下多个学科的研究领域，数字出版与相关学科之间形成一种紧密融合、相互渗透、互为依托与共生共发的"核—壳结构"关系。可见，数字出版是提取、融合各学科精华后形成的新兴学科，具有独立的学科理论和知识体系，它顺应了学科发展的方向。

（三）有利于满足大众快速增长的数字化阅读需求

近几年来，电子书、互联网文学、网络教育、数字期刊、手机阅读、动漫网游等新的出版业态，给人们带来了新的阅读体验；智能手机、iPad、手持阅读器等移动阅读终端的应用使人们享受着随时、随地阅读的乐趣；微博、SNS、即时通讯、视频分享等改变了人们信息交流的方式和渠道；云计算、语义搜索、数据挖掘、虚拟现实、卫星通讯及版权保护技术的发展和应用使"信息高速公路"步入快速发展的时代。

截至 2012 年 6 月底，我国互联网用户已达到 5.38 亿人，互联网普及率为全球首位，以手机为代表的移动网络应用促进数字出版的可视化、移动化、交互式阅读需求增大，国民的数字化阅读持续增长，数字化阅读接触率逐年提高，2011 年已达到 32.8%。这显示了数字出版强大的生命力，也预示了数字化阅读巨大的需求市场。

因此，培养数字出版应用型专门人才，对于提高媒体创意和优质内容资源的生产和供给能力，满足人民群众日益增长的新型文化消费需求具有重要意义。

（四）适应出版业数字化转型对复合型人才的需要

21 世纪，知识经济初现端倪，文化产业在世界各国国民经济中的支柱地位愈加凸显。我国作为新闻出版大国，出版业在文化产业总产出的比重超过六成，已经成为文化产业的基础和核心产业，国民经济增长的新亮点。

随着我国出版业自主创新能力和高科技应用水平的不断提高，产品形态不断创新，产业融合不断深化，将促进传统出版业的转型，并加快数字出版等新兴业态的进一步发展。尤其是进入"十二五"时期以来，数字化技术带来了出版业生产方式、运营模式、管理方式等革命性的变化，加速了传统出版业的升级，为新时期新闻出版业的发展开拓了前所未有的新空间。

目前我国在传统出版及相关领域的人才培养方面已经涵盖了编、印、发等各个出版流程，包括大专、本科、科学硕士、专业硕士在内的普通教育培养体系，但在数字出版应用型人才培养上还存在问题，体现在人才培养层次偏低，培养类型较少以及人才知识结构与实践能力不足等。

因此，大力培养应用型数字出版人才是适应出版业发展转型发展的必然选择。

二、北京印刷学院数字出版专业特色与定位

北京印刷学院作为特色鲜明的出版传媒类高等院校，负有传授知识、传承文明、引领文化的历史责任，并一直保持着对文化产业，特别是出版产业的高度关注。2008年，我校依靠办学特色积极申报数字出版专业，获得教育部批准，开始招收传播学（数字出版）本科生，成为全国首批面向出版业发展转型培养数字出版亟需人才的专业，这与我校的数字传播和数字出版等研究生培养方向一起，形成了一个多层次，多维度的数字出版人才培养体系。

（一）数字出版专业特色与定位

根据现代传播的发展特点和学科建设的基本要求，我们认为，数字出版专业人才培养要构筑的主要核心能力包括：对海量信息的发现能力；对优质内容的策划与整合能力；对数字内容的经营管理与运作能力；对跨媒体出版技术的运用能力。

根据目前出版产业对数字人才的需求，结合我校的办学优势与特色，我校数字出版专业已形成如下的专业定位：以数字技术为工具，以数字内容的创意表达为手段，以数字内容的开发与经营管理为重点培养数字出版产业需要的数字媒体编辑专门人才。其中以内容信息的有效表达为核心，重点培养学生对数字内容的编辑、创意表达与运维的能力。

（二）主要培养方向

我校根据数字出版市场需求情况及实际师资情况，确定了如下三个主要培养方向：

数字内容创意表达方向：主要培养学生从海量信息中发现、策划、编辑、整合数字出版物内容，并进行创意表达的能力。

数字出版技术应用方向：主要培养学生对数字出版资源平台的建设和维护，掌握运用信息技术和跨媒体出版技术挖掘、集成并有效表达数字内容的能力。

数字内容经营推广方向：主要培养学生对数字出版物的市场推广、跨媒体营销以及对海量数字信息资源组织、管理和服务的能力。

据此，我校数字出版专业主要的就业出口为：传统及新兴出版单位数字出版平台开发与建设岗位；网络信息系统管理与维护岗位；海量信息加工处理岗位；数字作品技术制作岗位；数字出版流程与质量控制岗位等。

三、北京印刷学院数字出版专业建设的探索与实践

经过四年的探索与实践，我们在学生的培养模式、教学内容和方法，教师队伍建设以及产学研合作办学等方面，有了自己的思考。

（一）培养模式的创新

根据目前我国部分高校的实践经验，我们正在尝试如下几种培养模式。

1. "双证制"培养模式

学生在学习期间按照学校的教育计划，毕业时拿到学校发给的毕业证书的同时获得相应的职业岗位的证书。目前，我们鼓励数字出版专业的学生在校期间，就参加诸如"编辑资格考试"、"网络编辑资格考试"等的培训及考试鉴定。这样，不但提高了学生岗位能力、职业能力和创新意识，增强了人才培养的职业性和竞争力，也减少了企业对毕业生上岗前的二次培训，实现了人才培养与社会职业岗位的接轨。

2. "订单式"培养模式

在企业需求的前提下，企业与学校共同确定人才培养规格，确定培养方向，组织教学，设置课程，甚至确定教师。这种培养模式变"以产定销"为"以销定产"，可实现人才数量、质量上的按需培养。培养过程中校企的双向互动，使学生真正适应企业、行业的需求，从而实现就业上的精确定向。目前，我们正在尝试与一些著名的出版企业或数字出版机构建立校企合作的长效机制，根据企业实际情况和需求，为其量体裁衣，"个性化定制"数字出版人才，这样增强了人才培养的针对性、适用性、实效性和创新性，在更好地满足企业需要的同时，也促进了毕业生充分就业，实现了人才培养与就业的零距离对接。

3. "3+1"培养模式

这种模式即学生3年在校内学习，1年在企业实习实训，学校和企业共同承担人才培养任务。我们与多家著名数字出版企业建立了合作关系，学生在大学学习的最后一年，根据企业的实际需要，安排学生到相关的实际岗位进行实践学习，期间学校与企业单位共同安排和监督学生的实习内容与计

划，学生经过前期的理论知识学习，再结合实际工作进行实践训练，拓宽其视野，获取丰富的直接经验。这种模式使学生熟悉用人单位的生产或经营实际，对用人单位自然具有高度的适应性。

4. "教研结合"培养模式

鼓励学生在学习过程中，积极参与各种形式的科研活动，积极探索知识、能力和素质协调发展的人才培养模式。我们在数字出版专业建设中，效仿研究生培养，积极推行了"教研结合"的人才培养模式。实行本科层面的"导师制"，选择部分具有丰富教学经验和较强科研能力的本专业教师，鼓励其结合自己的科研课题研究课题，有组织、有计划引导学生开展各种形式的科研活动，并在导师的辅导下，通过参加各种形式的科研活动，提升学生的科研创新能力。同时，还注意将相关研究成果运用于实践的教学中，并注重相关科研成果的开发与推广。

（二）教学内容、教学方法创新

根据目前数字出版学界与业界对人才的需求，我们在教学内容和教学方法上有如下几点探索。

1. 多层次、多维度、全方位培养学生的能力与素养

以人文社科、法律素质教育以及出版专业基本素养教育为基础，培养学生大出版、大传播背景下的人文素养；

以数字出版的信息技术基本知识及相关技术应用教育为特色，培养学生对信息系统和技术的应用技能；

以数字内容的采集、汇聚、集成与有效表达能力训练为核心，培养学生对数字信息的抓取和知识表达的能力；

以媒介经营、资本运作、管理沟通、运营服务能力训练为重点，培养学生对数字出版媒介经营管理的能力。

2. 调整课程结构体系，实现专业课程的"三增三减"

培养方案中进行课程模块的结构性调整，实现"三增三减"，课程设置充分考虑专业特色与定位，考虑学生的知识能力，课程安排上要少讲小课，抓好核心课；少讲理论，多增加实践环节。数字出版专业所包括的知识模块如下图所示：

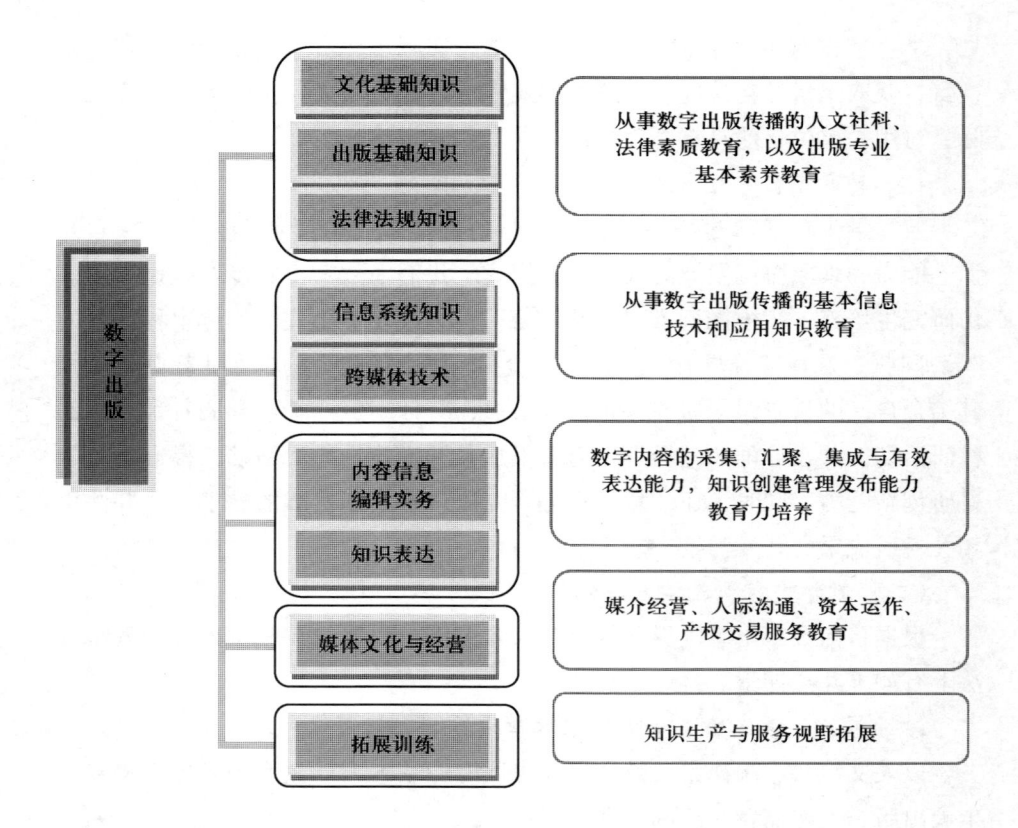

```
数字出版 ──┬── 文化基础知识 ┐
            ├── 出版基础知识 ├──→ 从事数字出版传播的人文社科、
            ├── 法律法规知识 ┘     法律素质教育，以及出版专业
            │                      基本素养教育
            ├── 信息系统知识 ┐
            ├── 跨媒体技术   ┴──→ 从事数字出版传播的基本信息
            │                      技术和应用知识教育
            ├── 内容信息编辑实务 ┐
            ├── 知识表达        ┴──→ 数字内容的采集、汇聚、集成与有效
            │                         表达能力，知识创建管理发布能力
            │                         教育力培养
            ├── 媒体文化与经营 ──→ 媒介经营、人际沟通、资本运作、
            │                       产权交易服务教育
            └── 拓展训练 ──────→ 知识生产与服务视野拓展
```

（三）教师知识结构与队伍结构的更新

目前我校数字出版教育教学过程中，建设一支"素质良好、结构合理、特色鲜明、相对稳定"的教师队伍，已经成为迫切需要。目前我们主要从两个方面来展开工作：

1. 对外引进

首先，是按照开放性和职业性的内在要求，面向社会，特别是从相关企业行业引进有第一线工作经历，实践经验丰富，且符合高职教师任职条件的中青年技术和管理人才，促进专任教师队伍的结构优化。另外，根据学校"为我所用而不为我所有"的思路，我们积极聘请数字出版学界和业界知名的管理者、学者或技术人员来校担任兼职教师，并通过定期举办学术讲座与座谈会、开设相关研究生课程以及合作带研究生、共同开展科研课题等方式，加强他们与学校专任教师之间的交流。

2. 对内培训

首先，鼓励现有教师结合自己实际情况进行自主培训，如到校外作访问学者或参加短期课程培训等措施来更新自己的知识结构以适应相关教学需要。此外，还组织选派专任教师到合作行业企业进行专业实践锻炼，不断拓新其视野和观念。其三，通过政策引导和加强宣传，帮助专业教师正确认识专业实践的重要性，加大数字出版教学队伍中双师型教师的比例。最后，我们正在建立一套科学合理的教师培养、培训、进修、深造和考核制度，督促并保证每位专业教师都能不断更新自己的知识结构，适应数字出版快速发展的教学需求。

（四）产学研一体化办学

在我校的数字出版教学中，教学主体包括学校、企业还有行业协会，三方可密切配合，在同伙式的分工合作中共同完成数字出版教学实践。

首先，我们重视并充分发挥企业在数字出版人才培养中的作用。企业作为高校培养的"产品"的接收者，可与高校一同成为办学的主体。他们可参与高校相关的课程开发，可对教学内容的选取、课程的安排、培养方案的实施等发表建议，甚至根据企业的实际需求，开展定制、定向培养。另外，企业还要承担高校数字出版的实践和培训工作，并提供相关的实践场所和培训教师。当然，作为回报，他们可以优先选取能够"用得上、留得住、上手快、干得好"的学生。这种企业全程参与的办学模式实现了高校和企业的双赢。

另外，我们还充分利用行业协会的作用。行业协会作为一种介于政府和企业之间的中介机构，它在对行业和职业教育的了解和认识，对学校社会声誉的形成等方面能产生较大的影响。因此，我们在数字出版教育过程中，注意加强与行业协会的联系，在教学和职业培训等方面自觉接受其指导。例如，积极参与编写相关行业协会组织推荐的教材，组织学生参加相关的职业资格培训及考试，共同举办相关学术研讨会等，通过行业协会提供的平台，组织、联络产学研各方力量，实践证明，这对我们数字出版专业建设十分有益。

数字出版是新生事物，数字出版人才培养也是给我们高校及相关研究部门提出的一个新课题。作为数字出版人才培养的践行者，我校将按照教育教学规律和建设品牌专业的标准要求，紧密贴近行业改革发展对数字出版人才的要求，探索并践行科学合理的数字出版人才培养模式与路径。

培养数字出版专业学生实践能力和创新精神的有效途径

——北京印刷学院数字出版专业岗位综合实习效果分析[①]

王京山[②] 刘 明

北京印刷学院是一所行业特色鲜明的高校,肩负着为我国印刷、包装、出版等媒体与传播业培养应用型高级专门人才的重任。经过建校几十年来的发展,北京印刷学院已经形成了注重工科与文科结合、突出艺术与科技结合、强化理论与实践结合的办学特色,在新闻出版行业内产生了重要影响。

北京印刷学院于2008年申报成功传播学(数字出版)专业,成为教育部批准的首批以数字出版招生的本科专业。2012年传播学(数字出版)专业首批毕业生走上工作岗位,成为我国数字出版领域的一支生力军,在培养具有实践能力和创新精神的数字出版专业人才方面,在为期一年的岗位综合实习中具有重要的地位,功不可没。

一、数字出版专业岗位综合实习的必要性可行性分析

(一)数字出版专业要面向实践培养应用型高素质专门人才

随着高等教育向大众化、普及化转变,一般本科院校主要培养应用型人才。但目前的培养方式还存在与社会要求不符的问题,造成了较为严重的学生就业难的状况。就培养方式而言,一方面毕业设计与学生未来工作脱节,学生的毕业设计能够满足目前的毕业设计大纲要求,但行业要求的实践能力

[①] 本论文为北京印刷学院教学改革项目"基于大学生实践能力和创新精神培养的岗位综合实习改革与实践"成果之一。

[②] 王京山,北京印刷学院新闻出版学院副教授,数字出版系主任。

无法加强；另一方面，连续三年的专业课程学习过于重视强调知识体系的完整性，而忽视了实际工作的多样性。此外，大众化高等教育阶段还存在部分学生学习主动性不足问题。以上三个方面只是表面现象，关键问题是要把学生培养与社会需求结合起来。

以数字出版专业学生为例，数字出版专业的实用性和实践性，决定了我们必须面向行业，服务行业，加强与行业的交流，通过改进培养模式提供符合社会需要的高素质应用型人才。如何适应市场需求、为市场经济服务，如何处理好数字出版专业教育与社会主义市场经济的关系，是摆在数字出版专业教育面前的一项重要任务。要完成这一任务，就必须打破传统的单纯校内进行的人才培养模式，充分利用首都极为丰富的数字出版企业资源，实现人才培养思想和观念的转变。

因此，我们很快确立了数字出版专业岗位综合实习的基本思路：在搞好校内数字出版专业教育的基础上，充分利用首都的数字出版企业资源，使学生在企业中实现学以致用，举一反三，不但增强学生的实践意识和现实工作能力，还要开阔学生视野，提高把握行业全局、适应未来职业竞争的能力，为学生的工作、学习及未来发展奠定坚实的基础。

我们力求通过岗位综合实习，达到以下目标：在校内数字出版专业理论、基础技能学习的基础上，通过在行业、企业的专业实习实训，使得学生能够理论结合实际，培养学生数字出版的生产适应能力，分析、解决实际问题的能力和创新能力，并与综合素质的培养相结合，为学生进一步的发展奠定基础。

（二）北京数字出版产业提供了数字出版专业岗位综合实习的有利条件

近年来，我国数字出版继续高歌猛进，产业收入逐年大幅度递增。2006年为213亿元，2010年为1051.79亿元，2011年接近1400亿元，短短几年内产值突飞猛进，实现了跨越式发展，数字出版的影响力达到前所未有的高度。

北京作为全国的文化中心，在发展数字出版产业方面可谓得天独厚。北京的数字出版占全国20%以上，并拥有全国最大的产业规模、最多的出版机构、最丰富的出版资源、最顶尖的出版人才、最活跃的出版市场，数字出版产业已经成为首都经济新的经济增长点。

经过十余年的发展，目前北京地区的数字出版产业已经覆盖传统出版的所有领域。各种数字出版业态如手机出版、数字期刊、数字报纸、网络音像、网络游戏等均表现出强劲的增长势头。

北京市新闻出版局的统计数字显示，2011年底北京拥有数字出版企业近300家，在国内所占比例约为三分之一。2010年，北京市数字出版产业总值已达195亿元，2011年这一数字创历史新高，可突破225亿元。①

北京市知名的电子图书运营公司包括中文在线、北大方正、书生公司、超星公司等，单是这几家企业，就占据了全国电子书市场90%的份额。

北京市还将继续采取有力措施支持数字产业的发展，包括完善现有的数字出版产业政策；加快建设一批重点项目、重点工程，建设好国家出版创意产业园；打造数字出版精品，组织实施出版原创网络文化精品工程，推出一批当代北京原创精品等，为数字出版业发展营造良好的氛围。

北京数字出版产业的先天优势为我们推进数字出版专业岗位综合实习提供了广阔的空间和多样化的平台。

（三）面向行业面向实践的传统为数字出版专业岗位综合实习提供了良好的氛围

北京印刷学院作为我国新闻出版领域的高等学校，一直以服务于我国新闻出版行业发展为己任，在新闻出版业界拥有良好的口碑。作为国家新闻出版总署与北京市政府共建的高等学校，北京印刷学院具有面向行业面向实践的优良传统。

北京印刷学院新闻出版学院作为学校的骨干二级学院，目前拥有编辑出版、传播学（数字出版）、广告学、英语语言文学（跨文化传播与版权贸易）四个本科专业。其中，编辑出版专业是国家级特色建设专业；传播学（数字出版）专业是教育部批准的首批以数字出版招生的本科专业。各专业都以服务新闻出版行业作为专业发展的主导思想。

2011年，新闻出版学院结合我国新闻出版行业改革发展的实际，紧紧围绕培养适应新闻出版行业需要的应用型高级专门人才这一中心任务，多管齐下，从各个方面提升人才质量，服务社会需求，在专业教育、社会实践、合作交流各个方面奋力开拓，为提升人才培养质量打下了坚实的基础。

---

① 《2011北京数字出版产值将突破225亿元》，北京日报，http：//www.keyin.cn/plus/view.php? aid = 653489，2011 - 10 - 17。

2011年，新闻出版学院面向行业面向实践需求，主要在以下几个方面开展人才培养模式改革：

1. 抓好培养方案修订，完善教育教学方案

在坚持和完善各专业核心课程的前提下，结合新闻出版业的发展实际，在专业基础课和专业选修课层面上，开始一些能够适应学生个性化需求的应用型课程，如"畅销书与大众文化"、"公共关系学"、"网络传播学"、"数字媒体技术"、"数字媒介发展研究"，等等，使学生能够具备宽广的学科基础和扎实的专业技能。

2. 加强实践性教学环节和教学实习，以培养学生的实际工作能力

为了适应新闻出版行业的发展要求，培养厚基础、博学识、强能力、高素质的文科复合型人才，我院十分重视实践性教学环节。经过努力，新闻出版学院已建立了多个校外实践教学基地，传播学（数字出版）专业2008级率先按照"3+1"人才培养模式开展了为期一年的岗位综合实习，就是通过岗位综合实习使学生加强基本理论与基本技能运用的探索。

3. 加强校内外合作交流，既"走出去"，又"请进来"

新闻出版学院在推动与行业接轨，推进学生实习实践的同时，还通过多种形式推进校内外合作交流。新闻出版学院先后举办了人文知识竞赛、全国网络编辑技能竞赛等赛事，通过这些赛事与国内兄弟院校加强了沟通协作。同时，新闻出版学院充分发挥行业优势，积极邀请行业精英到校讲座、授课。这些校内外合作交流不但扩展了师生眼界，增强了学校与行业的交流互动，也为人才培养提供了更高的平台。

二、北京印刷学院数字出版专业岗位综合实习的做法与成果分析

为了适应新闻出版行业改革发展的新要求，北京印刷学院传播学（数字出版）专业自2008级开始按照"3+1"人才培养模式开展为期一年的岗位综合实习。根据应用型人才的培养目标要求，通过产学合作、工学结合教育培养学生的工作能力、综合能力和就业能力，利用学校和企业两种不同的教育环境，将理论和实践训练有机结合起来。

传播学（数字出版）专业的岗位综合实习通过贯彻产学合作、工学结合、双向参与的原则，实施工学结合、定岗实践的办法，达到提高学生的工作意识、全面提高学生工作能力和综合素质的目的，适应现代化企业对数字

出版人才的需要。这种模式下高等教育的教育场所由原来的高校一家独办向高校和单位联合培养转变。其优势在于：

一是岗位综合实习时间较长，使得学生可以较稳定地在同一单位工作，用人单位便于安排学生顶岗工作，受到用人单位的欢迎。对学生而言，学生有可能从事一些需要较长时间完成的连续性工作，对学生本身也是一种锻炼，真正做到理论与社会实践相结合。

二是缩短了学生与企业的距离，学生容易把握自己的优势和了解自身的劣势所在。学生能较全面地了解所在企业，这本身就为学生提供了一种择业的机会；另一方面也为企业选拔优秀人才提供了途径。

传播学（数字出版）专业岗位综合实习已经形成了较为系统的管理机制，其主要做法有：

1. 工学结合

学生、企业、学校三方以职业为导向，充分利用学校内、外不同的教育环境和资源，把以课堂教学为主的学校教育和直接获取实际经验的校外工作有机结合，使课堂理论学习与参加社会上的定岗工作相结合。

2. 周密计划

北京印刷学院数字出版专业按照"3+1"人才培养模式制定了较为完整的实施方案。实施过程中，学校、学生、企业三方合作，学生完成由学校和企业共同设计的实践任务并取得相应学分，毕业设计的内容也可取自于企业的生产实际。

3. 定岗工作

根据双向选择的原则确定工作单位和具体岗位，学生作为该企业的准员工管理。企业向学生提供实质性的工作岗位，学生结合生产实际完成相应的工作实践任务及毕业实习。

4. 双导师制

为了保证学生在实习期间能切实有人指导完成规定的实习任务，采用双导师制度：企业技术人员为"实习指导老师"，同时安排学校专业教师为"校内实习指导老师"，保证学生顺利完成岗位综合实习任务。

5. 全过程监督

在组织学生参加工作学期期间，校内实习指导老师和企业实习指导老师对学生的工作情况进行过程督导。企业导师对学生工作学期的全程进行管理，对学生在工作中的表现进行评价，确保岗位综合实习的质量。

6. 综合评价考核

学生完成了岗位综合实习后，以书面形式按计划要求总结岗位综合实习的收获和体会，并上交实习报告。在考核基础上，给出学生岗位综合实习的总成绩。

通过岗位综合实习，传播学（数字出版）专业学生在实习中表现良好，获得了实践锻炼，取得了不少实习成果，学生的整体风貌焕然一新。事实证明，传播学（数字出版）专业的岗位综合实习整体取得了良好的效果。同时，新闻出版学院数字出版系已经初步建立了专业学习、岗位综合实习、毕业设计、毕业实习实训及就业一体化的机制，通过指导学生的岗位综合实习，各位校内指导老师也逐渐了解了数字出版现状，为进一步完善岗位综合实习方案，推动岗位综合实习向纵深发展奠定了基础。

通过数字出版专业岗位综合实习，我们深刻认识到，应用型人才必须是对接现实、以需求为导向的。本科层次应用型人才，一方面应当有更为综合的知识结构、更强的自主学习能力和岗位适应性，从而不仅具有胜任某种职业岗位的技能，而且具有创新和技术开发能力，具有更高的适应多种岗位的综合素质。另一方面，还要有更强的实践能力，能较快地适应岗位的需求，解决工作实际问题。岗位综合实习是一种全新的人才培养模式，也是一种全新的教育理念，相信通过对普通本科人才培养模式的创新尝试，改革普通本科学科教育课程体系，将为培养应用型高素质人才提供一条新的途径。

我国图书编辑人才市场的需求分析

——以百道网人才频道为例

王 伟[①]

百道网是我国图书出版产业的权威门户网站，其精选各类书业信息，汇合产业内外智力资源，借助技术优势构建了一个高效的书业信息服务平台。"百道网人才频道"作为百道网新兴的业务板块，一经推出便引起了业界的广泛关注，全国各大出版社和几千家出版企业纷纷在这里发布最新的编辑出版人才招聘信息，广招行业英才。发展至今，百道网人才频道已经成为了出版业内最具权威的图书编辑专业化的网络招聘渠道，其发布的信息具有很高的行业影响力，能够反映出我国书业市场的编辑人才需求总体概况。论文特选取其2012年1–7月发布的111条编辑职位招聘信息进行了专项汇总、整理，并进行分项数据分析，希望以此案例研究反映我国图书出版行业最新的编辑人才需求走向，为我国出版单位的编辑人才招聘、高校编辑人才培养体系的改进以及广大图书编辑岗位求职者的应聘提供一定的参考。

一、招聘机构类型及工作地分析

表1 2012年1–7月百道网人才频道编辑招聘的机构分析表

机构类型	出版集团和出版社	一般文化出版公司	专业网站	专业学会	总计
机构数量（家）	18	12	1	1	32
机构数占比	56.24%	37.50%	3.13%	3.13%	100%
提供职位数	78	31	1	1	111
职位数占比	70.27%	27.93%	0.90%	0.90%	100%

---

① 王伟，南京大学出版科学系。

表1是依据2012年1-7月百道网人才频道的编辑职位招聘信息所作的用人单位的机构类型分析表。由表可知,共有18家出版集团和出版社发布了78个编辑岗位相关的招聘信息,机构总数占到总体的56.24%,提供的职位总数更占到总体的70.27%。由此可见,当前百道网编辑人才招聘的需求大户是较大型的出版集团或出版社,它们掌握着我国图书编辑人才市场需求取向的发言权。其次,以民营企业为主的12家文化出版公司也是其编辑人才招聘的重要力量,共提供了31个职位,占比27.93%。

表2 2012年1-7月百道网人才频道编辑招聘的工作地分析表

工作地点	北京	上海	浙江杭州	河北石家庄	湖北武汉	广西桂林	合计
数量统计	92	14	2	1	1	1	111
占比情况	82.88%	12.61%	1.81%	0.90%	0.90%	0.90%	100%

表2是百道网人才频道编辑招聘的工作地分析表,从中可知2012年1-7月百道网上招聘编辑的单位中共有92家在北京,占到总体的82.88%;其次有14家工作地在上海,占总体的12.61%;其余5家单位的工作地则分别在浙江杭州、河北石家庄、湖北武汉和广西桂林。北京作为首都和文化中心,是我国图书编辑人才需求量最大的地区。上海作为我国经济中心,其文化实力也很雄厚,是我国的次级出版中心。全国其他图书出版单位则主要集中于各大省会城市或直辖市。

二、出版物载体类型和编辑岗位类型分析

表3 2012年1-7月百道网人才频道编辑招聘的出版物载体类型分析表

出版物类型	图书	期刊	网站	综合	合计
数量统计	98	5	2	6	111
占比情况	88.29%	4.51%	0.19%	5.41%	100%

表3是基于百道网人才频道2012年1-7月的编辑招聘信息所作的出版物载体类型分析表。从表中可以看出,百道网上出版单位招聘编辑所面向的出版物载体类型主要是图书,共有98个职位信息,占到总体的88.29%,其他期刊、网站和未作具体限定的综合性编辑职位总计只有13个,占总体的

11.71%。百道网作为我国权威出版门户网站,其编辑招聘的对象主要是图书编辑,可见其反映的正是我国图书编辑人才市场的总体需求情况。

表4 2012年1-7月百道网人才频道编辑招聘的类型分析表

编辑类型	数量统计	占比情况
策划编辑	62	45.93%
文字编辑	38	28.15%
编辑部主任	13	9.63%
生活励志编辑	5	3.70%
社科编辑	4	2.96%
英语编辑	4	2.96%
营销编辑	3	2.22%
少儿编辑	3	2.22%
科技编辑	2	1.48%
教材教辅编辑	1	0.74%
合计	135	100%

对招聘单位的编辑岗位类型进行比较分析,可以得出图书出版行业各类型编辑职位的总体需求情况。表4是对百道网人才频道数据分析后得出的各类型编辑需求分析表。其中,策划编辑需求量最大,共有62个相关职位信息,占总体的45.93%。其次需求量较大的是文字编辑,共38个职位,占比达28.15%。策划编辑和文字编辑职位数加起来,大概占总职位数的70%。同时,很多用人单位在招聘时,往往要求编辑既能做策划编辑又能做文字编辑。可以说,策划能力和文字能力是图书编辑招聘时考察的两大能力,而相对来说出版单位最看重的还是编辑的策划能力。

三、专业、学历及工作经验要求分析

表5　2012年1-7月百道网人才频道编辑招聘的专业要求分析表

文理分科	具体专业	出现次数	占比	合计
文科	中文	20	9.17%	60.55%
	外语	17	7.80%	
	管理学	17	7.80%	
	经济学	15	6.88%	
	历史	12	5.50%	
	新闻出版	12	5.50%	
	教育学	9	4.13%	
	哲学	8	3.67%	
	心理学	6	2.75%	
	其他文科专业	16	7.34%	
理科	电子通信	13	5.96%	39.45%
	计算机	8	3.67%	
	医学	8	3.67%	
	数学	6	2.75%	
	电气工程	5	2.29%	
	机械	5	2.29%	
	食品类	4	1.83%	
	其他理科专业	37	16.97%	
总计		218	100%	100%

对百道网人才频道编辑招聘信息进行汇总分析后得到编辑招聘职位的专业要求分析表，详见表5。图书出版业作为文化创意产业的重要组成部分，它需要各类专业背景的人才充实到编辑队伍中。表5中，图书出版单位招聘的文科专业背景的编辑数占总体的60.55%，其中中文、外语（英语、德语、法语、日语）、管理学、经济学、历史相关专业的编辑需求量较大，新闻出版专业的编辑需求量只占到总体的5.50%。理科专业背景的编辑招聘量占到

总体的 39.45%，其中需求较多的有电子通信、计算机、医学、数学、电气工程、机械、食品相关专业。除此之外，不少单位会在岗位要求中提到有学科交叉专业背景者优先录取。

表6 2012年1-7月百道网人才频道编辑招聘的学历要求分析表

学历要求	博士及以上	硕士及以上	本科及以上	专科及以上	不限	合计
数量统计	1	41	50	4	15	111
占比情况	0.90%	36.94%	45.05%	3.60%	13.51%	100%

图书出版单位作为精神文化产品生产的企业，其对编辑人才学历的要求也相对比较高。表6是百道网人才频道今年1-7月编辑招聘的学历要求分析表。从中可见，图书出版单位招聘的编辑人员，基本都要求拥有本科及以上学历，占总体的82.89%，其中要求应聘者有硕士学历及以上的职位数占到37.84%。进一步分析发现，出版集团或出版社相对更看重编辑的学历水平，单位新进编辑至少要求达到本科文化水平，少数出版单位还要求应聘编辑必须毕业于985或211高校。以民营企业为主的文化出版公司对求职者的学历要求相对较低，部分单位甚至不限学历，而是更看重编辑的实际业务能力，一些单位明确说明能力突出者学历、年龄要求可适当放宽。

表7 2012年1-7月百道网人才频道编辑招聘的工作经验要求分析表

年限要求	5年及以上	4年及以上	3年及以上	2年及以上	1年及以上	有经验者优先	不限	合计
数量统计	14	1	20	32	11	7	26	111
占比情况	12.61%	0.90%	18.02%	28.83%	9.91%	6.31%	23.42%	100%

图书出版是一项实践性很强的工作，所以出版单位在招聘编辑时十分注重编辑的相关行业工作经验。表7是出版单位对所招聘编辑人才的工作经验要求情况分析表。据表可见，图书编辑招聘单位普遍对编辑职位有工作经验方面的要求，要求有1年以上工作经验和有经验者优先的出版单位占到总体的76.58%，不限工作经验的单位只有23.42%。此外，除了优先录取有传统图书出版单位工作经验或曾经策划过优秀图书选题的求职者，一些出版单位还优先考虑具有科研院所、高校教学、数字出版工作经验的求职者。

四、其他综合分析

除了以上几个方面，百道网人才招聘频道2012年1-7月的用人单位的编辑职位招聘还透露出以下信息：

在年龄要求方面，出版单位一般不作硬性要求。本次百道网人才频道32家发布编辑招聘信息的出版单位中，大部分对求职者没有具体年龄限制，作出限制的单位一般要求应聘者在35周岁以下即可，对于编辑部主任级别的岗位其年龄限制还会放宽到40周岁，甚至45周岁以下。在编辑职位的薪酬方面，大部分单位都是和求职者面议，一部分明确薪酬的单位分别给出了3000-29999元不等的月工资，一些单位为编辑开出10-20万的年薪。在求职者的性别方面，用人企业未做具体限制，只有一家单位申明"男士优先"。

在编辑出版专业资格证书方面，不少出版单位要求应聘者取得编辑出版中级资格证书，或者是优先录取中级证书获得者。在编辑职称方面，大部分单位未作要求，但对编辑部主任级别的职位，往往要求取得中级职称三年以上，甚至要求具有副编审及以上职称。在户口方面，出版单位基本未做强制要求，只有一家单位要求求职者拥有北京户口。另外，除了"优秀的选题策划能力、熟练的文字处理能力、敏锐的市场分析能力、一定的管理能力和熟练使用办公软件"等职业能力要求之外，用人单位往往还有"热爱出版、积极主动、踏实勤奋、认真负责、富有创新精神和团队合作意识"等等之类的内在素质要求。

五、对出版业编辑人才培养的建议

编辑岗位一般要求求职者学历是本科及以上，可见本科层次以上的高校是我国编辑人才培养的主要力量。表7显示，大部分出版单位对编辑岗位求职者都有2年及以上行业工作经验的要求，部分重要岗位甚至要求5年以上工作经验。而高校编辑出版专业的实际情况却是，本专业的本科生和学术型硕士往往为应届生，行业经验十分欠缺。另外从表5可见，行业招聘编辑的学科背景要求非常多元化，新闻出版专业的编辑需求量只占到图书编辑总体需求量的5.50%。

针对以上问题，高校较为稳妥的应对措施是压缩编辑出版专业本科和学术型硕士的办学规模，进一步加大对专业型硕士、博士的培养力度，积极从各大出版单位中招收"编辑型"学生。首先，行业内大量从业人员有专业深造的强烈愿望，这保证了高校办学的生源。其次，行业内编辑人员本身就有丰富的工作经验，并且其深造毕业后还可选择回到原单位，保证了学生的就业率。再次，出版单位的编辑人员本身就是通过市场筛选进入到出版行业的各学科背景人才，这满足了图书出版对编辑本身专业的多样化需求。

在积极培养专业型硕士、博士的同时，原有编辑出版的本科和学术型硕士的办学也不能偏废。在对这些学生的人才培养上可以考虑采取中文、信息管理、新闻、计算机、历史、外语等多个院系联合办学的模式，以一个院系课程为主，其他院系课程为辅，从而培养出"一专多能"的编辑人才。对于出版单位需要的冷门专业编辑，高校可以采取和用人单位签约的定向培养模式，让学生入学一开始便学习特定专业的知识，毕业后直接进入相关单位工作。

六、结语

论文基于出版业门户"百道网"第一手的网站数据，采用案例研究、数据分析等方法对我国图书出版行业的编辑人才需求市场进行了深入的分析研究，揭示了我国出版单位编辑人才招聘的大体情况，总结出了行业招聘的一般特点，并在最后对我国高校编辑人才的培养提出了建议。虽然"百道网"的招聘数据，不能体现我国出版业编辑人才招聘的全部细节，但却可以反映出市场的总体性特征。而对编辑人才市场的更深入分析，还有待更多业界人士的共同探讨。

全媒体时代编辑人才的
培养与考核机制初探

李 瑞[①]

一、全媒体时代需要什么样的编辑人才

波普艺术的倡导者安迪·沃霍尔曾预言过:"在未来,每个人都有15分钟闻名于世的机会。"短短几十年的时间,这句话竟然"一语成谶"。以微博为代表的新媒体使得每个人都拥有了信息发布的主动权。在当下这个由诸多自媒体参与打造的全媒体时代,舆论场一时间你方唱罢我登场,各领风骚数分钟。

在这番欣欣向荣的媒介图景下,编辑作为"把关人"的角色一度被"去中心化",变成了隐藏在幕后的"看不见的推手"。无论是传统媒体还是新兴媒体,编辑人大都面临着缺乏主观能动性的尴尬。有人甚至发出杞人忧天的嗟叹:未来还需要编辑吗?诚然,"全民皆记者,读者即作者"这样的口号,已经从最初痴人说梦般的妄语变成了如今再无悬念的媒介现实。然而,如火如荼的传媒出版事业也较之以往更加渴求着高端的编辑人才。这似乎是种"魔道相长"的自然律:越是在资讯、文化琳琅满目的时代,就越需要有专业人士为我们去伪存真,择善而传。这是由信息时代注意力经济的稀缺性决定的,也是由文化薪尽火传的历史规律主宰的。

患得患失于"未来将要如何"大抵只会让我们裹足不前,为莫须有的障碍所羁绊。或许,我们更多应当关注的是:全媒体时代到底需要什么样的编辑人才?在以往相关文献的论述里,诸位方家更多地是从编辑人才的知识结

[①] 李瑞,中国传媒大学编辑出版研究中心。

构层面进行探讨，也身体力行地在教学实践的各个环节致力于复合型编辑出版人才的培养。笔者在此想要补充的是，在培养具备跨学科背景的复合型人才的同时，也要兼顾全媒体时代的特殊性，培养一些具备跨媒体编辑素养的高端人才，打造人才链的梯次方队，更有效率地践习"大文化，大媒体，大编辑"观念。

二、对现行考核机制的优化建议：从职称考试到从业资格与执业资格并重的双轨制考核

人才是行业发展的关键，也是行业可持续发展的生命线。在某种程度上，人才的考核和选拔甚至决定了一个行业未来的整体水平和发展趋向。

（一）职称考试 VS 职业资格考试；从业资格 VS 执业资格

我们国家目前存在着三种考试制度和证书结构，即教育部门负责学历文凭考试，颁发学历证书；人事部门负责职称考试，颁发职称证书；国家劳动和社会保障部门负责国家职业资格认证考试，颁发国家职业资格证书。其中职业资格又可细分为从业资格和执业资格。从业资格是政府规定专业技术人员从事某种专业技术性工作的学识、技术和能力的起点标准，可通过学历认定或考试取得，供用人单位参考；执业资格是被承认具有对某些文件签字的权力，且要负法律责任的高阶资质，政府对某些责任较大、社会通用性强、关系公共利益的专业技术工作实行准入控制，是专业技术人员依法独立开业或从事某种专业技术工作学识、技术和能力的必备标准，必须通过考试方法取得。

随着我国就业准入制度的逐步推行，传统的职称考试已逐渐边缘化，取而代之的是新兴的职业资格认证考试。在职称改革前，职称这个词几乎涵盖了专业技术资格与专业技术职务的双重含义，可以说是计划经济的产物。中国加入 WTO 后，由于世界上许多国家并没有"职称"的概念，这使得我国现行职称制度并不具备国际可比性，只能作为单位内部人事选拔和工资发放的评价标准。可以预见的是，我国在深化职称制度改革方面，将进一步淡化职称的概念，扩大职业资格制度的实施范围。事实上，近年来日趋火爆的职业资格考试报名场面也从侧面印证了这一点。

（二）出版专业资格考试、广播电视编辑记者资格考试、网络编辑资格考试"三足鼎立"

目前，全国范围内以编辑、出版为字眼的考试有三种：出版专业资格考试、广播电视编辑记者资格考试、网络编辑资格考试。其中，出版专业资格考试是由职称考试进化而来的职业资格认证考试，在形式上仍旧有"初、中、高"三个级别的划分，且各级考试的报名资格都有细致严格的门槛要求，是在人事部和新闻出版总署的共同督导下开展的。广播电视编辑记者资格考试是由广播电视总局组织实施的职业资格考试，虽然其报名的准入资格较之于出版专业资格考试更加宽松，但考生在取得考试合格证书后，需具备一年以上在广播电视系统实习或者工作经历后，经申报获批后才能获得全国广播电视编辑记者证，属于"考试容易拿证难"的类型。网络编辑资格考试是近年来新兴的职业资格考试，分为四个等级，目前由国家劳动和社会保障部门负责组织并颁布证书。

上述"三足鼎立"的人才选拔格局，一方面是由各媒介的特殊性决定的，另一方面，也是相关行政主管部门的条块分割结构和相应的权责利划分使然。话天下大势，分久必合，恐怕并不总是书生意气的揣测。诸如前不久推行的"三网融合"试点，似乎也可以从另一个侧面反映出全媒体时代的政策导向，以及相关部门重新洗牌内容资源和人力资源的利益诉求。

（三）打造编辑人才梯次，强化全媒体编辑素养，培养高端人才

身处这样如火如荼的媒介事业中，人才的考核却依旧停留在各自为政的分裂状态，笔者以为这并不是科学、经济的制度举措。然而，改革上述三种编辑考试制度的根本，或者天真地希望其归为一统，都堪比建造巴别塔般不现实。那么，我们又可不可以做这样的设想？由一个具备权威地位的编辑类行业协会出面，组织筹备一个更为高端的"全媒体编辑执业资格考试"；或者，在原有的出版专业资格考试科目的基础上，加上一门"全媒体综合素养考试"，并微调其他考试科目的考试范围，使其更具备与时俱进的实务性和行业权威性，在全国范围内选拔更为高端的编辑人才，以区别于另外两大类从业资格考试，使其向执业资格考试的高阶门槛迈进，这又是否具备可行性呢？

前面已经提到，职业资格考试又可细分为"敲门砖"性质的从业资格考试和更高级别的执业资格考试。目前，执业资格考试只是在特定的行业领域内施行，国际通行的是注册会计师、执业医师、律师等有限的几个行业。而文化编辑事业，无论从哪一个角度来看，都属于重大特殊性领域，也完全具备施行执业资格考试的必要性和可能性。那么，或许又有人会质疑——为什

么要选择在出版专业资格考试的基础上优化现有考核制度，而不是另外两大类考试呢？其一，出版专业资格考试在三类考试当中最为系统化，也最为成熟，无论是从其历年通过率来看还是其组织筹备的历史现状来看，都不似另两类考试那么随意化、稚嫩化。其二，出版专业资格考试作为传统出版业人才选拔的考核机制，其考试科目的结构显示出更为高阶的难度系数，这也正契合了全媒体时代对于高端编辑人才的需求，在此基础上进行微调，其改良优化的成本相对较小，投入产出比也将更大。

我们必须正视的是，人才队伍分布的梯次性，一方面是客观存在的现象，一方面也是行业永续发展的必要条件。唯其如此，才能实现高效稳健的"前浪推后浪"效应。编辑事业呼唤更为高端的人才，无论是报纸广电这样的传统媒体，还是以互联网为代表的新兴媒体，都迫切需要谙熟全媒体运营的复合型人才，这是传统媒体成功转型的关键，亦是新媒体得以健康发展的必需。

三、树立"大编辑"观：文化越繁荣，编辑越重要

树立"大编辑"观，并不是要泛化"编辑"的概念。客观来讲，大编辑观念的提出甚至有着某种先见性的预言效果。在全媒体时代已然到来的今天，将同一种内容资源制作成不同的媒体形式，在不同的渠道予以传播，并深入挖掘媒介产业链的剩余价值，这种新型的传播模式，也恰恰需要"大编辑"观的树立和践习。

上文提到的施行执业资格考试的有会计、医师、律师等行业，反观这些行业，无不要求执业者具备容纳"百业"知识面的广博度和专业性。也正是因为这些行业既关系到国计民生的重大领域，却又以无所不在的"蒲公英"式分布融入到日常生活的各个方面，所以才反向促进行业人才的梯次结构和考核制度更趋于合理、优化。反观编辑行业，虽然在某些方面和上述行业有着近乎雷同的特性，但目前来看，在编辑学学科建设和考核制度上依旧存在着一系列标准不统一等问题，这固然不能说明业界对于编辑人才的需求已达到饱和，相反，还存在着相当大的潜在岗位空缺等待着新型的编辑人才去填补。改善这一现状的最大突破口就在于，以"大编辑"观的思想为指导，对人才考核体系进行优化和改良，对考核内容进行恰如其分的统筹和增删，惟其如此，才能正本清源，事半功倍。

"大编辑"观的提出给我们展现了一个更为开阔的视阈，它有助于帮助我们跳出传统媒体人的思维窠臼，以一种全新的思维和姿态迎接新媒体的挑战，与此同时，"大编辑"观的树立，还有助于我们打破编辑学学科发展的一系列瓶颈问题，以一种更为整体和全息的视角审视文化行业的全貌。

新观念的提出有时往往会对现实的变迁产生意想不到的催化作用。作为缔构文化的编辑从业者，我们需要那么一点点"野心"：掌舵全媒体的信心和技能，引领主流文化的气魄和自觉。唯有以大编辑的胸怀，才能把握住全媒体这一大局，进而构建出大文化的理想愿景。

无论是从目前我国文化产业的发展势头来看，还是对行业间的GDP贡献率进行横向对比，编辑同仁所创造的社会价值似乎并不完全与其所处的社会地位成正比。正如经济越发展，作为"商业语言"的会计就越重要一样，我们应完全有信心地宣称：文化越繁荣，作为文化缔构者的编辑也越重要！

论数字时代出版产业的通才培养原则

蔡玉沛[①]

在数字化时代背景下，出版人才的培养有着特殊的规定性和实在的紧迫性，对于这个问题的研究，需要从社会转型到产业变迁，人文规律到国家参与，方向定位到课程设置等诸多角度考察，才能比较精准地满足出版人才所暗含的内涵和外延。

一、社会技术平台是时代自变量因子

人类社会中，社会运作是在人们的生产方式和生活方式基础上展开的，也就是说，生产方式和生活方式规定着人们在世界上自然活动的广度与深度，在这样的广度与深度形成的边界中人们发生社会活动，建立彼此的社会关系，并依据相互需要原则和相互促进逻辑推动着社会一体化程度。人们的生产方式和生活方式本质上是一个技术水平问题，换句话说，有什么样的技术水准就有什么程度的生产、生活方式，因此，我们可以将生产生活方式的本质领域抽象地看作是一个技术平台，即成熟而紧密的社会体系需要一个高级的社会技术平台来承载社会成员的社会意义和自我实现。

所谓社会技术平台是基于人们对自然规律以及自身状况不同程度的认识水平产生的自身与自然和谐共处的能力储备，是社会行为发生的承载基础和共识底线，不同阶段的核心技术变革表征着不同承载力的社会技术平台。人类的社会技术平台也是人类在自然界争取良好生存空间的支撑依据，不同水准的支撑依据保障着人类不同自由度的生存空间阈值，在这些阈值的基础上，人类的社会生活才得以发生和发展，并反过来要求着更好的生存空间阈值。

---

① 蔡玉沛，北京大学新闻与传播学院博士研究生。

随着人对自然规律的认识不断全面，我们可以发现，人类的社会技术平台大体由生产技术、健康技术、传播技术三个主要技术方向共同交织而成，这也是人类对自然、对自身、对彼此的三个本质面向所决定的。所以，生产、健康、传播是社会技术平台的三个考察维度和构成因子，三者相互关联构成社会技术平台，非单纯技术所能为。

人类的生产技术包括生活方式主要是指人类用工具的方式和程度，健康技术主要是人类的自我认知和自我医治，传播技术主要是指意向信息的传递和通达，这就决定了彼此外在独立且内在关联的三者共同交织出无形的社会技术平台必然以技术融通性或技术助益度为其鲜明的首要特征。也就是说，社会技术平台的三个技术来源中的任何一个方面中出现了任何一点发明、发现或进步，对社会技术平台的贡献度就是其对于另外两个领域的技术融通性或技术助益度，好像一个物体经过角度换算后投影投射到幕布上一样，技术融通性或技术助益度是社会技术平台的成因和标准，也是其不同阶段的特征标志，如纸张的发明就因其较高的技术助益度而成为社会技术平台发展过程中的标志性事件。

社会技术平台对社会生活的展开具有承载作用，因而我们应该不难得出不同的社会技术平台对不同的社会生活具有不同的承载力。社会技术平台越发达，也就是其承载力越高，相应的社会生活就越丰富和健全，人类的生活也才越充分。

通过对人类社会历史进程的简单梳理，我们可以发现社会形态的发展程度与社会技术平台之间的因变关系：

首先，社会技术平台和社会生活丰富度之间是相互促进的关系，社会技术平台的升级会带来社会形态的升级，社会形态的升级会伴有产业形态的变化，社会技术平台是考察社会变迁和产业转型时必须关注的重要自变量因子。

其次，社会技术平台的承载力是社会技术平台所能允许和承受的社会行为的广度和深度，且呈不断放大趋势，原始时期的社会技术平台无法支撑和衍生复杂的社会形态，社会技术平台承载力的不同导致平台变动时所产生的社会形态变动的剧烈程度不同。数字化时代的社会承载力极大，不仅会催生很多社会形态萌芽，也会淘汰很多不合时宜的社会规则，其带来的社会以及产业形态变化的剧烈程度、深度以及广度都是前所未有的。

第三，社会技术平台变迁的主线是生存以促进科学，科学以促进经济，经济以促进文化，文化以促进政治，政治以促进自由。

最后，在前述社会技术平台不断演进的过程中，从咿呀会意、结绳记事、刻画制版、声波传递、激光照排、到数字编程等，传播技术始终是社会技术平台的主角，传播是社会属性的必然要求和具体体现，传播是世界联结的纽带，传播是社会的生命力。

二、出版的产业定位和盈利模式的新变化

人类历史演进到今天，出版已经由狭义上升为广义，演进到了传播的高度，出版已经成为了一种制式传播。可以说，在规范了的传播领域，出版与传播已经无法分开，并与传播一道上升为一个社会、一个国家竞争力的主要构件之一。在这个意义上，机械文明时代产生的出版产业不应该再与波控时代的广播电视产业以及数字化时代的数字传播进行分开归类和截然管理了，从"大出版"的角度看，"版"出现了划时代的丰富和变化，声光电数皆可为"版"，故而有人将之统称为内容产业，也不失为一种新的思考和尝试。出版一词居于内容产业的源头，历史久远，假如能走出纸质载体的自我局限和自我误区，依然可以以"大出版"的面貌来涵盖和表征内容产业，所以，肩负社会表现力和维系力的出版产业应该坚持制式管理的优势，与时俱进，以更大的胸襟和气魄得到新的整合和充实，才能饱满和健康，也才能真正发挥出其"软实力使者"的应有之力。

数字化时代出版产业的固有盈利模式受到冲击，为寻求正解，我们有必要对出版产业的盈利模式进行一下简要梳理。从本质意义上说，产业的盈利模式是一种被全社会认可的"产业优势差"保护下的生存空间和盈利方式。产业优势差由产业被需要程度和专业技术优势程度构成；产业的被需要程度是指产业的发展属性和存在意义；专业技术优势程度是指产业技术的不可或缺性和不可替代性，二者共同构成此产业存在的充分性和必要性。此优势差可以比附为产业围墙，从表里的角度看，则产业的被需要程度可比附为实质围墙，专业技术优势程度比附为形式围墙。本文按照这个比附模式考察了出版产业在新的时代背景下围墙的构成状况和坚固程度。

首先，出版产业的实质围墙是出版作为知识服务和信息管理意义上的社会行为的当然性和必要性，这是出版产业盈利模式的基础，至今依然没有过时，且被更高级地要求着；其次，出版的形式围墙主要由复制成本和复制技术两部分构成，这两部分在漫漫历史长河中的发展规律一直是复制成本越来越低，而复制技术越来越高，这样，越来越明显的专业技术优势导致产业盈利模式即形式围墙越来越坚固，传播介质的低复制成本更使得产业发展速度大幅提升，出版产业一片形势大好，出版商的地位也自然就高，出版商的定价主动权较多地掌握在自己手中，于是，出版的传统盈利模式就这样建立和固定了下来。

但是，在一切看似稳定的不变世界里，数字化时代的社会技术平台改变了，几乎是釜底抽薪式的改变了原有模式的存在条件。社会技术平台大有超越出版产业专业技术优势之势，几乎抹平了出版产业的形式围墙所依赖的专业技术优势差，由于书本的形式可以发展变更为数字终端的形式，出版介质发生了重大变化，导致复制成本进一步降低，致使出版产业的固有形式围墙受到强烈冲击，岌岌可危。

数字化技术因其较高的技术助益度而成为社会技术平台的时代标志，并融通贡献着另外两个方面的原有技术水准，因而也会变更着原有社会体系的诸多观念。面对这样的时代局面，出版人一方面应该坚持"大出版"产业格局的整合原则，另一方面应该坚持正确审视，稳住阵脚，虚心改进。首先是自信，出版产业的本质围墙还依然坚固，没有发生重大改变，且有被更高要求的时代趋势，这就决定了出版产业的存在意义和指出了出版产业的前进方向——更高水准地做好知识管理和信息服务工作；其次是自省，必须看清社会技术平台的变动对出版产业的基础性影响和方向性指引，不能沉醉和留恋于过去曾经甜蜜但不高级的固有盈利模式中，本质意义上形式围墙应该不乖离于本质围墙过远才对，要敢于承认并改正出版产业不正常的高利差；再次是自强，要学会在数字化海洋中游泳，掌握数字化时代出版业态的基本规律和社会允许空间，如影随形般地跟随数字化时代的盈利模式特点构建出版产业的新型盈利模式。分析清楚了产业的社会定位和盈利模式，出版产业所需要的人才方向和培养原则也就有了定盘星。

三、对出版人才培养原则的思考

从产业性质看，传播和出版属于社会化程度极高的服务行业，传播效度是重要的依据指标。排除专业工具的技术优势因素外，传播效度对出版人员的个人素养要求很高，个人的心理素质、社会阅历、知识累积、逻辑关联、洞察力以及身体素质等都严重地影响着出版人的品级和出版物的层次。综观我国出版发展史，从张元济、王云五到沈昌文，出版大家们都是个人综合素质极高、具有敏锐的社会洞察力和高度社会责任心的将才，而非匠人。

从学科角度看，出版学科在真正找到自己的基础学科之前总体上属于应用学科范畴，应用学科的共同特点是通才性，应用学科要对上游学科的总体情况有所把握，还要对相关学科进行关联统筹，更要对衍生学科做好对接准备。所以，出版学科对人才培养的通才度原则是必不可少的，如果简单地以为教授了"编、印、发"和"勘、校、审"就可以大体完成出版人才的培养工作，那就大错特错了。

从以上两个角度并结合数字化时代社会技术平台的转换背景来看，成才是出版人才培养应该坚持的第一要务，因为只有真正的人才才能完成出版产业的社会存在意义，成就其赖以存在的实质围墙，只有人才才会对社会提供高水平的、针对性强的服务，一般的出版人员和匠人不仅难以适应新时代的产业发展要求，而且还会降低出版产业的品级和档次，使得出版流于普通一般工种，进而降低国家和社会的软实力水平。复制成本和复制技术等指标都可以出现变化，而出版人才的服务质量和服务品级是出版产业真正的"社会卖点"，这一出版产业的实质围墙是任何时代都无法替代的出版产业的钢铁长城。

当前，出版领域的主要问题是选题泛滥，质量不高，服务不强，系统性和统筹性差，与社会深层规律结合不够，由此导致精品佳作不多，这一切都与技术手段和专业技能不足没有多少关系，现在的作品美工、装帧、排版、发行等技术水准都不可谓不高级，缺少的是能够洞悉社会知识结构需要、参与作者前进方向规划、明晰时代阅读演进的"导演型"编辑人才，编辑在数字化社会技术平台阶段已经无形中被提高标准了。所以，出版人才培养所指的成才教育应该主要是指"专通结合，以通为主"的通才教育，通才教育注重素质，专才教育强调技能，数字化时代的时代成果是文化的大繁荣和大发展，文化产业的大规模兴起是数字化时代的标志性事件，没有超强的文化驾驭能力和敏锐的社会洞察力的编辑是很难胜任以"文化就是生产力"为特征的数字时代的出版任务的，更难以助推国家软实力达到应有高度。培养出版人才"进而能专，退而做通"的通才素养和综合能力刻不容缓。

四、出版人才培养的操作建议

北京大学肖东发教授主张的"大出版时代"已经来临，出版产业"内促凝聚，外塑形象"，"管理知识，服务智慧"，"教化社会，沟通世界"的重大使命不允许出版产业自堕为普通商业和混同于世俗生活，更何况出版产业在软实力语境下已经上升为提高国家软实力的核心力量，这些重大课题和严肃使命需要出版产业人才培养慎之又慎，严之又严并最终落实到"成人才，达通才"上。

一般来说，通才教育具有三大特点，一是强调知识的广博和贯通，二是注重技能训练和能力培养，三是贯彻多元文化的学习。出版产业的通才教育包括教学方向的把握和教学内容的设计两部分，二者相辅相成。

（一）教学方向是指教学的形式和手段，培养成才应该坚持"开放、宽厚、严训"的教学方向

第一，人才形成的高难性和通才培养的复杂性决定了培养人才不应该仅仅局限于经院范畴，在经院招生的基础上，要面向全社会广泛遴选、吸纳比较具有达标潜质的"准人才"和"准大家"参与"大出版时代"的出版实务和规律研习，无论是证书制、学位制还是考评制，都要不拘一格，严格把关，铺好一条人才的"进门之路"。

第二，教学方向的宽厚，指的是为学员创造一个通才所需要的成才环境和人文氛围，使得学员的知识面要宽厚，思维要广，基础要深厚，课程设置应该使学员充分懂得国家责任、社会心理、文化义务、知识规律以及历史传承，应该使学识宽厚成为学员的素养、习惯以及人生信条。

第三，教学中的严训是指多实践，多反馈，多提高，要多多熟悉出版实务流程，养成学员创新和发展的目的思维和价值标准，同时多与社会各方面的通达之士和深刻之人接触、交流，便于学员获得灵感，开阔眼界，提高能力，高标准一定会关联出高质量。

（二）教学内容是教学的目的和标准，培养成才应该坚持"服务、新颖、深刻"的内容选取原则

第一，服务思想的养成和灌输是极其重要的，杜绝览视视角所应摒除的高傲，代之以服务的严肃和躬耕的朴实，在这样的意识背景下学习更多的服务细节，会心领神会，刻骨铭心，事半功倍。

第二，要坚持创新思维的培养，要善于培养学生的捕捉思维空穴的能力，找到社会和知识的新的架构点，多多开展已有知识体系之逻辑关系的历史回放和未来知识关联的逻辑梳理，锻炼学员的知识关联和逻辑创新能力，以备落实将来更好的社会信息引导之责任。

第三，深刻性是出版人才培养必须具备的品级，也是未来出版实务的立足点，哲学思辨和信仰尊重是必须涉及的基本功课，深刻是对意义的审问和对人格的崇尚，学员的深刻性直接决定着未来出版产业的生命线和持久力。

总之，"大出版时代"必须要求出版地位升级和产业模式更新，产业整合和模式更新会产生强大的社会感召力和创造力，进而成就出版人才培养的破格提升。软实力背景下"大出版"已经是国家战略重点，因此，作为打造人才和通才意义上"最可爱的人"的出版人才培养工程，必须紧紧围绕"全局观"和"精品意识"这一核心理念，夯实出版产业的通才基础，更好地为各行各业的专才发挥做好战略参谋和技术服务工作。这样做不仅有利于社会人才的合理流动和正确引导，而且也为数字化时代出版产业应有的再度振兴和再创新高做好了充分准备。

"大出版"产业牵涉社会资源的调配枢纽，出版人才培养这一重大课题不是出版产业一家之力能完成的，必须上升到国家行为层面，得到国家层面意义上专项政策的充分认可和专项基金的大力支持，才能统筹好这一复杂的系统工程。有了这样的定位和支持，出版人才培养工程就一定会不负厚望，砥定乾坤，利在千秋。

我国学术期刊英文编辑
专业素质现状调查与对策思考

陆建平[①]

一、引言

"办得好的报纸、期刊、广播以及各类新闻媒体都有一个共同之处,那就是,它们都拥有一支强有力的编辑团队。"[②] 编辑的素养对出版物的质量起着关键性的作用。而在编辑所必备的各种素养之中,他们的审稿和改稿能力又被认为是最至关重要的。文字编辑应该比作者更能写作,虽然他们的努力常常不被读者发现,有时甚至连作者自己都意识不到。但是,很多情况下,正是编辑的生花妙笔使得"原本冗长枯燥的稿子变得简洁而有意思"[③]。

作为文化产业的重要组成部分,中国的学术期刊承担着促进文化大繁荣大发展的重要职责。目前我国有学术期刊近7000种,其中科技期刊4700余种,大学学报近2000种。这些期刊在传播文化理念和科学思想、推动学术进步与科技创新等方面发挥着不可替代的作用,而且,它们是在中国"出版走出去"国家行动中取得最卓越成效的群体之一。

由于英语为世界通用的"国际语言",为吸引全球同行的注意力,参与国际间的竞争,自改革开放以来,我国的英文版学术期刊不断增加品种和数量,同时,越来越多的中文学术期刊在刊登论文的同时刊载论文的英文题

---

① 陆建平,浙江大学外语教学传媒研究所执行副所长,中国新闻出版研究院传媒研究所副主任(挂职)。
② Bowles, Dorothy A., Borden, Diane L. *Creative Thinking*, Beijing: China Renmin University Press Co., LTD, 2009, p. 5.
③ 同上,p. 7.

目、摘要和关键词，并将英文题目、摘要和关键词作为征稿的要求。不仅如此，学术期刊的国际影响力也不断得到提升，越来越多的期刊和论文被国际知名权威检索机构检索。截至2011年12月底，中国大陆共有138种期刊进入SCI（科学引文索引），1种进入A&HCI（人文与艺术引文索引）；进入影响因子本学科前三分之一的有11种，进入总被引数前三分之一的14种；[①]被EI（工程索引）收录的期刊（英文摘要）245种。因此，英语的重要性日益凸显，学术期刊编辑的英语写作和改稿能力受到广泛关注。那么，我国的学术期刊是否已经拥有了足够数量的合格或者专业的英文编辑人才？这些编辑的英语能力是否已经达到对学术写作进行审稿、改稿和润稿的水平？本文报道一份对我国559家学术期刊620位英文编辑的英语语言教育背景和专业结构情况的调查，同时披露新闻出版总署在2007年、2008年、2010年以及2011年4年内分别组织的4次有关学术期刊英语语言与编校质量的检查结果，分析我国大陆学术期刊英文编辑的专业素质现状，并就反映出来的问题提出改善的思路与建议。

二、我国大陆学术期刊英文编辑英语语言教育背景和专业结构情况调查

调查由两个部分组成。第一部分由浙江大学外语教学传媒研究所有关课题组组织进行，新闻出版总署教育培训中心予以大力配合与支持。这部分的调研历时5年，信息来自两家单位在2008年至2012年间合作举办的8届编辑业务培训班中学员填写的相关资料以及培训班期间师生互动的随机访谈。涉及的人员是供职于中国大陆559家学术期刊的620位从事英文编辑的专职或兼职人员，内容主要体现他们相关英语语言教育背景和专业结构方面的情况，如年龄、学历、研究方向等。第二部分的调研由浙江大学外语教学传媒研究所有关课题组独立完成。这一部分的调研以随机访谈的形式进行，受访者为来自全国128家学术期刊的主编或编辑代表。访谈主要涉及受访者所在单位英语编辑的人员规模、年龄结构、学历背景和专业方向等内容。

共有610位编辑提供了自己的年龄信息，10位未提供。在提供信息的人

[①] Thomson Reuters. 2012, Master journal list, http://ip - science.thomsonreuters.com/mjl/, 2012 - 3 - 18.

员中，出生于 20 世纪 30 年代的 2 位、40 年代的 4 位、50 年代的 20 位、60 年代的 186 位、70 年代的 215 位、80 年代的 182 位以及 90 年代的 1 位。

表1　620 位编辑的年龄构成

人数	出生年代（20 世纪）
2	30 年代
4	40 年代
20	50 年代
186	60 年代
215	70 年代
182	80 年代
1	90 年代
10	未知

所有 620 位编辑均受过高等教育，其中，246 位拥有学士学历，299 位拥有硕士学历，75 位拥有博士学历（见图 1　620 位编辑的学历构成比例）。其中 18 位编辑的学历在海外获得。另外，这些编辑的专业方向不尽相同。大多数编辑毕业于与其供职的期刊所在领域相关联的专业，有 56 位编辑称自己本科或研究生阶段主修的是英语或多数课程与英语相关的国际贸易和外国文学等，这些人中有一半以上为高校教师，兼职承担学刊或学报的英文编辑。

第二部分的调研结果如下：128 家受访期刊平均有英语编辑 2 名，全英文版的期刊或学报一般有 3 名或以上的专职英文编辑；只刊登英文标题和摘要的期刊通常不设专职英文编辑岗位，有关英语的编辑工作由单位里英语比较好的中文编辑来完成，或聘请高校的英语教师来校稿。高校英语教师基本上为英语专业毕业，绝大多数具有硕士或以上的学历，一般都有短期海外学习的经历，其中有很小一部分在海外获得学历或学位。由于专业知识结构与学术期刊主旨之间存在较大的差异性，这些编校人员很少被自然科学学科的学报和学刊雇用，多服务于哲学社科或人文社学科的刊物。

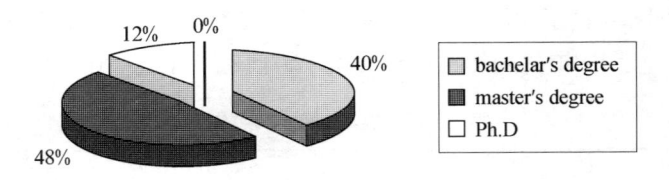

图 1　620 位编辑的学历构成比例

三、新闻出版总署学术期刊英语语言与编校质量检查发现

为了解国内（港澳台除外）期刊英文语言与编校质量的情况，新闻出版总署于 2007 年、2008 年、2010 年和 2011 年先后 4 次组织了相关检查。前三次检查由总署新闻报刊司主管，后一次检查的主管部门是出版产品质量监督检测中心。两家单位均以课题的形式委托浙江大学外语教学传媒研究所具体实施检查工作。2007 年与 2010 年的检查对象是英文版的学术期刊，2009 年和 2011 年检查的是中文学术期刊中论文的英文题目和摘要。课题组采用了不同的三个标准：2007 年与 2010 年的合格线为万分之五，2008 年的合格线为万分之十一，2011 年的合格线为万分之三。为便于比较，本文将合格标准统一换算成为万分之五，检查的结果显示，2007 年 160 种期刊（英文版）受检，其中 48 种合格，合格率 30%；2008 年 100 种期刊（英文摘要）受检，15 种合格，合格率 15%；2010 年 26 种期刊（英文版）受检，12 种合格，合格率 46.2%；2011 年 50 种期刊（英文摘要）受检，10 种合格，合格率 20%。相比之下，学术期刊英文版的英文质量比中文版英文摘要的质量要好，平均合格比例为 38.1% 和 13.5%。对同类期刊的质量进行对比后发现，英文版的质量上升了 16.2 个百分点，英文题目与摘要的质量上升了 5 个百分点。这说明，我国学术期刊英语语言与编校质量的问题正在改善之中，并呈现出良性上升的态势。

研究发现，我国学术期刊英文语言规范和编校质量方面存在的主要问题不是编辑或校对等技术性问题，而是关乎语法、结构、词语搭配、用词等反映作者和编校人员基本英语语言知识和运用能力缺失的差错。历次检查发现的错失类型与数量统计显示，2007 年反映基本语言知识和运用能力缺失的差错占总错失量的 80%，2008 年占 76.31%，2010 年占 79%，2011 年同类差错占差错总量的比例是 75.14%，虽略有下降，但情况尚无本质的改变（见

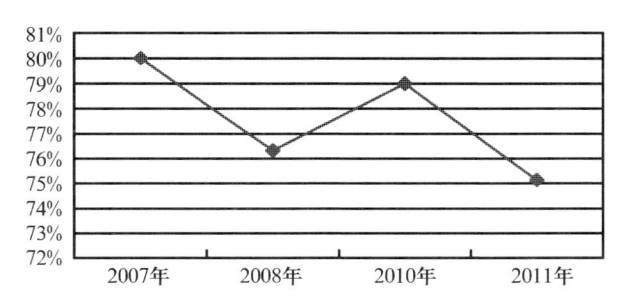

图2 2007 年至 2011 年检查发现之基本英语语言知识和运用能力缺失的差错趋势）。

图2 2007 年至 2011 年检查发现之基本英语语言知识和运用能力缺失的差错趋势

四、对我国学术期刊英语编辑力量过弱的原因探讨

新闻出版总署近 4 年相关检查的结果所反映的问题发人深省：我国有许多学者尚不具备使用英语就学术观点、理念、方法、发现等进行阐述和交流的能力；同时，我国目前在职的学术期刊英文编辑中有相当一部分人，他们的英语还未达到能够判断对错的能力，更谈不上为作者改错润稿、提高文章质量的水平。

那么，我国学术期刊英语语言质量不尽如人意的原因究竟何在？

学界的反应出自不同的角度：有学者从作者治学不严、编辑责任心欠缺的角度痛心疾呼[1]；有学者辩称，学术期刊普遍篇幅长、任务重，编辑为赶工期，难免疏忽[2]。

对学术期刊英文编辑英语语言教育背景和专业结构情况的调查显示，我国学术期刊目前在职的英文编辑绝大多数出生于 20 世纪 60 年代、70 年代和 80 年代，他们的英语教师多在 50 年代、60 年代和 70 年代接受相关教育（见表 1 620 位编辑的年龄构成）。回顾中国英语教育的发展历史，我们发

---

[1] 潘珣祎、简庆闽：《外语类学术期刊论文错失析评》，《外语与外语教学》2008 年第 1 期。
[2] Lu Jianping. "Is editing the roadblock to the internationalization of Chinese academic journals?" Journal of Zhejiang University – SCIENCE B (Biomedicine and Biotechnology), 2011, 12 (6): pp. 503 – 506.

现,这些岁月正是我们国家英语教育遭受严重波折的年代:1956 年至 1965 年十年间,"苏联模式"导致英语教育严重缩减;1966 年至 1976 年十年"文化大革命",英语教育全面停滞。① 中国英语教育的发展轨迹缺乏稳定性和一贯性,严重影响了英语教育的成效和传承。师资力量薄弱、基础不坚实,加之高校英语教学在理念及方法上普遍缺乏针对性,应该是造成目前我国许多学者英语写作能力低下、部分期刊编辑英语能力欠缺的最直接的原因。

除了归因于教育外,笔者认为,以下三点也可能是导致我国学术期刊英语编辑力量过弱的原因所在:

第一点,学术期刊的办刊动机与办刊条件不相匹配。虽然中国学术期刊的英文出版开始于 19 世纪 80 年代,但我国自主编辑出版的历史却十分短暂,1950 年才真正开始。后又因各种社会原因而发展缓慢,直到改革开放才在数量上有所突破。随着我国经济的迅猛发展以及国际化程度的不断提高,为让世界更好地了解中国,让中国的文化走向世界、科技走出去参与国际竞争,国家大力鼓励英文出版。于是,一些主办单位为抢占期刊资源,部分期刊为扩大刊物的影响力和学术地位,在未设专职英文编辑的情况下,或不顾自身条件仓促创办英文版学术期刊,或在中文版学术期刊上增加附录论文英文题目、摘要和关键词的要求,但在创刊或出刊过程中又不重视英语语言的编辑质量,对出刊物也无成品质检和勘误措施。

第二点,期刊编辑人才选拔的标准针对性不够。学术期刊需要的英文编辑必须是具备一定专业学科背景、擅长英文写作的综合型人才。多数学术期刊在选拔英文编辑时关注较多的是候选人的学科相关性,但对其英语能力的考量在角度上有所偏差,且力度不够。

第三点,期刊管理机制不够科学合理。具体表现在:其一,对英语编辑的业务培训与定期考核不够。英语在中国是一门外语,大多数英语编辑的英语在国内所学,其水平对编辑英文版学术期刊来说还存在很大困难,需要有针对性的、经常的指导与培训。但是,许多期刊对这方面的工作不够重视,未给编辑创造相应的机会或提供应有的条件。其二,过于依赖外聘人员和网

---

① Lu Jianping, How far does China still need to go to internationalize her academic journals? Journal of Zhejiang University – SCIENCE A(Applied Physics & Engineering),2012,13(8):pp. 641 – 646.

络。许多学术期刊，尤其是中文版学术期刊聘用高校英语教师承担英文编辑的工作，这种方式应该说是合理的。但是由于缺乏有效的监管和制约，致使某些外聘人员不认真改稿，有的甚至玩忽职守，将有语言错误的稿子不做任何修改，原封不动交回期刊编辑部。其三，有些编辑遇到困惑常求助于互联网，但未养成良好习惯对寻到的答案进行求证，使得不规范的英语频繁出现在学术论文之中。

五、改善我国学术期刊英语语言质量现状的对策

近年来，我国政府大力提倡创办英文版学术期刊，新闻出版总署在资源配置等方面实行政策倾斜，同时又在质量上加以监控。这些措施的实施对促进我国学术期刊国际化的深入发展起着积极的作用，我国学术期刊的国际影响力正快速提升[①]。但是，我们必须正视目前我国学术期刊英文编辑专业素质的现状，并时刻警示自己：世界经济一体化的趋势正滚滚向前，在英语为全球通用的"国际语言"的语境下，中国要实现科技、文化"走出去"的战略国策，向世界传播我国优秀的文化理念、展示我国先进的科技成就，在基础上还障碍重重。

如何改变现状，提高学术期刊英语编辑队伍的专业素养，是当下亟需解决的首要问题。笔者谨提出以下建议：

第一，国家应加强监管力度，制定相关政策，推行英文编辑上岗资格考试制度，并把此列入审批、审查英文版学术期刊资质的刚性条件。

第二，新闻出版管理部门应制定相关英语语言与编校质量的长效检查制度，在进行全国性定期或不定期抽查的同时，向社会公布检查结果，以敦促与学术期刊相关的各级管理部门进行系统内、行业内以及期刊社内部的自查或互查。

第三，期刊社应设置并执行严格的英文编辑聘用标准和考评制度，落实好传统的编辑三审三校制。同时，从爱惜人才、养护人才的角度出发，为编辑提供培训、进修、晋级等机会，激励编辑爱岗敬业。

第四，编辑应加强自律，积极进取，自觉抵制浮躁之风的侵蚀，提高专业素养，遵守职业操守，努力扩大自己的国际化视野并不断提高自身的国际

---

① 朱侠：《我国学术期刊国际影响力快速提升》，《中国新闻出版报》2012年8月15日。

化能力。

六、结语

学术期刊是刊载学术信息和论述的重要载体，学术期刊的内容反映着一个国家对本国文化的阐释力和传播力，体现着一个国家科研投入的产出绩效。学术期刊的质量不仅展示着一个国家高端科研人员的学术能力和水平，也展示着他们的国际交流能力和治学精神及态度。在现今我国部分高端学者的英语能力在论文写作方面尚存在困难的情况下，学术期刊的编辑必须承担起提高学术期刊英语语言质量的责任。

目前，国家正在推行报刊编辑部的体制改革，学术期刊正面临着前所未有的挑战。挑战是压力，也是动力。中国要实现文化走出去、科技走出去，必须出版让世界上大多数国家的人民愿意读、读得通、看得懂的期刊。学术期刊要发展，必须拥有合格的编辑人才。

图书在版编目（CIP）数据

人才之路：首届韬奋出版人才高端论坛论文选 / 韬奋基金会秘书处编．—北京：中国书籍出版社，2013.4
ISBN 978 - 7 - 5068 - 3388 - 2

Ⅰ.①人… Ⅱ.①韬… Ⅲ.①人才研究 – 中国 – 文集 Ⅳ.①C964.2 - 53

中国版本图书馆 CIP 数据核字（2013）第 046587 号

责任编辑／许艳辉
特约编辑／刘火雄　周　玥
责任印制／孙马飞　张智勇
封面设计／展　华
出版发行／中国书籍出版社
　　　　　地　　址：北京市丰台区三路居路 97 号（邮编：100073）
　　　　　电　　话：(010)52257143（总编室）　(010)52257153（发行部）
　　　　　电子邮箱：chinabp@ vip. sina. com
经　　销／全国新华书店
印　　刷／三河市国源印刷有限公司
开　　本／710 毫米×1000 毫米　1/16
印　　张／21.5
字　　数／300 千字
版　　次／2013 年 4 月第 1 版　2013 年 4 月第 1 次印刷
书　　号／ISBN 978 - 7 - 5068 - 3388 - 2
定　　价／48.00 元

版权所有　翻印必究